中文社会科学引文索引（CSSCI）收录集刊（2023-2024）
中国系统工程学会信息系统工程专业委员会（CNAIS）

信息系统学报

CHINA JOURNAL OF INFORMATION SYSTEMS

第32辑

清华大学经济管理学院　主编

科学出版社
北　京

内 容 简 介

《信息系统学报》是我国信息系统科学研究领域内唯一的专门学术出版物，被中国系统工程学会信息系统工程专业委员会指定为会刊。《信息系统学报》倡导学术研究的科学精神和规范方法，鼓励对信息系统与信息管理领域中的理论和应用问题进行原创性探讨和研究，旨在发表信息系统研究领域中应用科学严谨的方法论、具有思想性与创新性的研究成果。本书内容包括相关的理论、方法、应用经验等方面，涵盖信息系统多个研究领域，注重结合我国国情进行探讨，从而为我国和世界信息系统的研究与应用做出贡献。

《信息系统学报》主要面向信息系统领域的研究人员，其作为我国信息系统领域学术研究探索与发展的重要交流平台，为相关研究工作创造了一个友好而广阔的交流空间，推动着我国信息系统研究、应用及学科建设不断前进。

图书在版编目（CIP）数据

信息系统学报. 第 32 辑 / 清华大学经济管理学院主编. -- 北京：科学出版社, 2024. 12. -- ISBN 978-7-03-079925-8

Ⅰ. G202-55

中国国家版本馆 CIP 数据核字第 202454XJ54 号

责任编辑：王丹妮 / 责任校对：王晓茜
责任印制：张 伟 / 封面设计：有道设计

斜 学 虫 版 社 出版
北京东黄城根北街 16 号
邮政编码：100717
http://www.sciencep.com
北京厚诚则铭印刷科技有限公司印刷
科学出版社发行 各地新华书店经销

*

2024 年 12 月第 一 版 开本：889×1094 1/16
2024 年 12 月第一次印刷 印张：11 1/2
字数：269 000
定价：128.00 元
（如有印装质量问题，我社负责调换）

《信息系统学报》编委会

主办单位 清华大学（经济管理学院）

协办单位（以名称汉语拼音为序）
   北京大学（光华管理学院）   复旦大学（管理学院）
   合肥工业大学（管理学院）   武汉大学（信息管理学院）
   中国科学技术大学（管理学院） 中国人民大学（商学院）

通信地址
  北京市清华大学经济管理学院《信息系统学报》，邮政编码：100084。
  联系电话：86-10-62789850，传真：86-10-62771647，电子邮件：CJIS@sem.tsinghua.edu.cn，网址：http://cjis.sem.tsinghua.edu.cn。

信息系统学报

（第 32 辑）

目　　录

China Journal of Information Systems

Issue 32

CONTENTS

主 编 的 话

本期《信息系统学报》是总第 32 辑，共收录 9 篇研究论文。此次发表的 9 篇研究论文涵盖了虚拟现实（VR）商店营销、APP 用户使用行为、付费知识贡献动机、在线投诉应对、电影消费者偏好、云资源配置、游戏产品营销、电商平台运营等多方面的主题，采用了多样化的研究方法。

马文菊等的论文以 VR 商店为研究对象，探讨社会元素对 VR 购物体验和品牌态度的影响，剖析了准社会互动、临场感和心理意象形成的连续中介机制，构建了社会元素对 VR 购物体验和品牌态度影响的结构模型，为优化 VR 商店中的场景布置，提高消费者 VR 购物体验、品牌态度和企业 VR 商店的营销效果提供了理论支持。高思嘉等的论文针对如何设计推送通知可以促进学习类 App 用户的活跃度，与某医生教育应用平台合作开展实地实验，研究推送通知的信息模糊程度和时间距离对用户使用行为的影响，丰富了现有关于应用推送和模糊偏好的研究，为推送通知策略的实施提供实践指导。周中允等的论文针对如何促进医疗类 App 用户的深度使用，以用户体验为研究视角，以刺激-机体-反应为分析框架，建构了影响医疗类 App 用户使用体验及行为的研究模型，为移动医疗行业提升用户使用体验和拓展使用深度提供了建议。刘璇和王凯的论文采用问卷调研方式，以推-拉-锚定模型为基础，探究医生付费健康知识贡献的影响机理，为在线社区提升医生付费健康知识贡献意愿、丰富社区的付费健康知识内容提供借鉴。朱张祥等的论文探讨服务失败背景下，旅游在线投诉回复表情符号对游客宽恕的影响，揭示了服务失败类型与严重性差异对游客心理感知的影响差异。金悦和刘司铎的论文以我国两千余部院线电影为样本，分析了流媒体平台相较于线下影院中的消费者偏好变化以及电影市场份额分布的差异，为流媒体平台完善电影引进制度以及电影制作方选择发行渠道提供了理论支持。白静等的论文针对现有云资源配置方案对云应用的用户访问量、资源供应量的随机性和云应用提供商收益考虑不足的情形，提出了随机供需云环境下应用提供商收益驱动的最优资源协同配置策略，基于云应用提供商期望收益最大的思想提出云资源配置策略，在随机环境下充分考虑云资源租赁价格、服务价格、资源缺货价格和资源闲置价格对云资源配置量和期望收益的影响。王述等的论文针对游戏产品开发商的营销模式选择，建立了不同营销模式下的供应链模型，并通过对不同供应链模型进行比较分析，探讨了开发商的最优营销模式以及不同营销模式对消费者剩余的影响。蒋昙飞等的论文围绕制造商和电商平台构成的两级闭环供应链，分析了制造商、电商平台及供应链的最优决策及利润，探讨了制造商回收旧产品以再制造情形下电商平台的运营决策问题。

我们希望本期刊登的这些文章能够在促进科学探讨、启发创新思维、分享学术新知方面发挥应有的作用，同时也希望《信息系统学报》得到大家的更多关注并刊登更多高水平的文章。谨向关心和支持《信息系统学报》的国内外学者同仁及各界人士致以深深的谢意。感谢参与稿件评审的各位专家的辛勤工作，感谢各位作者对学报的支持以及出版过程中的配合，并感谢科学出版社在编辑和出版过程中的勤恳努力！

主　编　徐　心
副主编　黄丽华　刘业政　陆　伟　邱凌云　王刊良　叶　强
执行主编　郭迅华

2024 年 4 月于北京

VR 商店中社会元素对消费者购物体验和品牌态度的影响——基于心理意象视角的研究*

马文菊 [1, 3]　朱家稷 [1, 3]　王烨娣 [2, 3]　张依梦 [3, 4]　蒋玉石 [3, 4]

（1. 河南工业大学管理学院，河南 郑州 450001；

2. 成都理工大学商学院，四川 成都 610059；

3. 西南交通大学宜宾研究院，四川 宜宾 644000；

4. 西南交通大学经济管理学院，四川 成都 610031）

摘　要　零售商开始借助 VR 技术给消费者提供沉浸式营销场景。以 VR 商店为研究对象，本文探讨了社会元素对 VR 购物体验和品牌态度的影响，剖析了准社会互动、临场感和心理意象形成的连续中介机制，并构建了本文的研究模型。通过一项实验室实验对提出的研究模型进行了检验。本文结论为优化 VR 商店中的场景布置，提高消费者 VR 购物体验、品牌态度和企业 VR 商店的营销效果提供了重要见解。

关键词　VR，社会元素，准社会互动，心理意象，购物体验，品牌态度

中图分类号　C939

1　引言

虚拟现实（virtual reality，VR）技术的最新进展使其越来越多地用于不同商业目的。丰富的信息和较强的交互性提高了人们对虚拟零售技术的接受程度。早期 VR 技术主要用于娱乐业，如游戏、3D 电影和故事片等。目前，VR 技术已扩展应用到电子商务平台。例如，易贝的购物中心（e-Bay's shopticals）、乐购（虚拟商店）和宜家（IKEA）（虚拟厨房、卧室或客厅）为消费者提供了 VR 购物环境[1, 2]。丰富的 VR 零售场景和强烈的感官刺激能够引起营销者的关注[1, 2, 3]，商家开始积极在网络营销中推广和应用 VR 技术。沉浸式 VR 零售模式在改善消费者的体验和态度方面具有很大的优势，成为营销人员与消费者之间一种有效的沟通工具[3, 4]。

先前学者研究表明，在零售环境中，VR 营销在感官刺激（如听觉、视觉、味觉和触觉等）方面具有很大的优势，相对于平面网络商店，VR 商店带来的沉浸感能激起消费者更强的购物体验[1, 3, 5]和购买意愿[1, 2]，吸引和激励潜在的 VR 商店体验者成为积极的消费者。然而，VR 零售在很大程度上受到场景质量的限制，如何优化 VR 场景成为实务界和理论界共同关注的课题。近期研究表明，通过 VR 不仅可以模拟构建物理商店空间，而且能够准确地模仿店内的行为[6, 7]，但需要继续优化 VR 场景的设计和质量来提高消费者的采纳率。VR 学者们开始针对 VR 具体元素展开探讨。例如，Han 等发现 VR 商店墙

────────────

* 基金项目：国家自然科学基金面上项目（72172129）、河南省高校人文社会科学研究一般项目（2025-ZZJH-025）。

通信作者：蒋玉石，西南交通大学经济管理学院，教授，博士生导师，研究方向为网络营销、数字技术与企业管理，E-mail：906375866@qq.com。

壁的透明度可以唤起不同的商店信誉感知和产品质量感知[8]，进而影响消费者对 VR 商店中产品的偏好。Loureiro 等研究发现，音乐可以调节 VR 商店内的气氛，激发消费者不同的沉浸感[9]。整体来说，在 VR 消费环境中，以往学者关注的是外观设计[8]、质量[1]、生动性[9]和感知有用性[10]等。但鲜有文献清楚地解释在 VR 零售环境中社会元素对消费者的体验和品牌态度的影响，VR 中社会元素（如虚拟顾客）对消费者体验的影响尚未得到有效的探讨。

与先前学者关注的 VR 中物理元素设计不同，目前学者们已经开始关注 VR 消费环境中的社会性对 VR 消费体验的重要意义。例如，Wang 等[11]指出虚拟世界中社会性对人们的交互体验有积极的影响。Hudson 等[12]发现在 VR 旅游过程中，旅游消费者之间的社会互动（人-人）可以提升消费者的满意度和忠诚度，然而，他们也发现这种社会互动可能降低人们在 VR 中的沉浸体验，因为社会交互很可能受到真实人际交流的干扰。目前，随着技术的进一步提升，营销人员和技术开发者已经开始利用技术引导消费者进行准社会互动[13]。营销人员和技术开发人员在 VR 场景中添加一些社会元素（如虚拟顾客）以更真实地体现 VR 消费环境。这种准社会互动（人-虚拟人）在一定程度上满足了消费者的社会性需求，增强了消费者的临场感，从而更有可能吸引潜在的消费者光临 VR 商店。鉴于社会性已经成为影响消费者参与度和营销人员绩效的关键因素[14]，本文重点研究目标是探究 VR 商店中社会元素影响消费者购物体验和品牌态度的过程与结果。此外，以往研究指出高孤独感的消费者会更加努力地去寻求社会线索，从而得到社会情感补偿[15-17]。因此，本文预测 VR 商店中的社会元素对于高孤独感的消费者更加重要。更接近于本文的是，有学者研究表明孤独感是 VR 技术相关研究的一个重要因素[18]，在 VR 商店中，虽然消费者可以沉浸在 VR 环境中进行体验，但往往缺乏与社会群体的联系。本文预测对于长期孤独的个体，其在 VR 环境中更加追求社会元素的存在。由上所述，本文进一步考虑了个体孤独感异质性的影响，探讨了对于不同孤独感个体，社会元素对消费者 VR 商店体验效果影响的差异。

尽管 VR 零售商可能设计一些社会元素提高 VR 商店的体验效果，然而对虚拟场景下社会元素影响消费者体验的心理机制尚不清楚。本文探讨了 VR 商店中社会元素（丰富 vs.单调）对消费心理意象形成的影响和后果（购物体验、品牌态度），并进一步挖掘了准社会互动和临场感的内在中介机制。另外，本文还检验了个体孤独感差异对 VR 中社会元素有效性的影响。总之，本文基于准社会互动和心理意象的概念构建了理论模型，深入探讨了消费者在 VR 商店场景中社会元素刺激下的心理反应和结果，为 VR 商店场景中社会元素的有效管理提供了决策支持。

2　理论基础

2.1　VR 商店相关研究

为了更加详细地理解 VR 商店相关研究进展，本文对 VR 商店的主要研究进行了归纳和总结（表 1）。起初学者们基于信息系统理论，探讨了 VR 商店有用性和感知行为控制等方面对消费者购买产品态度和实际购买行为的影响[10]。近期学者们开始对比分析 VR（vs.2D）呈现方式所带来的高沉浸感[5]、临场感[2]、实用性和享乐性[3]对品牌态度和购买意愿的影响[8, 9, 19]。为了提高 VR 商店的沉浸体验和呈现效果，也有学者开始更具体地探讨 VR 商店外观设计或内在音乐声调的设置如何影响 VR 商店的效果[8, 9]。与以往研究不同，随着 VR 技术的日趋成熟，本文尝试探讨社会元素（如虚拟顾客）对消费者体验和品牌态度的影响。虽然已有学者探讨了社会交互（人-人）在消费者 VR 体验过程中的积极效应，但也发现实际的人际沟通会干扰 VR 的沉浸体验[12]。

表 1　VR 商店的相关研究

文献来源	主要自变量	主要因变量	主要结论
Barkhi 等[10]	感知有用性、感知行为控制、感知同伴影响	购买态度、实际购买	在虚拟商店环境中，感知有用性、感知行为控制和感知同伴影响对购买意愿和实际购买行为有积极的影响
Schnack 等[5]	沉浸感、自然感、真实性	远程呈现	VR（vs.传统平面）消费环境中能够体验到更强的沉浸感和与商店环境交互的自然感（如远程呈现）
Martínez-Navarro 等[2]	情绪、情感评价、不适、临场感	品牌回忆、购买意愿	虚拟商店带来了更强的体验和购买意愿，这主要是由于VR 商店带来较强的临场感
Pizzi 等[3]	享乐主义、功利主义、感知类别	商店满意度	在 VR 环境中，更高（低）水平的感知产品组合规模加强了享乐主义（实用主义）和商店满意度之间的关系
Hung 等[20]	核心服务质量、社会临场感	满意、信任、忠诚度	核心服务质量和社会临场感通过满意度或信任有效提升忠诚度
Pizzi 等[21]	VR 商店环境、临场感	态度、购物体验、口碑、光顾意愿	VR 零售环境能给消费者带来临场感，引发更强的购物体验，进而对光顾意愿和口碑传播产生积极的影响
Baek 等[19]	感知、行为、情绪、知识	品牌资产、访问意愿	VR 旅游零售店通过感知、行为、情绪和消费者知识积极影响品牌资产和访问意愿
Lombart 等[1]	印象、质量、价格公平、健康、享乐主义	态度	消费者在虚拟商店(vs.实体店)中购买的水果和蔬菜更多。这主要依赖产品的外在线索（如产品价格），而较少依赖于他们在实体店中使用的内在线索（如产品外观）
Han 等[8]	外观设计、商店声誉感知、产品质量感知	购买意愿、产品态度	虚拟商店不透明的外观设计具有排他性感知，意味着优越和声望，激发更高的商店声誉感知和产品质量感知，从而促进消费者的产品偏好
Loureiro 等[9]	逃避现实、认知加工、愉悦、生动性、临场感、音乐节奏	行为意愿	逃避现实刺激消费者的认知和情感状态，增加快乐和愉悦感，从而提高了生动性、临场感和消费意图，同时还发现当消费者在虚拟商店里听欢快的音乐时，兴奋和愉悦之间的联系更强
本文	社会元素、准社会互动、临场感和心理意象、孤独感	购物体验和品牌态度	丰富（vs.单调）的社会元素给消费者带来更高的准社会互动和临场感，并唤起消费者更强的心理意象，最后对购物体验和品牌态度产生积极的影响，并且这种效应主要体现在孤独感较高的消费者群体中

注：由本文作者整理

2.2　准社会互动

　　准社会互动（para-social interaction）通常是指用户与媒体（如代言人）之间的互动过程，这种互动通常是单向的，也就是用户并没有和媒体实现面对面的真实互动[22]。然而，通过准社会互动，用户往往认为他们在认知和情感方面实现了与媒体的双向交流[23]。与人际互动类似，准社会互动也是影响消费者黏性的重要因素[24]。已有研究表明，虽然粉丝和网红没有真正实现面对面的交流，但他们之间的准社会互动可以激发消费者购买产品的意愿[25]和对品牌的信任[26]。网络社区环境中的准社会互动也可以弱化负面信息对品牌态度的影响[27]。在新媒体环境下，消费者与技术之间的准社会互动也可以增强人机亲密度和消费者体验[28]。例如，在 VR 环境中，有研究初步表明，当用户与虚拟人物的化身互动时，会产生一种准社会互动感[29]。然而，对于用户与 VR 环境之间的准社会互动内容的研究还远远不够[18]。在人机互动研究中，Youn 和 Jin[30]的研究表明，人与智能机器人之间的准社会互动增强了对品牌的个性感知，并对消费者行为意愿、满意度和信任产生积极的影响。本文中的准社会互动是指消费者与 VR 环境中社会元素（如虚拟顾客）的一种虚拟的人性感知，并预测这会增加 VR 商店的吸引力，并积极影响消费者的体验和对品牌的态度。

2.3　心理意象

心理意象（mental imagery）是指个体受到外界刺激后在自己头脑中呈现的形象化的图像[9, 31, 32]，包括三个核心维度：生动性（唤起个体脑海中意象的强度、清晰度或独特性）、数量（出现在个体脑海中的意象数量）和效价（个体对特定记忆所附加的情感）[25, 33, 34]。以往研究表明，心理意象在 VR 消费环境和消费者感官体验之间起着桥梁作用[35, 36]。与网站等其他技术相比，VR 是一种互动性更强的媒体，可以提供更丰富的视觉空间视角和更高层次的信息[35]，且对产品评价（如酒店评价）有积极影响[35, 37]。有旅游学者指出，VR 旅游场景是心理意象的诱发因素，增强了消费者的信息认知加工和生动的心理意象，对旅游品牌体验[35]、目的地态度、访问意愿[38]和幸福感都能产生积极影响[35, 37]。目前，心理意象也被学者们用来理解消费者在网络购物环境中的体验和印象。例如，有学者指出，在增强现实（augmented reality，AR）购物场景中互动的可控性和游戏性通过心理意象影响消费者对产品的态度和行为意图[39]。Hilken 等[4]针对 VR 和 AR 的购物场景进行了对比，发现 AR 比 VR 更能凸显出产品特征，唤起更强产品聚焦的心理意象，而 VR 比 AR 更能凸显购物场景，从而唤起更强情景聚焦的心理意象，最终都带来积极的购买意愿和品牌态度。Cowan 等[6]也发现，VR 购物场景能激发临场感，进而对消费者的心理意象、品牌态度和购买意愿产生积极的影响。因此，本文引入心理意象作为理解消费者对虚拟商店体验的潜在过程。

3　假设推演与研究模型

3.1　VR 商店中社会元素对心理意象的影响

VR 商店是一种较为新颖的服务场景，与普通服务场景不同，其社会线索表现为 VR 商店环境中的社会元素，如虚拟顾客也在 VR 商店中模拟购物的情景。因此，本文借助社会线索的相关研究来预测 VR 中社会元素对消费者感知带来的影响。真实的社会线索通常是指与人相关的变量，如服务员或顾客[40]。在服务场景中学者们发现社会线索对顾客认同感、归属感、社会支持感和场所依恋具有积极的影响，因为消费者能够从其他顾客或服务人员身上感受到情感支持[41, 42]。以往研究指出 VR 消费环境中"人-人"交流虽然对消费者有一定的积极影响（如忠诚度和购买意愿）[10, 12]，但与广义场景不同的是，在 VR 环境体验中，"人-人"交流的干扰性也会降低消费者的沉浸体验[12]。

心理意象被描述为消费者接受外界刺激后在脑海里形成的一种生动、丰富和深刻的图像，高心理意象的图像意味着带有较清晰的印象和特定的记忆属性[9, 31]。早期心理意象更多地用来描述人们接受旅游场景刺激后形成的意象和记忆，目前学者已经引入心理意象用于解释高度生动和丰富的媒体（如 VR 或 AR）给消费者带来的体验感，发现消费者接受刺激后的心理意象对购买意愿和品牌态度有积极的效应[4, 39]。Baker 等[43]研究发现，在真实的商店环境中出现的社会线索（如员工数量、友好程度）越丰富，给消费者带来的情感支持就会越多，从而可以提高用户的兴奋程度[41]。而在人与媒体或虚拟消费环境交互中，尽管这种社会线索是单向（如代言人）或虚拟的（如 VR 中的虚拟顾客），仍然可能得到消费者的高度认可[22, 23]。因此，本文认为，VR 商店中的社会元素（如虚拟顾客）也能够增强用户的心理体验，引发人们的心理意象。更具体的，本文认为与单调的社会元素相比，丰富的社会元素意味着更多的数量和更多样的形态，能够在广度上和深度上刺激个体，有助于激发个体心理意象的形成。基于此，本文正式提出以下假设。

H1：与单调的社会元素对比，VR 商店中丰富的社会元素能够唤起消费者更强的心理意象。

3.2   VR 商店中社会元素、准社会互动与心理意象

准社会互动是指媒体用户与媒介人物之间虚幻或者想象的互动过程[22]。由于媒体用户与媒介人物之间不存在真正面对面的关系，这种互动主要是接受者通过打造"幻想"情景而构建的。因此，在描述用户和媒介人物之间的关系时，准社会互动是指用户感知媒介人物作为亲密社会伙伴的程度[23]。以往学者基于媒体（如社交媒体）研究表明，通过准社会互动可以增强人们的认知和情感的交流，并形成一种亲密关系，换句话说，准社会互动已经被认可为理解观众与媒体沟通的机制[26, 23, 44]。在虚拟的 VR 商店中，丰富的社会元素增强了用户与媒介人物之间的准社会互动。例如，当消费者在 VR 商店中浏览产品时，相较于单调的社会元素（包括数量和动作），当他们看到虚拟顾客时，会产生一种与他们互动的感觉，而准社会互动会增强消费者参与度并促进消费行为[45, 46]，Parmar 和 Mann 的研究也证明了准社会互动在名人形象和购买意图之间的中介作用[47]。在三维虚拟环境中，也有研究初步发现用户在与虚拟角色化身进行交互时能够产生准社会互动的感觉[29]。本文进一步预测，准社会互动补充了 VR 消费环境里面的人际关系内容，使消费者得到一定程度的情感支持，可产生更加生动、丰富和深刻记忆的 VR 商店图像，有助于用户形成更强的心理意象。基于此，本文提出以下假设。

H2：与单调的社会元素对比，VR 商店中丰富的社会元素能够唤起消费者更高的准社会互动。

H3：VR 商店中社会元素唤起的准社会互动正向影响消费者心理意象。

3.3   VR 商店中社会元素、临场感与心理意象

临场感被定义为一种心理状态，是一种亲临现场的感觉。虚拟现实是一种特别适合刺激个体产生临场感的沉浸环境，因为它允许用户根据他们的位置和方向，模拟真实环境中存在的线索[48]。在虚拟环境中个体感知自己被技术构建的环境所包围并与之互动[49, 50]。先前的文献已经表明，商店环境是虚拟体验中的一个重要因素[51]，消费者在评估商店时会注意环境线索，认为这些线索提供了关于产品相关属性、商店体验和商店形象的信息[8, 9]。相比于单调的社会元素，丰富的社会元素则意味着包含更多数量和更多形态动作的社会线索。例如，在本文中丰富的社会元素意味着 VR 商店体验者可以观看到更多的虚拟顾客，并且这些虚拟顾客模拟了各种购物时的形态，更能体现出真实的购物场景。本文期望消费者在接触到丰富的社会元素刺激时会产生更高的临场感，并加深消费者脑海中的印象。本文预测，VR 商店中丰富（较单调）的社会元素能够激发消费者更强的临场感，并有助于消费者心理意象的形成。另外，准社会互动也可能对临场感产生积极的影响，因为当消费者接触到 VR 商店中的社会元素时，能够体验更加逼真的消费环境。由此，本文提出以下假设。

H4：与单调的社会元素对比，VR 商店中丰富的社会元素能够唤起消费者更强的临场感。

H5：VR 商店中社会元素唤起的临场感积极影响消费者的心理意象的形成。

H6：VR 商店中社会元素唤起的准社会互动对消费者的临场感具有正向影响。

3.4　心理意象对 VR 体验效果的影响

心理意象被应用于理解个体接受刺激后形成脑海图像的过程。早期学者们发现网站的视觉刺激可以诱导心理意象，从而增强积极的态度和行为[52]。近期沉浸感更强、感官更丰富的 VR 环境引起了学者们的关注[53]。最近的研究发现，高水平感官刺激（如 VR 环境）可以塑造更强的心理意象，并产生更积极的态度和意愿[38]。以往研究表明，感官营销能够激发消费者的想象力[54]，即使对于那些对触摸有很高需求但无法实际触摸的产品[55]，更强的心理意象也可以提高消费者的产品态度和购买意愿[56]。Petrova 和 Cialdini[57]发现，消费者在头脑中越容易形成对某产品的意象，其对产品的评估和购买意愿越会得到提升。也有学者指出 VR 技术的沉浸体验会转化为临场感，促使游客在脑海中对目的地产生更丰富的意象，并减少了他们的心理距离，增加了他们的参与度，使他们更有可能参与现实世界的旅游[35, 58]。本文认为，心理意象会提升消费者在 VR 商店购物过程中的体验，因此，本文进一步预测，VR 商店中社会元素唤起的心理意象，会进一步对购物体验产生积极的影响。因此，本文提出以下假设。

H7：消费者心理意象对 VR 购物体验产生积极的影响。

心理意象有利于改善消费者的品牌态度。学者们研究表明 VR 感官线索有助于消费者想象他们正在与品牌互动[59]，对品牌态度和购买意愿产生积极的影响[6]。心理意象描述了顾客在形成关于品牌及其产品的态度和决策时在头脑中产生产品或体验的图像的程度[31, 60, 61]。还有研究表明心理意象形成的难易程度对消费者购买意愿和品牌态度有显著的影响[57, 62, 63]。本文进一步预测，VR 商店中社会元素唤起的心理意象，还会进一步对品牌态度产生积极的影响。此外，良好的购物体验也有助于加深消费者对品牌的认可。因此，本文提出以下假设。

H8：消费者心理意象对品牌态度产生积极的影响。

H9：VR 购物体验能够积极影响消费者的品牌态度。

3.5　孤独感的调节效应

Weiss 指出，孤独感是个体由于缺乏社会融合或者亲密关系而形成的[64]。目前学者们对孤独感的研究比较广泛地采用了 Perlman 和 Peplau 的定义，即孤独感是个体感觉现实中的社会联系未能满足期望时感受到的消极情感[65]。学者们普遍研究表明，高孤独感消费者排斥与孤独相关的元素，希望有更多的社会联系，对于和社会联系相关的信息有更好的记忆力[17, 66]。因此，在 VR 商店中加入社会元素（如虚拟顾客）时，高孤独感消费者更能捕捉到这些信息线索。在零售情境中，高孤独感消费者能够从销售员那里获得社会联系[16]。此外，高孤独感群体也会从非人类媒介处寻求情感依恋，从而补偿其社会联系的缺失[15]。因此，本文认为，在 VR 商店中加入虚拟社会元素，有助于促进高孤独感消费者产生更强的准社会互动、临场感和心理意象。具体的，本文提出以下假设。

H10：消费者孤独感正向调节了社会元素对心理意象（a）、准社会互动（b）和临场感（c）的积极作用，进一步对消费者 VR 购物体验和品牌态度产生积极的影响。

总的来说，本文的目的在于探索 VR 商店中社会元素的特征（丰富 vs. 单调）对消费者 VR 购物体验和品牌态度的影响。从心理意象的形成过程视角提出了"VR 商店社会元素→（准社会互动、临场感）→心理意象→购物体验/品牌态度"的连续影响路径，深入理解 VR 商店中社会元素对消费者体验的影响。另外，本文也检验了孤独感的调节作用。本文构建的整体概念模型如图 1 所示。

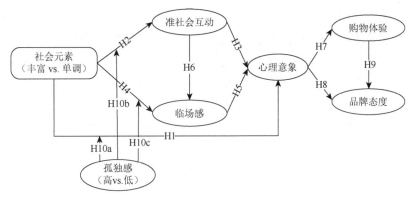

图 1   本文的整体概念模型

4   研究设计

4.1   研究设计和参与者

为了检验在 VR 商店环境中不同程度的社会元素对消费者交互体验的影响,本文采用组间设计方案,即招募被试在社会元素丰富和单调的两个 VR 商店中进行体验和对比分析。参考现有研究,在 VR 实验中,一般认为平均每组 40~100 人是合适的[9, 67],因此,本文计划招募不少于 200 名合格参与者。由于大学生群体对 VR 新技术的接受能力较强,也更加熟悉 VR 设备,因此,招募大学生作为本实验的主要参与者是合适的[68],另外,为了增强样本多样性和有效性,实验组也招募了研究院内的硕士研究生、博士研究生和校内教师作为补充。

4.2   刺激材料的开发

本文在某研究院的 VR 实验室进行,该 VR 实验室引进 WoldViz 公司开发的 Vizard VR 引擎、Vizard 工具(Inspector)和光学动作捕捉系统 WorldViz PPT(precision position tracking,精准位置追踪),实验组员借助 Vizard VR 引擎、Inspector 工具和 3D 建模渲染和制作软件(3Dmax),开发了一家乔帛(Jaoboo) VR 服装品牌店,乔帛集团主要产品定位是时尚服装,其客户集中在 25~35 岁的年轻人。根据含有社会元素的不同设计了两个版本的 VR 品牌商店。本文以虚拟顾客作为 VR 商店中社会元素的代表,单调的社会元素是指虚拟顾客在数量和状态上都较为单一,而丰富的社会元素是指虚拟顾客数量丰富并且能够体现出不同的购物状态。具体来说,在第一个版本 VR 商店中包含较少并且动作单一的社会元素,在商店中只呈现了一个虚拟顾客,该顾客站立在 VR 商店中似乎正在挑选衣服,用来代表单调的社会元素;第二个版本的 VR 商店中呈现了四个虚拟顾客并且形态丰富,分别展现出正在挑选衣服、试穿衣服、坐在沙发休息并观察好友试穿衣服或者站在收银台等待结账,他们分布在不同的位置,并呈现着不同状态,用来代表丰富的社会元素。另外,收银台上方展示了该 VR 商店的品牌标志,用于激发参与者对该服装店品牌态度的感知(见附录)。

4.3   实验程序和测量题项

在实验前,本文首先对 10 名没有参与实验方案制订的人进行了预实验,用来检验实验中可能遇到的问题，并确定每个参与者的体验时间控制在 5 分钟左右。正式实验开始后，实验助理向参与者介绍了到达 VR 实验室后的实验流程、设备使用及注意事项。参与者在了解实验流程后签署了知情同意书，并填写了第一份问卷，题项包括先前 VR 使用经验[69]、品牌熟悉度[70, 71]和人口统计学变量（如性别、年龄和收入等）。对于孤独感的测量，学者们认为有单一维度也有多项维度的测量[16, 66]，考虑到消费者长期生活中的孤独感是影响采纳 VR 商店的重要影响因素，借鉴已有对孤独感的测量题项，采用一个概括性题项对孤独感进行测量："在日常生活中你感觉自己孤独的程度（1＝一点也不，7＝非常孤独）"[72]。

随后参与者被随机分配到两个版本的 VR 商店中。在实验助理的帮助下，参与者佩戴好 HTC 头盔（含微型眼动仪）和控制手柄控制器（HTC Vive controller）。每位参与者佩戴好 VR 头盔后，主试操作员将启动实验场景，并询问参与者是否能够看到自己站在 VR 商店的门口（如果有异常，将再次启动或调整），得到肯定回答后，实验助理接着告知参与者将要完成的任务：首先在 VR 商店里逆时针行走一周，然后自由浏览和模拟选购服装。除此之外，参与者将在 VR 商店中自由行走和选购商品。在整个实验过程中，如刺激材料开发中所述，参与者可以浏览 VR 商店中货架上的服装、虚拟顾客、收银台和品牌标志，其中社会元素（虚拟顾客：丰富 vs. 单调）用于区分不同版本的 VR 商店，被设定为目标注视物体，以检验参与者对社会元素的关注程度，参与者浏览社会元素的信息（注视点和注视时长）自动生成并保存。参与者在体验 VR 商店后，由实验助理带到另一个实验室完成一项问卷调查，包括他们对不同 VR 商店的沉浸体验：主要测量维度包括 VR 商店中社会元素的丰富度、准社会互动[12, 17, 29]、临场感[3, 20]、购物体验[3]和品牌态度[4]，除人口统计学变量外，其他变量的测量都采用利克特量表（Likert scale）（1～7 分）进行打分。

5　实验结果

5.1　描述性统计与操纵检验

本文招募了 240 名参与者，在数据收集阶段，剔除了实验过程中不完整的样本，包括：部分参与者身体不适而中断的样本数据；另外，个别参与者非正常操作导致只停留在一个地方，未能整体模拟浏览 VR 商店，这部分非正常数据也进行了剔除。最终在两种场景 VR 商店的参与者中共获取了 228 个有效样本（109 名女性，占比 47.8%；M_{age} = 23.50，SD = 3.031；G_1 = 112，G_2 = 116），其中 G_1 为单调社会元素组，G_2 为丰富社会元素组。样本的描述性统计如表 2 所示。借助 SPSS26 采用单因素方差分析检验不同组参与者的异质性。结果表明，性别 [$F_{(2, 226)}$ = 0.015；$p > 0.05$]、年龄 [$F_{(2, 226)}$ = 1.101；$p > 0.05$] 和先前 VR 使用经验 [$F_{(2, 226)}$ = 0.709；$p > 0.05$] 组间差异不显著。因此，在控制变量方面实现了随机分组的有效性。

表 2　样本分布特征

维度	范围	人数	比例	维度	范围	人数	比例
性别	女	109	47.8%	收入	2001～3000 元	34	14.9%
	男	119	52.2%		3001～4000 元	56	24.6%
收入	≤1000 元	66	28.9%		4000 元以上	35	15.4%
	1001～2000 元	37	16.2%				

续表

维度	范围	人数	比例	维度	范围	人数	比例
年龄	18~25 岁	105	46.1%	教育水平	高中及以下	10	4.4%
	26~30 岁	86	37.7%		专科和本科	125	54.8%
	31~40 岁	25	11.0%		硕士研究生	60	26.3%
	40 岁以上	12	5.3%		博士研究生	33	14.5%

参与者对观测到 VR 商店中社会元素的丰富度差异也得到了检验。结果显示，参与者对观测到的两种 VR 商店中社会元素的丰富度有显著的差异（$M_{丰富}=4.88 > M_{单调}=2.29$，$p<0.001$）。除此之外，本文还对两组 VR 商店中包含的社会元素（虚拟顾客）进行了单独眼动追踪数据检验，以确定被试是否关注了该社会元素，结果显示平均注视次数有显著差异[$M_{丰富}=8.25$ 次 $> M_{单调}=4.99$ 次，$F(2, 226)=120.532$，$p<0.001$]，平均注视时间也有显著差异[$M_{丰富}=11.62$ 秒 $> M_{单调}=6.88$ 秒，$F(2, 226)=129.293$，$p<0.001$]，这表明对社会元素操纵是成功的。

本文对参与者的孤独感（$M_{孤独感}=3.32$，SD$=1.598$）进行了方差分析。结果表明，被分配到两个不同 VR 商店（社会元素：丰富 vs.单调）的参与者之间的孤独感不存在显著差异（$M_{单调}=3.250$，SD$=0.076$；$M_{丰富}=3.397$，SD$=0.075$，$p>0.05$）。接着把两组的孤独感都按照高低排序和分组编码（0=低，1=高），共得到 4 组参与者（社会元素：丰富 vs.单调×孤独感：高 vs.低），方差分析比较结果显示，被分到丰富社会元素 VR 商店（$M_{低}=1.93 < M_{高}=4.57$，$p<0.05$）和单调社会元素 VR 商店的（$M_{低}=1.97 < M_{高}=4.83$，$p<0.05$）组内孤独感都存在显著差异，表明参与者群体的孤独感存在差异，且随机分配到各个参与组符合后续孤独感的调节效应分析要求。

5.2　验证性因子分析

本文使用 SmartPLS3.3 对结构方程模型进行偏最小二乘法结构方程模型（partial least square method structural equation model，PLS-SEM）分析，采用 Bootstrap 程序进行 5000 次重复抽样的因子、信度和效度分析，并检验结构模型的拟合度、路径系数和中介效应[73]。在信度分析方面，通过验证性因子分析对各个变量的 Cronbach（克龙巴赫）系数（α）和组合信度（combinatorial reliability，CR）进行了统计检验，结果如表 3 所示。结果表明，各变量的 α 值和 CR 值，两项指标均超过 0.70 标准值[74]，说明各量表一致性较强，信度也较好。

表 3　验证性因子分析结果

来源	变量	题项	内容	FL	α	CR
Hudson 等[12]；Jin[29]；Wang 等[11]	准社会互动	PASI1	虚拟顾客像真人一样	0.864	0.794	0.879
		PASI2	我想和虚拟顾客一起购物，甚至成为朋友	0.820		
		PASI3	虚拟顾客似乎知道我的存在	0.840		
Kim 和 Hall[14]；Tussyadiah 等[50]	临场感	PRE1	我感觉自己就在虚拟现实环境中	0.902	0.882	0.927
		PRE2	我好像完全融入了该商店	0.893		
		PRE3	这个商店让我感觉非常的真实	0.902		

续表

来源	变量	题项	内容	FL	α	CR
Walters 等[34]；Wu 和 Lai[36]	心理意象	MI1	我感觉留在我脑海中的 VR 商店非常生动	0.904	0.867	0.919
		MI2	我感觉留在我脑海中的 VR 商店非常清晰	0.878		
		MI3	这个 VR 商店深刻地留在我的脑海中	0.885		
Pizzi 等[3]	购物体验	SHE1	商店的环境/产品让我感到活力	0.919	0.894	0.934
		SHE2	商店的环境/产品让我感到激动	0.905		
		SHE3	商店的环境/产品让我感到舒适	0.902		
Hilken 等[4]	品牌态度	BAT1	我对该品牌整体感觉很好	0.864	0.836	0.901
		BAT2	我非常喜欢该品牌	0.871		
		BAT3	我感觉该品牌服装值得推荐	0.869		

在效度分析方面，由于量表均源自成熟量表的改编，因此在内容效度的控制上主要采取实验组和邀请专家对量表进行评论和修订。采用标准化因子负荷（factor loading，FL）系数（表 3）和平均方差提取值（average variance extracted，AVE）指标（表 4）检验收敛效度。FL 值均大于 0.70 的阈值[75]，说明每个测量题目都能够较好地代表各个潜在变量。AVE 值均大于 0.50 的阈值[75]，说明各项目测量误差较小。最后，本实验检验了各个变量的区分效度。如表 4 所示，各变量的相关系数绝对值均小于对角线 AVE 的平方根，说明变量之间具有较好的区分效度[75, 76]。

表 4　区分效度检验

变量	AVE	1	2	3	4	5
1. 准社会互动	0.708	**0.841**				
2. 临场感	0.808	0.588	**0.899**			
3. 心理意象	0.790	0.598	0.662	**0.889**		
4. 购物体验	0.826	0.555	0.554	0.672	**0.909**	
5. 品牌态度	0.753	0.537	0.580	0.684	0.627	**0.868**

注：对角线（粗体）为 AVE 的平方根

5.3　结构方程模型结果

实验组员对不同版本的 VR 商店进行编码，分为 00（单调）和 01（丰富），并选择 Bootstrap 5000 重复抽样和 95%的置信区间进行 PLS-SEM 分析。结果表明，结构方程模型（χ^2 = 336.725，NFI[①] = 0.901 > 0.90，GoF[②] = 0.540 > 0.300）效度较好。标准化均方根残差（standardized residual mean root，SMR）为 0.047 < 0.800，心理意象（R^2 = 0.524）、购物体验（R^2 = 0.451）、品牌态度（R^2 = 0.519）的解释强度 R^2 均在 0.40 以上，f^2（0.098–0.822）> 0.02 也符合分析要求[73, 77]。

---

① NFI（normal of fit index）是一种评价结构方程模型常规拟合指标，NFI 值越大说明模型常规拟合程度越高，一般大于 0.900 表明模型整体拟合优度较好。

② GoF（goodness of fit）是一种评价结构方程模型整体拟合优度指标，GoF 值越大说明模型整体拟合程度越高，一般大于 0.300 表明模型整体拟合优度较好。

路径系数结果如图 2 所示。路径系数"社会元素→心理意象"显著（$\beta = 0.156$, $p < 0.01$, SE = 0.048），表明 VR 商店中更丰富（vs.单调）的社会元素唤起消费者更强（vs.弱）的心理意象，H1 得到验证。在心理意象形成的前置因素检验结果中发现，路径"社会元素→准社会互动"（$\beta = 0.403$, $p < 0.001$, SE = 0.054）和"准社会互动→心理意象"（$\beta = 0.275$, $p < 0.001$, SE = 0.054）都显著，表明社会元素刺激消费者后，消费者通过准社会互动，比如消费者感觉到的与虚拟顾客的交流，形成心理意象，H2 和 H3 得到验证。同样，路径系数"社会元素→临场感"（$\beta = 0.161$, $p < 0.001$, SE = 0.056）和"临场感→心理意象"（$\beta = 0.441$, $p < 0.001$, SE = 0.080）也都显著，表明社会元素刺激能够促使消费者产生临场感，比如消费者感觉到其他虚拟顾客也在购买衣服，VR 场景更类似于真实的购物场景，从而激发消费者心理意象的形成，H4 和 H5 也得到验证。另外，路径"准社会互动→临场感"（$\beta = 0.523$, $p < 0.001$, SE = 0.056）也显著，表明消费者与虚拟顾客的准社会互动，也会增强临场的感觉，这会增强他们在真实的购物场景中的人际交流感觉，H6 也得到验证。

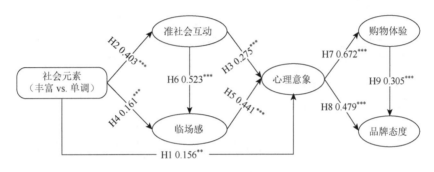

图 2　结构方程检验结果

"心理意象→购物体验"（$\beta = 0.672$, $p < 0.001$, SE = 0.043）的系数显著为正，表明心理意象对消费者的购物体验起到了积极的作用，H7 得到验证。不仅如此，心理意象对消费者的品牌态度也具有积极的作用（$\beta = 0.479$, $p < 0.001$, SE = 0.069），H8 得到验证。另外，这种 VR 购物体验对消费者的品牌态度也会产生显著的影响（$\beta = 0.305$, $p < 0.001$, SE = 0.070），H9 也得到验证。

5.4　心理意象的中介效应分析

此外，本文进一步借助 SmartPLS 对心理意象的中介效应进行检验，结果如表 5 所示。对于购物体验，社会元素通过心理意象对购物体验有显著的影响（$\beta = 0.105$, $p < 0.01$），并且"社会元素→准社会互动→心理意象→购物体验"（$\beta = 0.075$, $p < 0.01$）和"社会元素→临场感→心理意象→购物体验"（$\beta = 0.048$, $p < 0.01$）的连续中介路径都显著（置信区间不包含 0）；同样，对于品牌态度，社会元素通过心理意象对品牌态度有显著的影响（$\beta = 0.075$, $p < 0.01$），并且"社会元素→准社会互动→心理意象→品牌态度"（$\beta = 0.053$, $p < 0.01$）和"社会元素→临场感→心理意象→品牌态度"（$\beta = 0.034$, $p < 0.01$）的路径都显著（置信区间不包含 0），表明社会元素依次通过准社会互动、临场感和心理意象对 VR 商店购物体验和品牌态度产生影响，心理意象在社会元素与购物体验（品牌态度）关系之间的中介作用得到验证。该结论证明了社会元素（直接或间接）刺激消费者心理意象的形成，进而对消费者的购物体验和品牌态度产生积极的影响。正如以往研究表明，心理意象在 VR 消费环境与消费者感官体验、态度和行为之间具有桥梁作用[35, 36]。本文还检验了心理意象在 VR 商店中社会元素刺激与购物体验和品牌态度之间起中介作用，强化了研究假设中的关系效应的检验结果。

表5　心理意象的中介效应

路径	系数	BootSE	95%CI	
			2.50%	97.50%
社会元素→心理意象→购物体验	0.105	0.033	0.043	0.171
社会元素→准社会互动→心理意象→购物体验	0.075	0.023	0.034	0.122
社会元素→临场感→心理意象→购物体验	0.048	0.017	0.017	0.083
社会元素→心理意象→品牌态度	0.075	0.025	0.029	0.128
社会元素→准社会互动→心理意象→品牌态度	0.053	0.016	0.025	0.087
社会元素→临场感→心理意象→品牌态度	0.034	0.013	0.011	0.062

5.5　孤独感的调节效应分析

为了确定消费者个体孤独感的差异对社会元素作用于心理意象和 VR 体验结果的影响，本文对孤独感的调节效应进行了检验。采用方差分析对不同个体对社会元素唤起的心理意象差异进行检验。结果发现，孤独感对社会元素与心理意象之间关系的调节效应显著（$p < 0.001$，$F = 29.003$，$\eta^2 = 0.115$）。具体地说，如图 3 调节效应图所示，对于低孤独感的个体，VR 商店环境中，社会元素的丰富性唤起的心理意象差异不大（$M_{单调} = 5.56$，$M_{丰富} = 5.88$，$p > 0.05$），然而对于高孤独感的个体，VR 商店环境中丰富（vs.单调）的社会元素能够唤起消费者更强心理意象（$M_{丰富} = 5.71 > M_{单调} = 4.16$，$p < 0.001$）。

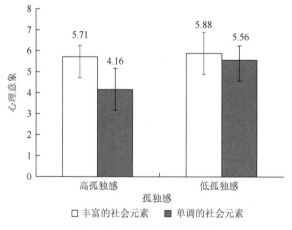

图 3　孤独感的调节效应图

本实验采用 SPSS26 和 Hayes 开发的一款 SPSS 宏程序（PROCESS 插件）对心理意象被调节的中介效应进行自举法 Bootstrap 5000 检验[78]。选择 Model7，社会元素（丰富 vs.单调）作为自变量（X），购物体验作为因变量（Y）。心理意象作为中介变量（M），孤独感（高 vs.低）作为调节变量（W）。心理意象的被调节的中介效应显著（Index $_{孤独感}$ = 0.667，BootLLCI = 0.392，BootULCI = 0.969①）。间接效应显示，对于低孤独感的个体，心理意象的中介效应不显著（95%CI 包括 0），而对于高孤独感的个体，心理意象的中介效应显著（95%CI 不包括 0）。类似地，把因变量更换为品牌态度进行检验，结果显示，心理意象的被调节的中介效应也显著（Index $_{孤独感}$ = 0.657，BootSE = 0.146，BootLLCI = 0.389，BootULCI =

① BootLLCI 为置信区间下限，BootULCI 为置信区间上限。

0.964），间接效应显示，对于低孤独感的个体，心理意象的中介效应不显著（95%CI 包括 0），而对于高孤独感的个体，心理意象的中介效应显著（95%CI 不包括 0），如表 6 所示。说明在 VR 商店环境中，只有高孤独感的个体，才表现出更青睐社会元素，更丰富的社会元素能唤起更强的心理意象，进而对购物体验和品牌态度起到积极的作用，H10a 得到检验。

表 6 心理意象被调节的中介效应

效应	调节变量	路径	效应值	BootSE	95%CI	
					2.50%	97.50%
直接效应	—	社会元素→购物体验	0.286	0.107	0.075	0.497
间接效应	低孤独感	社会元素→心理意象→购物体验	0.174	0.096	−0.007	0.362
	高孤独感	社会元素→心理意象→购物体验	0.841	0.131	0.589	1.109
直接效应	—	社会元素→心理意象	0.303	0.100	0.106	0.501
间接效应	低孤独感	社会元素→心理意象→品牌态度	0.171	0.094	−0.010	0.359
	高孤独感	社会元素→心理意象→品牌态度	0.829	0.127	0.592	1.088

另外，本文也检验了孤独感在社会元素影响心理意象关系中的调节作用。选择 Model7，社会元素（丰富 vs.单调）作为自变量（X），心理意象作为因变量（Y）。准社会互动和临场感作为中介变量（M），孤独感（高 vs.低）作为调节变量（W）。结果发现，孤独感（高 vs.低）和社会元素（丰富 vs.单调）的交互项对准社会互动（$\beta = 0.817$，$SE = 0.197$，$p < 0.001$）、临场感（$\beta = 1.019$，$SE = 0.252$，$p < 0.001$）的效应都显著，表明孤独感正向调节社会元素（丰富 vs.单调）对准社会互动、临场感和心理意象的影响。被调节的双中介效应显著，准社会互动（Index $_{孤独感}$ = 0.282，BootSE = 0.1025，2.50%CI = 0.106，97.5%CI = 0.505）和临场感的被调节的中介效应（Index $_{孤独感}$ = 0.434，BootSE = 0.155，2.50%CI = 0.175，97.5%CI = 0.786）都显著，具体的被调节的路径系数如表 7 所示，表明社会元素（丰富 vs.单调）通过唤起消费者不同的准社会互动和临场感，进而对不同孤独感的消费者产生相应程度的心理意象，假设 H10b 和 H10c 得到验证。

表 7 准社会互动和临场感被调节的中介效应

效应	调节变量	路径	效应值	BootSE	95%CI	
					2.50%	97.50%
直接效应	—	社会元素→心理意象	0.332	0.112	0.1106	0.552
间接效应	高孤独感	社会元素→准社会互动→心理意象	0.385	0.018	0.19	0.609
	低孤独感	社会元素→准社会互动→心理意象	0.103	0.056	0.003	0.223
	高孤独感	社会元素→临场感→心理意象	0.576	0.139	0.329	0.871
	低孤独感	社会元素→临场感→心理意象	0.139	0.078	−0.017	0.293

6 结束语

6.1 研究总结

本文旨在检验 VR 商店中社会元素对消费者购物体验和品牌态度的影响，将社会元素（以虚拟顾客为代表）加入到 VR 商店的场景中，通过一项实验室实验对提出的研究假设进行检验，得出以下结论：第一，较之含有单调社会元素的 VR 商店，含有丰富社会元素的 VR 商店能够唤起消费者更强的心理意象（H1）。第二，VR 商店中的社会元素首先唤起消费者准社会互动（H2、H3）和临场感（H4、H5），并进一步形成消费者的心理意象，该结论具体探讨了社会元素唤起消费者心理意象的前置因素，包括社会元素的直接作用和社会元素通过准社会互动和临场感的间接作用。另外，也验证了准社会互动对临场感产生积极的效应（H6）。第三，在心理意象产生的后果方面，本文发现，心理意象对消费者的购物体验和品牌态度产生积极的影响（H7～H8），并且本文验证了心理意象的连续中介效应（H9），该结论揭示了心理意象在社会元素与消费者的 VR 购物体验和品牌态度之间的中介作用。第四，用户自身孤独感特质是上述作用机制的边界条件，被调节的中介效应也得到验证（H10a、H10b、H10c），意味着消费者的孤独感程度对 VR 商店中社会元素的感知存在重要差异。较之低孤独感消费者，高孤独感消费者对社会线索的需求更高，能够更好地捕捉到 VR 商店中的社会元素，从而产生更强的心理意象、购物体验和品牌态度。

6.2　理论创新

本文以 VR 商店中社会元素为刺激因素，以准社会互动、临场感和心理意象为有机体组成部分，构建了社会元素对购物体验和品牌态度影响的结构模型。以往文献对 VR 环境中物理刺激引发心理意象进行了讨论[35, 38]，在本文模型中，VR 商店中的社会元素成为推动消费者购物体验和品牌沟通的一个动力源。社会元素的作用机理揭示了消费者在 VR 商店中的认知过程。该模型检验结论还证实，在 VR 环境中，具有孤独感差异的消费者对社会元素的需求是不同的。本文结论有助于从理论上增加人们对 VR 商店社会元素的理解，具体表现在以下三个方面。

第一，本文拓展了对 VR 商店中社会元素作用的研究。目前，大多数关于 VR 商店环境的研究都是强调了 VR 技术本身特征（如沉浸感）对消费者影响的前因和结果[5, 79]，也有一些具体的研究集中在探索商店的物理因素，如音乐、地板、比例设计、外观透明度[8, 9, 80, 81]，但对 VR 商店内部社会元素的研究非常有限。尽管学者们已经认识到社会性在虚拟消费环境中的重要性，但目前已有文献主要探讨了人-人之间的互动和结果[10, 12]。本文扩展性地探讨了社会元素对消费者的购物体验和品牌态度的影响。

第二，本文扩展了心理意象在 VR 商店中的理论应用。过去心理意象被学者们用来理解消费者接受平面广告的体验过程和感知，近期一些研究者已经开始关注心理意象在 VR 消费环境中的影响[3, 9, 14]。然而，目前还没有研究表明 VR 商店环境中社会元素如何唤起消费者的心理意象。由于唤起人们心理意象的因素较为复杂，本文试图引入准社会互动和临场感的概念，并结合心理意象的定义，深入理解心理意象在消费者体验与反馈（购物体验和品牌态度）之间的中介作用，扩展了目前关于 VR 零售中用户心理意象应用的文献。

第三，本文探讨了个体孤独感的边界作用。VR 商店中添加社会元素的效果可能因个体孤独感不同而存在差异，因此，探究个体特征的影响有助于更加深入理解社会元素对 VR 商店呈现效果的作用。以往研究表明了高孤独感的个体希望获取更多的社会联结[17]，比如在实体店中与销售员进行更多的交流[16]。但还没有在 VR 环境中检验消费者孤独感对社会元素的需求和心理机制。本文探讨了在 VR 消费环境中，不同孤独感的个体对社会元素的需求、心理机制和结果，结论加深了对 VR 商店刺激消费者心理意象形成机制的理解，并把消费者孤独感的相关研究扩展到 VR 商店的消费环境中。

总之，本文在先前文献的研究基础上进一步厘清了消费者在 VR 商店沉浸体验过程中的前因及其形成的结果，为社会元素会如何提高 VR 购物体验和加强消费者与 VR 商店内的品牌沟通提供了新的见解。

6.3 管理建议

随着元宇宙平台的出现和相关技术的发展, 实体购物中心可以被复制, 零售商有机会在每个接触点集成个性化的数字体验。本文结论主要检验了 VR 商店中社会元素的作用过程和效果, 也为实践中营销人员和用户对 VR 商店沉浸体验过程的解读提供了一定参考价值, 主要表现在以下四点。

第一, 根据本文得出的结论, 商家可以委托 VR 程序开发者通过优化 VR 商店中的场景来提升 VR 商店的用户体验。本文验证了 VR 商店中社会元素的有效性。因此, 可以借助社会元素的设计提高 VR 商店的营销能力。例如, 可以考虑在 VR 商店中添加虚拟顾客等社会元素。营销人员可以通过设计 VR 商店中虚拟顾客的动作 (如虚拟顾客的身体运动方式以及用户与虚拟顾客之间的语言交流方式), 使消费者深度融入 VR 购物环境中, 从而刺激 VR 商店的消费者产生更强的准社会互动和临场感, 最终通过形成更强的心理意象引发更好的呈现效果。

第二, 唤醒消费者对 VR 商店的心理意象是提升消费者体验的重要过程, 以往研究结论更多的是基于 VR 特征提出的建议, 集中在 VR 的交互项或生动性等特征唤起的消费者的心理意象。本文结论表明社会元素也是唤起消费者心理意象的重要前置因素, 营销经理应当考虑在 VR 商店中通过添加社会元素与消费者进行社会性交互, 从而塑造 VR 商店的社会临场氛围, 提升消费者的购物体验和品牌态度。另外, 本文也表明, 更丰富的社会元素效果更加明显。正如 Baker 等[43]研究发现, 商店环境中出现员工数量越多、友好程度越高, 用户就会越兴奋。因此, 营销经理也应关注社会元素丰富度的设计, 如不仅增加社会元素的数量, 还可以在顾客动作、语言和形象方面进行优化设计。

第三, 本文结论表明, 高孤独感的个体在 VR 消费环境中对社会元素更加敏感。在 VR 商店中商家应该通过社会元素激发高孤独感消费者的临场感。具体来说, 由于 VR 商店整合了视觉、听觉、触觉甚至是味觉体验, 这是非常强大的, 可以根据营销的需求进行配置。重要的是, 当营销经理和 VR 技术中嵌套的智能识别技术在与消费者沟通的过程中, 判定消费者属于偏高孤独感的群体时 (或是具有短暂的孤独感特征), 应当及时补充 VR 商店中呈现的社会元素, 以满足孤独消费者的社会情感支持, 提升消费者的购物体验并鼓励他们做出积极的品牌评价。

第四, 考虑到 VR 商店的沉浸体验不仅影响消费者的购物体验, 同时对消费者的品牌态度也产生显著的影响, 个人会有意识和无意识地将其对虚拟环境的感知转移到品牌上。在商家的品牌管理方面, 商家可以借助 VR 商店进行品牌的推广, 尤其是对于青年服装, 商家更应该借助消费者对沉浸技术的青睐提升品牌吸引力, 保留住更多的忠诚客户。VR 零售环境使消费者产生更好的购物体验和积极的品牌态度。商家还应关注如何让社会元素与品牌建立更紧密的联系, 提升消费者通过 VR 商店与品牌沟通的可能性。

总之, 作为元宇宙平台的一种具体应用, VR 技术已经允许商家模拟呈现实体商店并允许精细化修改 VR 商店的内部元素, 以呈现给消费者更具有吸引力的消费环境。营销经理和 VR 商店技术开发人员应关注虚拟商店元素的设计, 并关注消费者对 VR 商店的体验过程和评价。正如本文所关注的社会元素, 经营者们应考虑元素的特征与消费者的匹配关系, 唤醒消费者的心理意象, 提升消费者的购物体验, 并尽可能地延伸到品牌的塑造, 提升商家的 VR 商店的营销效果。

6.4 研究不足与研究展望

本文从心理意象的视角探讨了 VR 商店中社会元素对消费者体验结果 (购物体验和品牌态度)

的影响，然而本文仍存在一定的局限性。第一，尽管本文挖掘了社会元素对消费者准社会互动和临场感的第一阶段影响，这进一步形成了心理意象和 VR 商店整体的体验效果，但未来应更进一步探讨准社会互动可能引起的更具体的感知（比如温暖感）[30]。第二，在实验过程中本文主要针对年轻被试，原因在于 VR 商店的主要受众群体为年轻人。由于老年人对新技术的接受能力普遍不如年轻人，因此对于老年被试（尤其是 60 岁以上）需要单独进行现场试验，以拓展研究结论的普适性。第三，未来也有很多进一步扩展研究的课题，例如，已有研究表明：①虚拟商店不透明的外观设计可以增强消费者的产品偏好[8]，即 VR 商店的外观颜色或者灯光设计都可能影响消费者感知；②空间尺寸的不同可能会影响消费者享乐感知和实用感知[3]；③不同听觉、触觉也会影响消费者的空间密度舒适性和满意度[9, 81, 82]，因此关于 VR 商店空间感知的研究话题，未来还有很多切入角度。第四，未来可以借助 VR 实验设备获取更多参与者关注的数据（如不同类型产品或不同空间方向），用于探讨更广泛的课题。

参 考 文 献

[1] Lombart C，Millan E，Normand J M，et al. Effects of physical，non-immersive virtual，and immersive virtual store environments on consumers' perceptions and purchase behavior[J]. Computers in Human Behavior，2020，110：106374.1-106374.13.

[2] Martínez-Navarro J，Bigné E，Guixeres J，et al. The influence of virtual reality in e-commerce[J]. Journal of Business Research，2019，100：475-482.

[3] Pizzi G，Scarpi D，Pichierri M，et al. Virtual reality，real reactions?：Comparing consumers' perceptions and shopping orientation across physical and virtual-reality retail stores[J]. Computers in Human Behavior，2019，96：1-12.

[4] Hilken T，Chylinski M，Keeling D I，et al. How to strategically choose or combine augmented and virtual reality for improved online experiential retailing[J]. Psychology & Marketing，2022，39（3）：495-507.

[5] Schnack A，Wright M J，Holdershaw J L. Immersive virtual reality technology in a three-dimensional virtual simulated store：investigating telepresence and usability[J]. Food Research International，2019，117：40-49.

[6] Cowan K，Spielmann N，Horn E，et al. Perception is reality… How digital retail environments influence brand perceptions through presence[J]. Journal of Business Research，2021，123：86-96.

[7] Farah M F，Ramadan Z B，Harb D H. The examination of virtual reality at the intersection of consumer experience，shopping journey and physical retailing[J]. Journal of Retailing and Consumer Services，2019，48：136-143.

[8] Han H，Park S，Hyun K H. Effects of virtual stores' opaque exterior on store perceptions and purchase intentions[J]. International Journal of Retail & Distribution Management，2022，50（13）：77-94.

[9] Loureiro S M C，Guerreiro J，Japutra A. How escapism leads to behavioral intention in a virtual reality store with background music?[J]. Journal of Business Research，2021，134：288-300.

[10] Barkhi R，Belanger F，Hicks J. A model of the determinants of purchasing from virtual stores[J]. Journal of Organizational Computing and Electronic Commerce，2008，18（3）：177-196.

[11] Wang D W，Yang Z L，Ding Z H. Is sociability or interactivity more effective for enhancing performance? Findings from a massively multiplayer online role-playing game[J]. Journal of Interactive Marketing，2019，48：106-119.

[12] Hudson S，Matson-Barkat S，Pallamin N，et al. With or without you? Interaction and immersion in a virtual reality experience[J]. Journal of Business Research，2019，100：459-468.

[13] Bi N C，Zhang R. "I will buy what my 'friend' recommends"：the effects of parasocial relationships，influencer credibility and self-esteem on purchase intentions[J]. Journal of Research in Interactive Marketing，2023，17（2）：157-175.

[14] Kim M J，Hall C M. A hedonic motivation model in virtual reality tourism：comparing visitors and non-visitors[J]. International Journal of Information Management，2019，46：236-249.

[15] Pieters R. Bidirectional dynamics of materialism and loneliness: not just a vicious cycle[J]. Journal of Consumer Research, 2013, 40 (4): 615-631.

[16] Rippé C B, Smith B, Dubinsky A J. Lonely consumers and their friend the retail salesperson[J]. Journal of Business Research, 2018, 92: 131-141.

[17] Wang A, Escalas J. Walk a mile in someone else's relationships: how loneliness affects narrative processing of social ads[C]. Bagchi R, Block L, Lee L, et al. NA - Advances in consumer research. MN: Association for Consumer Research, 2019, 47: 111-116.

[18] Merkx C, Nawijn J. Virtual reality tourism experiences: addiction and isolation[J]. Tourism Management, 2021, 87: 104394.

[19] Baek E, Choo H J, Wei X Y, et al. Understanding the virtual tours of retail stores: how can store brand experience promote visit intentions?[J]. International Journal of Retail & Distribution Management, 2020, 48 (7): 649-666.

[20] Hung S W, Cheng M J, Chiu P C. Do antecedents of trust and satisfaction promote consumer loyalty in physical and virtual stores? A multi-channel view[J]. Service Business, 2019, 13 (1): 1-23.

[21] Pizzi G, Vannucci V, Aiello G. Branding in the time of virtual reality: are virtual store brand perceptions real?[J]. Journal of Business Research, 2020, 119: 502-510.

[22] Horton D, Wohl R R. Mass communication and para-social interaction: observations on intimacy at a distance[J]. Psychiatry, 1956, 19 (3): 215-229.

[23] Labrecque L I. Fostering consumer-brand relationships in social media environments: the role of parasocial interaction[J]. Journal of Interactive Marketing, 2014, 28 (2): 134-148.

[24] Tsai W H S, Liu Y, Chuan C H. How chatbots' social presence communication enhances consumer engagement: the mediating role of parasocial interaction and dialogue[J]. Journal of Research in Interactive Marketing, 2021, 15 (3): 460-482.

[25] Lee J E, Watkins B. YouTube vloggers' influence on consumer luxury brand perceptions and intentions[J]. Journal of Business Research, 2016, 69 (12): 5753-5760.

[26] Gong W Q, Li X G. Engaging fans on microblog: the synthetic influence of parasocial interaction and source characteristics on celebrity endorsement[J]. Psychology & Marketing, 2017, 34 (7): 720-732.

[27] Elsharnouby M H, Mohsen J, Saeed O T, et al. Enhancing resilience to negative information in consumer-brand interaction: the mediating role of brand knowledge and involvement[J]. Journal of Research in Interactive Marketing, 2021, 15 (4): 571-591.

[28] Zheng X B, Men J Q, Xiang L, et al. Role of technology attraction and parasocial interaction in social shopping websites[J]. International Journal of Information Management, 2020, 51: 102043.

[29] Jin S A A. Parasocial interaction with an avatar in second life: a typology of the self and an empirical test of the mediating role of social presence[J]. Presence, 2010, 19 (4): 331-340.

[30] Youn S, Jin S V. "In A.I. we trust?" The effects of parasocial interaction and technopian versus Luddite ideological views on chatbot-based customer relationship management in the emerging "feeling economy" [J]. Computers in Human Behavior, 2021, 119: 106721.1-106721.13.

[31] MacInnis D J, Price L L. The role of imagery in information processing: review and extensions[J]. Journal of Consumer Research, 1987, 13 (4): 473-491.

[32] Rodríguez-Ardura I, Martínez-López F J. Another look at 'being there' experiences in digital media: exploring connections of telepresence with mental imagery[J]. Computers in Human Behavior, 2014, 30: 508-518.

[33] McLean G, Wilson A. Shopping in the digital world: examining customer engagement through augmented reality mobile applications[J]. Computers in Human Behavior, 2019, 101: 210-224.

[34] Walters G, Sparks B, Herington C. The effectiveness of print advertising stimuli in evoking elaborate consumption visions for potential travelers[J]. Journal of Travel Research, 2007, 46 (1): 24-34.

[35] Bogicevic V, Seo S, Kandampully J A, et al. Virtual reality presence as a preamble of tourism experience: the role of mental imagery[J]. Tourism Management, 2019, 74: 55-64.

[36]　Wu X H，Lai I K W. Identifying the response factors in the formation of a sense of presence and a destination image from a 360-degree virtual tour[J]. Journal of Destination Marketing & Management，2021，21：100640.

[37]　Jiang Y W, Adaval R, Steinhart Y, et al. Imagining yourself in the scene: the interactive effects of goal-driven self-imagery and visual perspectives on consumer behavior[J]. Journal of Consumer Research，2014，41（2）：418-435.

[38]　Alyahya M，McLean G. Examining tourism consumers' attitudes and the role of sensory information in virtual reality experiences of a tourist destination[J]. Journal of Travel Research，2022，61（7）：1666-1681.

[39]　Park M，Yoo J. Effects of perceived interactivity of augmented reality on consumer responses: a mental imagery perspective[J]. Journal of Retailing and Consumer Services，2020，52：101912.1-101912.9.

[40]　Turley L W，Milliman R E. Atmospheric effects on shopping behavior: a review of the experimental evidence[J]. Journal of Business Research，2000，49（2）：193-211.

[41]　Rosenbaum M S. The symbolic servicescape: your kind is welcomed here[J]. Journal of Consumer Behaviour，2005，4（4）：257-267.

[42]　李慢，马钦海，赵晓煜. 服务场景研究回顾与展望[J]. 外国经济与管理，2013，35（4）：62-70，80.

[43]　Baker J，Levy M，Grewal D. An experimental approach to making retail store environmental decisions[J]. Journal of Retailing，1992，68（4）：445-460.

[44]　Yuan C L，Kim J，Kim S J. Parasocial relationship effects on customer equity in the social media context[J]. Journal of Business Research，2016，69（9）：3795-3803.

[45]　Grant A E，Guthrie K K，Ball-Rokeach S J. Television shopping[J]. Communication Research，1991，18（6）：773-798.

[46]　Rubin A M，Perse E M，Powell R A. Loneliness，parasocial interaction，and local television news viewing[J]. Human Communication Research，1985，12（2）：155-180.

[47]　Parmar Y，Mann B J S. Consumer-celebrity parasocial interaction: a conditional process analysis[J]. Global Business Review，2021，5：1-22.

[48]　Papagiannidis S，Pantano E，See-To E W K，et al. To immerse or not? Experimenting with two virtual retail environments[J]. Information Technology & People，2017，30（1）：163-188.

[49]　Raptis G E，Fidas C，Avouris N. Effects of mixed-reality on players' behaviour and immersion in a cultural tourism game: a cognitive processing perspective[J]. International Journal of Human-Computer Studies，2018，114：69-79.

[50]　Tussyadiah I P，Wang D，Jung T H，et al. Virtual reality，presence，and attitude change: empirical evidence from tourism[J]. Tourism Management，2018，66：140-154.

[51]　Vrechopoulos A P，O'Keefe R M，Doukidis G I，et al. Virtual store layout: an experimental comparison in the context of grocery retail[J]. Journal of Retailing，2004，80（1）：13-22.

[52]　Lee W，Gretzel U. Designing persuasive destination websites: a mental imagery processing perspective[J]. Tourism Management，2012，33（5）：1270-1280.

[53]　Yoo J，Kim M. The effects of online product presentation on consumer responses: a mental imagery perspective[J]. Journal of Business Research，2014，67（11）：2464-2472.

[54]　Elder R S，Krishna A. The effects of advertising copy on sensory thoughts and perceived taste[J]. Journal of Consumer Research，2010，36（5）：748-756.

[55]　Spears N，Yazdanparast A. Revealing obstacles to the consumer imagination[J]. Journal of Consumer Psychology，2014，24（3）：363-372.

[56]　Schlosser A E. Experiencing products in the virtual world: the role of goal and imagery in influencing attitudes versus purchase intentions[J]. Journal of Consumer Research，2003，30（2）：184-198.

[57]　Petrova P K，Cialdini R B. Fluency of consumption imagery and the backfire effects of imagery appeals[J]. Journal of Consumer Research，2005，32（3）：442-452.

[58]　He Z Y，Wu L，Li X. When art meets tech: the role of augmented reality in enhancing museum experiences and purchase intentions[J]. Tourism Management，2018，68：127-139.

[59]　Cian L C，Krishna A，Elder R S. This logo moves me: dynamic imagery from static images[J]. Journal of Marketing

Research，2014，51（2）：184-197.

[60] Escalas J E. Imagine yourself in the product：mental simulation，narrative transportation，and persuasion[J]. Journal of Advertising，2004，33（2）：37-48.

[61] Rosenbaum M S. The symbolic servicescape：your kind is welcomed here[J]. Journal of Consumer Behaviour，2005，4（4）：257-267.

[62] Heller J，Chylinski M，de Ruyter K，et al. Let me imagine that for you：transforming the retail frontline through augmenting customer mental imagery ability[J]. Journal of Retailing，2019，95（2）：94-114.

[63] Yim M Y C，Baek T H，Sauer P L. I see myself in service and product consumptions：measuring self-transformative consumption vision（SCV）evoked by static and rich media[J]. Journal of Interactive Marketing，2018，44：122-139.

[64] Weiss R S. Loneliness the Experience of Emotional and Social Isolation[M]. Cambridge：MIT Press，1973.

[65] Perlman D，Peplau L A. Toward a social psychology of loneliness [C]. Duck S，Gilmour R. Personal Relationships in Disorder. London：Academic Press，1981：31-56.

[66] 陈诺亚，黎俊显，李少波，等. 孤独感与消费者决策研究：述评与展望[J]. 外国经济与管理，2022，44（11）：29-48.

[67] Suh A，Prophet J. The state of immersive technology research：a literature analysis[J]. Computers in Human Behavior，2018，86：77-90.

[68] Ashraf R，Merunka D. The use and misuse of student samples：an empirical investigation of European marketing research[J]. Journal of Consumer Behaviour，2017，16（4）：295-308.

[69] Skard S，Knudsen E S，Sjåstad H，et al. How virtual reality influences travel intentions：the role of mental imagery and happiness forecasting[J]. Tourism Management，2021，87：104360.

[70] Dursun İ，Kabadayı E T，Alan A K，et al. Store brand purchase intention：effects of risk，quality，familiarity and store brand shelf space[J]. Procedia - Social and Behavioral Sciences，2011，24：1190-1200.

[71] Nelson P. Information and consumer behavior[J]. Journal of Political Economy，1970，78（2）：311-329.

[72] Hughes M E，Waite L J，Hawkley L C，et al. A short scale for measuring loneliness in large surveys：results from two population-based studies[J]. Research on Aging，2004，26（6）：655-672.

[73] Hair J F，Sarstedt M，Hopkins L，et al. Partial least squares structural equation modeling（PLS-SEM）[J]. European Business Review，2014，26（2）：106-121.

[74] Bagozzi R P，Yi Y. On the evaluation of structural equation models[J]. Journal of the Academy of Marketing Science，1988，16（1）：74-94.

[75] Brown T A. Confirmatory Factor Analysis for Applied Research[M]. 2nd ed. New York：Guilford Press，2015.

[76] Fornell C，Larcker D F. Structural equation models with unobservable variables and measurement error：algebra and statistics[J]. Journal of Marketing Research，1981，18（3）：382-388.

[77] Wetzels M，Odekerken-Schröder G，van Oppen C. Using PLS path modeling for assessing hierarchical construct models：guidelines and empirical illustration[J]. MIS Quarterly，2009，33（1）：177-195.

[78] Hayes A F. Introduction to Mediation，Moderation，and Conditional Process Analysis：A Regression-Based Approach[M]. New York：The Guilford Press，2013.

[79] Herz M，Rauschnabel P A. Understanding the diffusion of virtual reality glasses：the role of media，fashion and technology[J]. Technological Forecasting and Social Change，2019，138：228-242.

[80] Imschloss M，Kuehnl C. Don't ignore the floor：exploring multisensory atmospheric congruence between music and flooring in a retail environment[J]. Psychology & Marketing，2017，34（10）：931-945.

[81] 胡晓斐，汪嘉维，刘涵宇，等. 听觉刺激对虚拟环境中空间压缩的影响[J]. 心理学报，2023，55（1）：1-8.

[82] 万必成，杨振，李宏汀，等. "有声有色" 的触觉体验：来自多感觉通道整合的线索[J]. 心理科学进展，2022，30（3）：580-590.

附录：实验过程和刺激材料

The Influence of Social Elements in VR Stores on Consumers' Shopping Experience and Brand Attitude—A Mental Imagery Perspective

MA Wenju[1, 3]，ZHU Jiaji[1, 3]，WANG Yedi[2, 3]，ZHANG Yimeng[3, 4]，JIANG Yushi[3, 4]

（1. School of Management，Henan University of Technology，Zhengzhou 450001，China；

2. Business School，Chengdu University of Technology，Chengdu 610059，China；

3. Yibin Research Institute，Southwest Jiaotong University，Yibin 644000，China；

4. School of Economics and Management，Southwest Jiaotong University，Chengdu 610031，China）

Abstract　Retailers have begun to provide consumers with immersive marketing scenarios with VR technology. Taking the VR store as the research object，this study discussed the influence of social elements on VR shopping experience and brand attitude，analyzed the continuous mediating mechanism of para-social interaction，presence and mental imagery formation，and constructed the research model of this study. The proposed research model was tested by a laboratory virtual simulation experiment. The conclusion of this study provides important insights for optimizing the scene layout in VR stores，improving consumers' VR shopping experience，brand attitude and marketing effect of enterprise VR stores.

Key words　VR，Social elements，Para-social interaction，Mental imagery，Shopping experience，Brand attitude

作者简介

蒋玉石（1979— ），男，西南交通大学宜宾研究院经济虚拟仿真实验中心、西南交通大学经济管理学院，教授，博士生导师，研究方向为网络营销、数字技术与企业管理。E-mail：906375866@qq.com。

马文菊（1995— ），女，西南交通大学宜宾研究院经济虚拟仿真实验中心、河南工业大学管理学院，硕士，研究方向为企业管理与创新。E-mail：995415328@qq.com。

朱家稷（1991— ），男，西南交通大学宜宾研究院经济虚拟仿真实验中心、河南工业大学管理学院，博士，研究方向为人工智能与企业创新。E-mail：495715183@qq.com。

王烨娣（1996— ），女，西南交通大学宜宾研究院经济虚拟仿真实验中心、成都理工大学商学院，博士，研究方向为人工智能与企业创新。E-mail：1239379054@qq.com。

张依梦（1995— ），女，西南交通大学宜宾研究院经济虚拟仿真实验中心、西南交通大学经济管理学院，博士研究生，研究方向为技术经济与企业创新。E-mail：z13523037256@163.com@qq.com。

如何发布推送通知更有效？关于学习类 App 信息推送的研究*

高思嘉[1,2]　宋婷婷[1,2]　张朋柱[1,2]

（1. 上海交通大学安泰经济与管理学院，上海 200030；

2. 上海交通大学行业研究院，上海 200030）

摘　要　为探索如何设计推送通知以促进学习类 App 用户活跃度，本文与某医生教育应用平台合作开展了实地实验，研究推送通知的信息模糊程度和时间距离对用户使用行为的影响。实验结果表明：采用即刻通知时，提高信息模糊程度将促进用户使用，并延长用户的使用时长；采用提前通知时，提高信息模糊程度对用户使用的正向影响被削弱。本文的结论丰富了现有关于应用推送和模糊偏好的研究文献，对于推送通知策略的实施具有一定的实践指导价值。

关键词　移动学习，推送通知，信息模糊程度，时间距离

中图分类号　C931.6

1　引言

在当前数字经济时代，智能手机和形形色色的手机应用（application，App）深刻影响了人们获取资讯、学习知识的方式。部分以高质量的专业知识和系统性的学习资料为主要内容的学习类 App，基于移动通信技术和移动通信设备向用户提供教育信息、教育资源和教育服务[1]。这类应用使得学习和教育不再受到时间和空间的限制；同时，也为教育领域带来新的商业模式，使得教育形式不再局限于传统课堂，融入数字化生态系统之中。用户的活跃程度是学习类 App 得以持续发展的重要动力[2]。然而，随着人们用于手机应用的时间和注意力趋向饱和，不断涌现出的新应用与大量已有应用共同争夺有限的用户注意力资源，使得平台间的竞争愈发激烈[3]。尤其是以专业知识为主要内容的学习类 App 往往难以获得用户。即使凭借高价值的专业内容获得用户，但由于学习者对自身知识和技能的缺陷意识不足，且难以准确识别信息需求以产生学习动机，因此往往不能坚持使用[4]。例如，网易公开课和学堂在线等在线教育平台提供了广泛全面的视频资源，吸引了对各类知识感兴趣的用户，但也增加了用户在使用时的筛选难度，许多用户不曾点开任何视频就离开应用，而开始学习的用户完成课程的比例也不足 10%[5, 6]。总的来说，学习类 App 的用户活跃水平较低，使得大量高质量的专业内容鲜有问津，造成信息资源的闲置和浪费。因此，如何提升学习类 App 用户的活跃水平是推动应用持续发展、实现用户价值共创的关键。

手机应用可以向用户进行消息推送，将特定信息从服务端实时发送到客户端，显示在锁定屏幕上和通知栏中。因此，推送通知成为重新连接（re-engage）用户、增加用户活跃水平的重要手段之一。当前

---

* 基金项目：国家自然科学基金重大研究计划项目（91646205）；国家社会科学基金重大项目（21ZDA105）；国家自然科学基金青年科学基金项目（71902114）；国家自然科学基金面上项目（72372101）。

通信作者：张朋柱，上海交通大学安泰经济与管理学院，教授，E-mail: pzzhang@sjtu.edu.cn。

研究大多关注如何为用户选择个性化内容进行推送以提高用户活跃程度[7, 8]。然而，实践中对于既定学习内容的推送通知大多使用包含具体知识的内容标题，未考虑在通知转化阶段披露的信息量是否合适，从而缺乏对用户进入应用学习的有效引导，更无法促进用户坚持学习。当前，如何更好地设置推送信息来提升用户活跃程度仍缺乏理论指导。

当用户感知到推送信息的效用越大时，对该信息的内在需要就越强[9]。然而，个体在日常决策中常常表现为有限理性，即：决策结果的模糊性和决策与结果的时间距离将影响个体的决策偏好[10]。具体来说，模糊性指决策结果为一模糊值，或其出现的概率是模糊的，是影响个体决策的重要因素[11, 12]。而个体对即刻发生（时间距离近）的事件和未来发生（时间距离远）的事件进行决策时，常常表现出不同的偏好[13]。应用到手机应用推送的情境下，推送信息的模糊程度会影响用户决策的模糊性，也即：当平台在推送通知中披露信息更为模糊时，内容包含的信息不在通知中精确展示，使得用户决定是否使用应用时的不确定性更大。但是随着推送信息的模糊程度增加，用户使用行为将如何变化鲜有学者探讨。一方面，已有研究表明个体通常偏好确定性收益而厌恶不确定性收益[11, 14]，因此，信息模糊程度的增加会使得用户难以确定使用应用可获得的信息效用，对不确定性收益的厌恶可能导致其使用意愿下降。另一方面，信息模糊程度的增加也可以为个体提供额外价值，如不确定结果为决策过程增加了趣味性，使个体感知到愉悦和兴奋[15]；此外，在特定情景中（如金融交易），不确定收益更具"凸显性"，更能占据个体的注意力，促使个体表现出对不确定性收益的偏好[16]，在这种情况下，用户面对模糊信息时产生更高的使用意愿。因此，信息模糊程度对于用户的使用行为可能会存在正反两方面的影响。

决策与结果的时间距离在手机应用推送情境中表现为推送时机，也即：即刻通知和提前通知。本文试图进一步探究推送时机会如何调节信息模糊程度对于用户使用行为的影响。推送时机的选择改变了用户使用决策与信息收益获得之间的时间距离。当选择提前推送时，时间距离更长。行为经济学研究发现，决策结果的延迟可能会降低个体对不确定性的感知，或增加个体对模糊收益的期待，进而降低个体对未来收益不确定性的厌恶[17]。然而，当用户对推送通知可能表现出模糊偏好或模糊厌恶时，时间距离将如何影响个体在不同信息模糊程度下的使用行为仍然有待探索。综上，本文的研究问题为：①手机应用推送通知的信息模糊程度如何影响用户的使用行为；②时间距离将如何调节信息模糊效应。该问题的探索对于如何设置通知的信息模糊程度和时间距离以提升学习类应用的用户活跃程度具有一定的实践意义，同时也将在一定程度上拓展模糊偏好理论的应用场景。

基于以上研究问题，我们与某医生教育手机应用合作开展了一项实地实验，25 361 人次被随机分配到 2（信息模糊程度：高和低）×2（推送时间距离：即刻通知和提前通知）的组间实验中。我们发现，对于即刻推送通知，提高信息模糊程度会增加用户进入应用的可能性，并延长用户使用应用的时间；而对于提前推送通知，提高信息模糊程度对用户进入应用和持续使用的促进效应减小。

2   文献综述

2.1   学习类手机应用的用户行为

学习类手机应用作为移动学习的实现形式之一，是基于无线移动通信网络技术和无线移动通信设备获取教育信息、教育资源和教育服务的一种新型学习形式[1, 18]，使得用户可以随时随地开展学习活动，在便捷性、交互性、个性化等方面具有突出优势[19]。

　　部分学者关注如何实现基于移动终端的学习系统的设计与集成，并不断探索优化移动学习中的学习资源与学习范式，尝试增加情境感知和个性化学习等系统功能[18, 20, 21]。Elias 基于通用教学情景提出移动学习一系列设计准则，规范了移动学习系统的教育信息质量以及应具备的系统功能[20]。Lonsdale 等基于艺术馆场景的移动学习服务，提出基于用户学习经验的个性化学习内容管理系统设计和基于用户当前情景的智能情景感知系统设计[21]。以上研究从系统设计的角度为如何实现高质量、个性化的移动学习提供了解决方案，却忽视了在实施过程中系统功能的实现依赖于用户的实际使用。

　　部分学者关注实际使用过程中用户的心理因素，并使用问卷调研和案例分析等方法得出感知有用性、感知易用性、感知娱乐性均正向影响使用意愿[22]。Chang 等在高中生英语学习情境中将感知便利性、好奇心引入前因变量[23]。Huang 等在相同情景中发现感知灵活性调节感知有用性对使用意愿的影响[24]。杨金龙和胡广伟对英语移动学习平台的采纳及其向持续使用的转化进行动因路径分析，发现绩效期望、努力期望、感知趣味性、感知成本是重要影响因素[25]。以上研究从用户使用的角度构建了学习类 App 用户使用行为的心理影响因素理论模型，但是缺乏对实践的指导，如何影响用户感知从而提升学习类 App 用户活跃水平仍有待探索。

2.2　手机应用推送通知策略

　　一些学者探索了应用通知的内容设计对用户行为的影响，并发现当预期信息效用越大时，用户对信息的内在需要越强[9]。Golman 等在实验室实验中发现个体对好消息的获取意愿更高，且倾向于延迟获取预期效用更高的信息[26]。Huang 等基于菜谱分享应用，比较了三类推送消息，即推送用户生成内容的利他效果、个人成就、竞争能力，对用户在应用中的内容分享行为的影响[27]。还有一些学者探索了应用通知时机如何影响用户行为，发现在工作日或非工作日，以及一天中的不同时段推送通知对用户使用的影响不同[28]。Zhang 等基于手机阅读应用，使用隐马尔可夫模型识别用户参与阶段，发现基于动态参与水平的应用推送可以减缓用户参与水平的下降[29]。

　　关于应用推送对于用户行为的研究尽管已经较为丰富，但现有研究仍然存在以下不足：①一部分研究主要关注如何设计推送内容来影响用户心理，进而影响用户对于应用的使用，但鲜有研究考虑推送信息模糊性的影响；②对于推送策略的研究关注推送时段对用户参与的影响，而忽略了推送时间与内容消费的时间距离对用户参与行为的影响；③现有研究对于用户的持续使用行为关注较少。本文拟探究推送内容的信息模糊程度和时间距离对学习类 App 用户活跃度和持续使用行为的影响，通过推送内容信息发布设计提升专业学习类 App 的用户活跃水平，一定程度上弥补了当前研究的不足。

3　模糊偏好和时间距离调节因子与用户活跃

3.1　模糊偏好

　　个体的模糊偏好被广泛认为是影响个体决策的重要因素。模糊性是指决策结果为模糊值（如大约 20 元、15～25 元等），或者结果出现的概率是模糊的[11, 12]。Ellsberg 的开创性研究显示，在可能产生经济收益的决策中，个体倾向于选择概率模糊度较低的选项[11]。Kahneman 和 Tversky 提出展望理论并发现个体对模糊收益的厌恶和对模糊损失的偏好[30]。

　　进一步，学者们发现个体在收益框架下并非总是模糊厌恶。相比概率确定的博弈，个体倾向于凭借模糊的信念在自认了解的领域博弈[31]。Fox 和 Tversky 为此提供了一种解释，即个体对模糊的厌恶来自比较后的不胜任感，因此，当个体对不确定事件进行独立评估时，则会更专注于事件可能性的评估，忽视事件的模糊程度、权重等次要特征[16]。有学者基于凸显理论（salience theory）提出个体在决策时更可能被显著的因素占据注意力，因此在模糊收益更突出时表现出模糊偏好[32]。

现有研究大多以实验室实验的方式探究个体对于收益模糊性的偏好，部分基于实际情景的研究多围绕具有实际成本和收益的投资者行为和消费者行为展开。而基于应用推送通知的用户使用决策情景与以往研究情景具有较大差异。本文的决策情景中，用户基于推送通知决定是否进入应用，模糊收益来自不确定的内容信息效用，成本来自使用应用获得内容信息付出的时间和注意力。推送通知信息模糊程度的增加会使得用户难以确定使用应用可获得的信息效用，收益模糊程度增加。若个体在推送通知决策中偏好确定性收益而厌恶不确定性收益，则信息模糊程度更高的通知将导致用户使用意愿的下降，表现为更低的活跃程度。然而，基于不胜任感机制和凸显理论对模糊偏好的影响，内容带来高收益的可能性相较于时间成本更为突出，这使得用户一旦选择忽略信息，会因为"错过"高价值内容而后悔，进而在信息模糊程度更高的通知情境中表现出更高的使用意愿。由于信息模糊对用户活跃程度可能存在正反两种影响，因此，本文要探明的第一个子研究问题是：手机应用推送通知的信息模糊程度如何影响用户的使用行为？

3.2 时间距离对模糊偏好的调节效应

个体常常需要为即刻发生（时间距离近）的事件或者未来发生（时间距离远）的事件进行决策，并倾向于对未来发生的结果进行折价[13]。个体的时间偏好不仅影响了对未来事件的效用评价，而且会与其他因素共同作用于个体的选择[33]。

早期的研究将时间偏好与模糊偏好视作互不影响的[34]，即信息的不确定性并不会影响个体对延迟结果的折价，反之也成立。随后的研究则发现两者存在交互效应：与个体对即刻不确定性收益的厌恶相比，其对未来的不确定性收益表现出更低的厌恶[35, 36]。一些学者将这种交互效应归因为时间距离对不确定性感知的影响。即个体对"此时此刻"外情景的有限感知能力降低了对未来不确定性的感知，从而对发生在未来的确定结果和不确定结果表现出更为接近的偏好程度[35]。

此外，有学者认为时间距离对模糊偏好的影响存在其他机制。Lee 和 Qiu 在对消费者行为的研究中发现，当积极的不确定性事件发生在未来时，消费者的愉悦体验被延长，从而感知到持续时间更长的正面感受[15]。类似地，Liu 等在实验室情景下发现，当模糊收益推迟时，个体的感知兴奋增加，使得其对未来收益的模糊厌恶低于对即刻收益的模糊厌恶[37]。

尽管现有研究大多支持时间距离会影响个体对不确定性的偏好，但在应用推送通知的用户决策中，时间距离将如何影响用户在信息模糊程度不同的情况下的决策仍未被探明。当提前发布通知时，用户获取内容效用产生一定延迟，从而使得用户做出使用决策时感知到其获得的信息收益与当前时刻的时间距离增加。根据有限感知机制，提前通知情景与即刻通知情景相比，用户在信息模糊程度较高和较低的通知中感知到的内容效用不确定性差异减小。此时，通知信息模糊程度对用户使用决策的影响减弱，即时间距离将负向调节用户的模糊偏好。若用户表现出模糊偏好（厌恶），则提前通知的策略将减弱信息模糊导致的用户活跃程度增加（降低）。与之相对，由于时间距离可能增加模糊收益使个体感知到的愉悦和兴奋，对信息模糊程度较高的通知采取提前发布策略，也可能增加了用户对内容的兴趣和期待，从而增加用户活跃程度。为了探明在应用推送通知的情景中时间距离对用户模糊偏好的调节作用，本文要探明的第二个子研究问题是：时间距离将如何调节信息模糊效应？

4　实验设计和实施

4.1　实验平台

　　研究团队与中国某医疗互联网公司的医生教育平台展开合作，进行实地实验。该公司开发了一款手机应用，以提供神经外科和神经内科信息服务为主要业务，为相关领域的医疗从业者和医学生提供交流和学习的平台。该应用为面向医疗专业用户的垂直领域学习类 App，从应用目的和应用内容来说，与更常见的面向学生群体的学习类 App 相同，都向用户提供学习知识的平台，由具有资质的专业人士发布录播视频、直播视频、图文内容等形式的学习资料；但是，有别于大多学习类 App 旨在辅助学生提升义务教育阶段的学习能力和知识水平，专业性较强的垂直领域学习类 App 往往以满足人们自发地提升专业能力或拓宽知识水平等为目的，因此，更需要用户的自发学习，即促进用户持续使用学习类 App 获取知识。值得注意的是，该平台推出直播会议板块，由平台与国内多所三甲医院神经外科和神经内科合作，邀请院内专家学者分享最新医学研究发现和实践经验。直播会议向平台所有用户免费开放，用户可在直播时与专家进行实时互动。本文针对的即为该直播会议板块。

4.2　实验过程

　　本文基于直播会议业务的推送通知进行实地实验，通过操纵推送通知的信息模糊程度和时间距离，研究通知策略如何影响用户在通知后进入应用及持续使用行为。我们于 2021 年 5 月～6 月在该手机应用内开展实验，对研究问题进行探索。实验对象选取实验前 7 日内活跃用户（即在实验前 7 日至少使用过一次该手机应用）。实验采用了 2（信息模糊程度：低和高）×2（时间距离：即刻通知和提前通知）的组间随机实验，25 361 人次被随机分配到上述四个实验组中。

　　信息模糊程度是通过操纵推送通知内容中的医学术语得以实现的。具体来说，信息模糊程度较低的通知包含直播会议主题的准确疾病名称或治疗方法，如图 1（a）所示；而信息模糊程度较高的通知则将准确疾病名称或治疗方法替换为其上级医学术语，如图 1（b）所示。

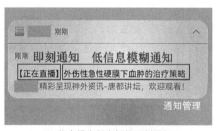

(a) 信息模糊程度低的即刻通知　　　　　　　　　　　(b) 信息模糊程度高的提前通知

图 1　基于合作手机 App 的推送通知示例

　　图 1 中关于信息模糊性的操纵显示，更改后的推送内容模糊了直播会议相关的医学知识，增加了用户使用决策的不确定性。例如，模糊程度较低的实验组的通知内容为"外伤性急性硬膜下血肿的治疗策略"，模糊程度较高的实验组的通知内容对疾病关键词进行模糊处理，通知内容更换为"硬膜下血肿的治疗策略"。模糊处理的通知内容中，硬膜下血肿根据伤后血肿发生的时间，可分为急性硬膜下血肿、亚急性硬膜下血肿和慢性硬膜下血肿，模糊了该直播会议分享的疾病治疗策略。所拟定实验推送内容由

合作平台的医学专业人员审核确认了模糊处理的有效性和通知内容的可行性。

  时间距离是通过改变推送通知的时间进行操纵的，我们分别于直播会议开始前十分钟和直播会议开始即刻推送通知来反映时间距离。其中，"即将直播"指代提前通知，而"正在直播"表明即刻通知。

  为测量推送通知对用户使用行为的影响，我们考虑了用户是否使用以及使用行为的持续性。其中，我们用每个实验组的用户收到推送通知后 10 分钟内、20 分钟内和半小时内是否进入应用衡量用户的使用行为；每个实验组中，用在通知后 10 分钟内、20 分钟内和半小时内进入应用的用户的使用时长来衡量通知策略对用户使用行为影响的持续性。

4.3 实验数据

  实验数据主要包括三部分信息：①用户收到通知后的行为，包括用户是否进入应用以及使用时长；②用户信息，包括用户加入应用的天数、用户所在地、用户使用的手机操作系统；③用户历史使用行为信息，包括用户在实验前七日内的使用行为，如使用次数、使用时长等。变量描述与样本统计量见表 1。

表 1 变量描述及样本统计量

变量名称	变量含义	均值	标准差	最小值	最大值
	用户收到通知后的行为				
Active_10min	＝1 若通知后 10 分钟内进入	0.043	0.204	0	1
Active_20min	＝1 若通知后 20 分钟内进入	0.052	0.223	0	1
Active_30min	＝1 若通知后 30 分钟内进入	0.059	0.236	0	1
Usetime_10min	通知后 10 分钟内进入的用户使用时长（秒）	364.686	1 115.366	0	6 066.021
Usetime_20min	通知后 20 分钟内进入的用户使用时长（秒）	370.033	1 088.932	0	6 066.021
Usetime_30min	通知后 30 分钟内进入的用户使用时长（秒）	391.951	1 098.983	0	6 066.021
	用户信息				
Tenure	用户加入天数	341.434	182.256	0	606
Android	＝1 若使用安卓系统	0.693	0.461	0	1
	用户历史使用行为				
ActiveTime	总使用时长（秒）	2 815.031	6 413.660	0	38 696.867
Session	进入应用次数	6.323	8.774	0	52
SessionTime	单次使用时长均值（秒）	360.668	921.237	0	25 970.221
LearningTime	总学习时长（秒）	2 701.224	6 125.642	0	36 999.567
LearningSession	进入应用学习的次数	6.257	8.420	0	50
SessionLearningTime	单次学习时长均值（秒）	339.87	823.799	0	25 970.221
EventTime	行为发生时刻均值	14.201	4.393	0	23
LastActiveDay	实验日距上次活跃的天数	2.988	1.962	1	7
BeforeMsg	＝1 若实验日内在通知前进入	0.233	0.423	0	1
BMsg_Usetime	实验日通知前使用时长（秒）	202.894	1 201.090	0	16 931.813
ActiveDay	活跃天数	2.305	1.716	1	7
UseWeChat	使用公司微信公众号	0.302	0.459	0	1

5　实证分析

5.1　通知策略对用户活跃的影响

在正式的实证分析之前，首先展示接收通知 10 分钟内进入应用的用户数比例在不同实验组间的差异，如图 2 所示（接收通知 20 分钟和半小时内进入应用的比例趋势与图 2 基本一致）。我们发现：时间距离和信息模糊程度对于用户进入应用的比例具有交互作用。其中，对于即刻通知组（TimeDistance = 0），收到模糊程度较高通知的被试进入应用的比例高于收到模糊程度较低通知的被试。然而，对于提前通知组（TimeDistance = 1），收到模糊程度较高和较低通知的被试进入应用的比例无明显差异。这一结果促使我们进一步采用实证模型分析信息通知的模糊程度对于用户进入应用的影响，以及时间距离对其的调节作用。

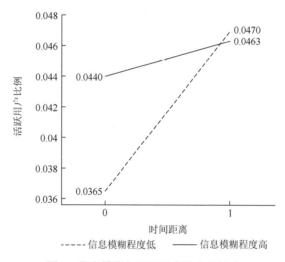

图 2　信息模糊与时间距离的交互效应

进一步，根据用户是否进入应用这一因变量的特性（"0-1" 变量），我们构造二元选择（Probit）模型进行实证分析，如下：

$$\text{Active\_10min}_i = \beta_0 + \beta_1 \text{Ambiguity}_i \times \text{TimeDistance}_i \\ + \beta_2 \text{Ambiguity}_i + \beta_3 \text{TimeDistance}_i + X_i\gamma + \varepsilon_i \tag{1}$$

其中，当用户 i 在通知后 10 分钟内进入应用时 Active_10min$_i$ 取 1，否则取 0。为了使结果更加稳健，我们还考虑通知后 20 分钟以及半小时内用户 i 是否进入应用。哑变量 Ambiguity$_i$ 表示用户 i 在实验中处于信息模糊程度低（Ambiguity$_i$ = 0）或者信息模糊程度高（Ambiguity$_i$ = 1）的通知组。哑变量 TimeDistance$_i$ 表示时间距离，其中当用户 i 收到提前通知时取 1，反之，收到即刻通知时取 0。本文最为关注的系数为 β_1，用以测量时间距离与信息模糊程度的交互作用如何影响用户使用行为。此外，模型加入了控制变量 X_i，包括用户信息和用户历史使用行为，变量描述见表 1。

实证分析的结果如表 2 所示，第（1）~（3）列分别报告以通知后 10 分钟、20 分钟以及半小时内是否进入应用为被解释变量的模型回归系数。三个模型的估计结果相似：信息模糊程度（Ambiguity）的主效应显著为正，用户在收到模糊程度较高的通知后更可能进入应用；时间距离（TimeDistance）的主效应显著为正，即相对于即刻通知，用户在收到提前通知时更可能进入应用；交互项（Ambiguity×

TimeDistance）系数显著为负，表明时间距离会负向调节用户对信息模糊程度的偏好，即提前通知与即刻通知相比，模糊程度的增加对用户进入应用的促进作用减小。这与我们的预期一致，即时间距离降低了用户对信息模糊程度的感知，从而对模糊程度较高和较低的通知表现出相近的偏好程度。

表 2 用户采纳行为的结果

	（1）Active_10min	（2）Active_20min	（3）Active_30min
Ambiguity×TimeDistance	−0.134* （0.059）	−0.120* （0.052）	−0.109** （0.041）
Ambiguity	0.115** （0.044）	0.102** （0.035）	0.095** （0.034）
TimeDistance	0.165*** （0.049）	0.115** （0.039）	0.092* （0.038）
样本量	25 361	25 361	25 361
伪 R^2	0.273	0.259	0.250
对数伪似然	−3 297.159	−3 857.718	−4 271.975
控制变量	控制	控制	控制
日期固定效应	控制	控制	控制
省份固定效应	控制	控制	控制

注：括号内为估计系数的异方差稳健标准误

***表示 $p<0.001$，**表示 $p<0.01$，*表示 $p<0.05$

5.2 通知策略对用户持续使用的影响

进一步，我们探索通知策略对于用户持续使用行为的影响。考虑到收到通知后进入应用的用户与未进入的用户可能存在系统性差异，剔除未进入应用的用户进行分析使用了非随机样本，将导致回归系数估计有偏。因此，为解决样本选择性偏差问题，本文采取 Heckman 两阶段模型[38]，考察通知策略对用户活跃和用户持续使用的影响。第一阶段为选择模型，即 5.1 节式（1）中的用户采纳模型。第二阶段为用户持续使用模型：

$$\ln(\text{UseTime\_10min}_i + 1) = \alpha_0 + \alpha_1 \text{Ambiguity}_i \times \text{TimeDistance}_i \\ + \alpha_2 \text{Ambiguity}_i + \alpha_3 \text{TimeDistance}_i + Z_i \lambda + \mu_i \quad (2)$$

其中，被解释变量 UseTime_10min_i 为收到通知后 10 分钟内进入应用的用户 i 持续使用应用的时间，为了使得结果更加稳健，我们还考虑通知后 20 分钟以及半小时内进入应用的用户 i 持续使用应用的时间。哑变量 Ambiguity_i 和 TimeDistance_i 与模型（1）中的含义相同。Z_i 是影响用户持续使用的控制变量。

由于采取 Heckman 两阶段模型时，第一阶段需要满足严格外生性假设，因此，第一阶段［模型（1）］的控制变量 X_i 包括了模型（2）的全部控制变量 Z_i 以及额外的外生变量 Exog_i。也即：$X_i = [Z_i, \text{Exog}_i]$。$\text{Exog}_i$ 包括两个变量。我们考虑的第一个外生变量是用户是否使用平台的微信公众号。本文的合作公司除通过手机应用向用户提供内容外，也通过微信公众号向用户提供部分平台内容以及预告通知。微信作为即时通信类手机应用被我国手机用户广泛使用，使得微信公众号成为网络信息发布和传播的重要方式[39]。因此，用户对平台微信公众号的使用，可能与推送通知产生协同作用，从而促进用户使用应用，但由于微信与该应用是两个独立渠道，我们认为微信公众号的行为并不会影响用户进入应用后的使用时长。

关于第二个外生变量，我们考虑用户在过去一周内的活跃天数。历史活跃天数反映用户在一段时间内使用应用的天数，反映了用户的使用习惯。信息系统持续性的实证研究表明，用户的信息系统使用习惯将和便利条件、使用意向共同影响系统使用[40]。当用户经常使用学习类应用并形成习惯后，用户进入应用前的主动认知心理被简化，从而更加可能在收到通知后进入应用。但是我们认为用户每天是否习惯性地进入应用并不影响进入应用后的使用时长。

由于两个阶段存在关联性，即假定 ε_i 和 μ_i 服从联合正态分布。本文在 Heckman 的思想基础上使用最大似然估计（maximum likelihood estimate）联合估计两阶段回归系数，以获得更高的整体估计效率。

表 3 展示了用户持续使用模型回归分析的结果，第（1）～（3）列分别报告以通知后 10 分钟、20 分钟以及半小时内进入应用的用户的使用时长为被解释变量的模型回归系数。三个模型的估计结果相似：其中信息模糊程度（Ambiguity）的主效应显著为正，用户在收到模糊程度较高的通知时进入应用的使用时长更长；时间距离（TimeDistance）的主效应仅在模型（1）中显著为正，在模型（2）和（3）中不显著，即用户在收到即刻通知和提前通知时进入应用的使用时长无明显差异；交互项（Ambiguity×TimeDistance）系数显著为负，表明时间距离会负向调节模糊信息对用户使用时长的影响，即提前通知与即刻通知相比，信息模糊对用户使用时长的正面影响被削弱。第一阶段与第二阶段误差项的相关系数 ρ 正显著，表明使用 Heckman 两阶段模型的必要性。

表 3　用户使用时长的结果

	（1） Usetime_10min	（2） Usetime_20min	（3） Usetime_30min
Ambiguity×TimeDistance	-0.656^{*} （0.263）	-0.482^{*} （0.221）	-0.447^{*} （0.217）
Ambiguity	0.484^{**} （0.165）	0.426^{**} （0.139）	0.384^{***} （0.115）
TimeDistance	0.482^{*} （0.202）	0.297^{+} （0.168）	0.212 （0.150）
ρ	0.961^{***}	0.947^{***}	0.919^{***}
样本量	25 361	25 361	25 361
对数伪似然	$-5\ 420.990$	$-6\ 432.763$	$-7\ 213.291$
控制变量	控制	控制	控制
日期固定效应	控制	控制	控制
省份固定效应	控制	控制	控制

注：括号内为估计系数的稳健标准误

***表示 $p<0.001$，**表示 $p<0.01$，*表示 $p<0.05$，+表示 $p<0.1$

以上结果显示，在本实验情境下改变推送通知的发布策略（模糊程度和时间距离）不仅影响用户在收到通知后做出是否进入应用的决策，而且将持续影响用户进入应用后的使用时长。对于学习类 App，通过推送通知向用户推荐特定应用内容时，增加信息模糊程度增加了用户选择进入应用获得内容效用的不确定性，唤起用户对错过内容产生的损失厌恶心理，促使更多用户在通知后转为活跃，并增加了用户使用学习类 App 的时长。然而，当采取提前通知策略时，用户感知到获得内容收益延迟，推送通知与对应内容间的时间距离使得用户对模糊程度较低和较高的通知感知不确定性差异减小，从而表现出相近的活跃比例和使用时长。

5.3 稳健性检验

为了确保实证结果的稳健性，我们补充了以下两个分析。首先，不同于 5.1 节分析中使用"用户是否进入应用"作为被解释变量，我们采用"用户使用时长是否大于 0"作为判断用户是否进入应用的依据。被解释变量分别为通知后 10 分钟、20 分钟以及 30 分钟内用户进入应用时长是否大于 0 的 Probit 模型分析结果与主模型结果一致。

其次，在 5.2 节中，我们分析了通知策略对用户使用时长的影响。为了检验结果的稳健性，我们使用用户在应用中的行为记录数（用户在应用内的启动、点击、关闭等行为的总数）评估其在通知后的使用持续性。具体来说，分别将通知后 10 分钟、20 分钟以及 30 分钟内进入应用的用户在应用中的行为记录数的对数值作为 Heckman 两阶段模型中第二阶段的被解释变量，分析结果与通知后用户使用时长的分析结果基本一致。

6 结论

通信技术的发展、云平台和数字化基础设施的便利，使得在线教育平台向用户提供实时内容（如直播会议、线上会议等）成为可能。此类时效性强、互动水平高、与用户需求关系紧密的内容的推送通知需要更谨慎地考虑内容披露和发布时机。探索用户的使用决策如何受到推送通知信息特征和推送时机的影响，可以更好地理解用户的学习行为，为学习类 App 的推送通知策略提供实践指导，实现用户的持续学习，同时也将为教育者和开发者提供见解，促进教育的创新。

本文与某手机应用平台合作开展一项实地实验，基于会议直播内容的推送通知，探究了通知信息模糊程度和时间距离对用户进入应用的影响及其持续性。研究的主要发现有两点：①当采用即刻通知时，增加通知的信息模糊程度提高了用户进入应用的可能性以及持续使用时长；②当采用提前通知时，增加通知的信息模糊程度对用户进入应用的促进作用减小，同时也降低了持续使用时长。

本文的研究结论具有以下三点理论贡献：第一，现有研究在实验室场景下探索了不同情境下个体对于收益模糊性的偏好，部分基于实际情景的研究几乎围绕具有实际成本和收益的投资者行为和消费者行为展开。本文通过实地实验的方法，将个体模糊偏好的探索扩展到手机应用使用的信息收益场景，发现个体在推送通知的决策中表现为模糊偏好。

第二，现有研究基于个体决策偏好中的时间偏好，探索了当个体表现为模糊厌恶时，时间距离产生正向和负向调节效应的机制。本文在以往研究的基础上，将时间距离对模糊厌恶的调节作用延伸到模糊偏好的场景，发现在应用推送通知的用户决策中，时间距离能够缩小个体对模糊程度的偏好。

第三，本文在已有研究的基础上，将个体模糊偏好和时间偏好对个体决策结果的影响延伸到决策后行为，探究了在手机应用推送情境下，信息模糊和时间距离的设计策略对用户使用行为影响的持续性，发现信息模糊对用户使用的促进具有持续影响。

本文对学习类 App 的运营和推广具有以下两点启示。首先，学习类 App 在向用户推送实时内容时，应当更加仔细地考虑推送通知包含的信息量，通过适度增加信息模糊程度、设置内容悬念可以增加用户使用意愿，促使更多的用户转为活跃用户。而当学习类 App 需要提前向用户发布预告通知时，改变推送通知的信息模糊程度无法提升用户活跃程度。由于大多数手机操作系统显示应用推送通知的字数非常有限，应用平台可以综合多方考虑，通过减少通知披露的具体信息，为在通知中使用其他用户转化提升策略提供字数空间，进一步促进用户使用。

其次，通过改变通知策略，不仅可以促进用户做出进入应用的选择，而且可能持续影响用户行为，延长用户进入应用后的使用时间。对于学习类 App，通过改变推送通知的信息模糊程度可以增加用户选择进入应用获得内容效用的不确定性。用户在不愿错过内容的损失厌恶心理下，更可能转为活跃用户，且该效应将继续影响其决策后行为，从而增加了用户使用学习类 App 的时长。

本文仍存在一些不足有待未来研究进一步考虑。首先，虽然我们发现在信息模糊度较低时，通知时间距离的增加促进了用户使用，但是由于本次实地实验无法测量用户心理变量，用户在不同情境下做出使用决策过程中的心理变量差异尚不得而知，对此我们在后续研究中拟进一步挖掘。此外，本文的实验情景为学习类 App，但本文对推送通知提出的策略仅适用于针对内容的推送，研究结论是否适用于学习类 App 营销信息推送或付费课程内容的推送需要进一步探究验证。基于此，我们提出两个未来的研究方向：第一，探索用户面对内容推送、营销信息推送等不同推送通知时做出决策的心理变量和信息处理过程变量，探明个体决策偏好（如模糊偏好和时间偏好）形成的前因和决策过程的信息处理机制是未来研究可以考虑的方向之一；第二，结合通知策略和个性化的内容推送和学习建议，研究在个性化场景下如何优化通知策略以探索数字经济对教育领域的影响也是非常有前景的方向。

参 考 文 献

[1] 叶成林，徐福荫，许骏. 移动学习研究综述[J]. 电化教育研究，2004，（3）：12-19.

[2] Anderson S P，de Palma A. Competition for attention in the Information（overload）Age[J]. The RAND Journal of Economics，2012，43（1）：1-25.

[3] Iyer G，Zhong Z Z. Pushing notifications as dynamic information design[J]. Marketing Science，2022，41（1）：51-72.

[4] Carneiro R，Lefrere P，Steffens K，et al. Self-regulated Learning in Technology Enhanced Learning Environments[M]. Berlin：Springer Science & Business Media，2012.

[5] 袁松鹤，刘选. 中国大学 MOOC 实践现状及共有问题：来自中国大学 MOOC 实践报告[J]. 现代远程教育研究，2014，（4）：3-12，22.

[6] 杨晓宏，周效章. 我国在线教育现状考察与发展趋向研究：基于网易公开课等 16 个在线教育平台的分析[J]. 电化教育研究，2017，38（8）：63-69，77.

[7] Zhao Q，Wang C，Wang P W，et al. A novel method on information recommendation via hybrid similarity[J]. IEEE Transactions on Systems，Man，and Cybernetics：Systems，2018，48（3）：448-459.

[8] Linden G，Smith B，York J. Amazon. com recommendations：item-to-item collaborative filtering[J]. IEEE Internet Computing，2003，7（1）：76-80.

[9] Ganguly A，Tasoff J. Fantasy and dread：the demand for information and the consumption utility of the future[J]. Management Science，2017，63（12）：4037-4060.

[10] 何大安. 行为经济人有限理性的实现程度[J]. 中国社会科学，2004，（4）：91-101，207-208.

[11] Ellsberg D. Risk，ambiguity，and the savage axioms[J]. The Quarterly Journal of Economics，1961，75（4）：643-669.

[12] Camerer C，Weber M. Recent developments in modeling preferences：uncertainty and ambiguity[J]. Journal of Risk and Uncertainty，1992，5（4）：325-370.

[13] Koopmans T C. Stationary ordinal utility and impatience[J]. Econometrica，1960，28（2）：287-309.

[14] Einhorn H J，Hogarth R M. Judging probable cause[J]. Psychological Bulletin，1986，99（1）：3-19.

[15] Lee Y H，Qiu C. When uncertainty brings pleasure：the role of prospect imageability and mental imagery[J]. Journal of Consumer Research，2009，36（4）：624-633.

[16] Fox C R，Tversky A. Ambiguity aversion and comparative ignorance[J]. The Quarterly Journal of Economics，1995，110（3）：585-603.

[17] Weber B J，Chapman G B. The combined effects of risk and time on choice：does uncertainty eliminate the immediacy effect? Does delay eliminate the certainty effect?[J]. Organizational Behavior and Human Decision Processes，2005，96（2）：104-118.

[18] Bormida G D，Lefrere P，Vaccaro R. The dawn of a new era for mobile and Ambient Learning：MOBIlearn [J]. Journal of Digital Information Management，2003，1：43-45.

[19] Constable H，Keegan D. Foundations of distance education[J]. British Journal of Educational Studies，1990，38（4）：384.

[20] Elias T. Universal instructional design principles for mobile learning[J]. The International Review of Research in Open and Distributed Learning，2011，12（2）：143-156.

[21] Lonsdale P，Baber C，Sharples M，et al. Context awareness for MOBIlearn：creating an engaging learning experience in an art museum[J]. Proceedings of MLEARN，2004，115-118.

[22] 顾小清，付世容. 移动学习的用户接受度实证研究[J]. 电化教育研究，2011，32（6）：48-55.

[23] Chang C-C，Tseng K-H，Liang C Y，et al. The influence of perceived convenience and curiosity on continuance intention in mobile English learning for high school students using PDAs[J]. Technology，Pedagogy and Education，2013，22（3）：373-386.

[24] Huang R-T，Hsiao C-H，Tang T-W，et al. Exploring the moderating role of perceived flexibility advantages in mobile learning continuance intention（MLCI）[J]. The International Review of Research in Open and Distributed Learning，2014，15（3）：140-157.

[25] 杨金龙，胡广伟. 移动学习采纳转化为持续的动因及其组态效应研究[J]. 情报科学，2019，37（7）：125-132.

[26] Golman R，Loewenstein G，Molnar A，et al. The demand for，and avoidance of，information[J]. Management Science，2022，68（9）：6454-6476.

[27] Huang N，Burtch G，Gu B，et al. Motivating user-generated content with performance feedback：evidence from randomized field experiments[J]. Management Science，2019，65（1）：327-345.

[28] Bidargaddi N，Almirall D，Murphy S，et al. To prompt or not to prompt? A microrandomized trial of time-varying push notifications to increase proximal engagement with a mobile health app[J]. JMIR MHealth and UHealth，2018，6（11）：e10123.

[29] Zhang Y J，Li B B，Luo X M，et al. Personalized mobile targeting with user engagement stages：combining a structural hidden Markov model and field experiment[J]. Information Systems Research，2019，30（3）：787-804.

[30] Kahneman D，Tversky A. Prospect theory：an analysis of decision under risk[J]. Econometrica，1979，47（2）：263-292.

[31] Heath C，Tversky A. Preference and belief：ambiguity and competence in choice under uncertainty[J]. Journal of Risk and Uncertainty，1991，4（1）：5-28.

[32] Bordalo P，Gennaioli N，Shleifer A. Salience theory of choice under risk[J]. The Quarterly Journal of Economics，2012，127（3）：1243-1285.

[33] Frederick S，Loewenstein G，O'donoghue T. Time discounting and time preference：a critical review[J]. Journal of Economic Literature，2002，40（2）：351-401.

[34] Samuelson P A. A note on measurement of utility[J]. The Review of Economic Studies，1937，4（2）：155-161.

[35] Björkman M. Decision making，risk taking and psychological time：review of empirical findings and psychological theory[J]. Scandinavian Journal of Psychology，1984，25（1）：31-49.

[36] Stevenson M K. The impact of temporal context and risk on the judged value of future outcomes[J]. Organizational Behavior and Human Decision Processes，1992，52（3）：455-491.

[37] Liu Y，Heath T B，Onculer A. The future ambiguity effect：how narrow payoff ranges increase future payoff appeal[J]. Management Science，2020，66（8）：3754-3770.

[38] Heckman J J. Sample selection bias as a specification error[J]. Econometrica：Journal of the Econometric Society，1979，47（1）：153-161.

[39] 吴中堂，刘建徽，唐振华. 微信公众号信息传播的影响因素研究[J]. 情报杂志，2015，34（4）：122-126.

[40] Limayem M，Cheung H. How habit limits the predictive power of intention：the case of information systems continuance[J]. MIS Quarterly，2007，31（4）：705-737.

How to Improve the Effectiveness of Push Notifications? A Research of Pop-up Messages on Learning Applications

GAO Sijia[1, 2], SONG Tingting[1, 2], ZHANG Pengzhu[1, 2]

（1. Antai College of Economics and Management，Shanghai Jiao Tong University，Shanghai 200030；

2. Institute of Industry Research，Shanghai Jiao Tong University，Shanghai 200030）

Abstract　To examine how to improve the effectiveness of push notifications，this study conducts a field experiment in a medical education application. We investigate the impact of information ambiguity and time distance of push notifications on users' subsequent behavior. The results show that when users receive an instant notification，they are more likely to utilize the application (for a longer time) if its information ambiguity is higher. By contrast，when users receive an advance notification，the effectiveness of information ambiguity on user behaviors weakens. Our findings enrich the existing literatures on push notifications and ambiguity preference，as well as shed light on designing pop-up messages.

Key words　Mobile learning，Push notification，Information ambiguity，Time distance

作者简介

高思嘉（1997—），女，上海交通大学安泰经济与管理学院博士研究生，上海交通大学行业研究院成员，研究方向为社交媒体、在线医疗健康平台、用户内容生成。E-mail：sijiagao@sjtu.edu.cn。

宋婷婷（1989—），女，上海交通大学安泰经济与管理学院副教授、博士生导师，上海交通大学行业研究院成员，研究方向为社交媒体、人工智能与用户行为、平台经济。E-mail：songtt@sjtu.edu.cn。

张朋柱（1961—），男，上海交通大学安泰经济与管理学院教授、博士生导师，上海交通大学行业研究院成员，研究方向为智能健康管理、大数据创新导航、数字化商业模式创新。E-mail：pzzhang@sjtu.edu.cn。

影响移动医疗 App 用户体验及行为的机制研究[*]

周中允[1]　杨艳丽[1]　向宇婧[1]　赵群[2]

（1. 同济大学经济与管理学院，上海 200092；

2. 宁波大学科学技术学院，浙江 宁波 315300）

摘　要　以用户体验为研究视角，以刺激-机体-反应为分析框架，本文系统建构影响移动医疗 App 用户使用体验及行为的研究模型，之后利用问卷和结构方程模型进行实证检验。研究发现：移动医疗 App 内容的实用性对认知和情感体验均产生显著的正向影响；认知和情感体验是重要的中介变量，可以显著提升用户的行为期望和创新使用意愿。研究结果不仅丰富了移动医疗 App 使用行为的现有研究，也为移动医疗行业提升用户使用体验和拓展使用深度提供了建议。

关键词　App 可用性，用户体验，行为期望，创新使用，调节效应

中图分类号　C931.6

1　引言

移动医疗 App 是指借助移动智能终端向用户提供医疗健康服务的第三方应用程序[1]，它的出现有效缓解了我国医疗资源不足和分布不均等问题，已经成为我国传统医疗资源的重要补充形式[2,3]。国内比较知名的移动医疗 App 有百度医生、平安好医生、拇指医生、寻医问药、春雨医生、丁香医生等。移动医疗 App 的快速发展得益于国家政策的支持。近年来，国务院陆续出台《“健康中国 2030”规划纲要》《关于促进“互联网＋医疗健康”发展的意见》等系列文件，积极推动移动医疗服务领域的快速发展[4]。此外，2020 年，国务院办公厅还提出“将符合条件的互联网医疗服务纳入医保报销范围”。在国家政策和财政共同支持下，我国移动医疗服务市场正处于快速增长阶段，全国已涌现 2000 多款 App，为人们提供方便及时的医疗咨询和健康管理等服务。据统计，我国移动医疗用户数已超过 2.39 亿，移动医疗市场规模到 2026 年预计将达到 2000 亿元[5]。在全球，目前至少有 318 000 个移动医疗 App 提供健康监测、反馈、在线咨询和行为预测等服务[6]，预计到 2028 年，全球移动医疗市场的年复合增长率将达到 17.6%[7]。

相较于网页版的问诊平台，移动医疗 App 具有更大的灵活性和便捷性[8]。借助移动医疗 App，用户可以利用文字、语音和视频等方式与医生交流，随时随地获取各种医疗信息和服务，如预约挂号、健康咨询、医患交流、医药电商和健康追踪等[9,10]。对于服务提供者而言，通过终端设备可以对用户健康数据进行全面跟踪和分析，进而为用户提供精准有效的医疗服务，如体征监护、慢性病预防和健康干预[11]。虽然移动医疗 App 有诸多优点，但实际运作中仍存在诸多问题，如 App 功能同质化、设计不合理、用户活跃度低、黏性不强等[8]，严重影响用户的使用体验和移动医疗服务平台的可持续发展[12]。据统计，

---

[*] 基金项目：国家自然科学基金项目（72261160394，72342026）、浙江省软科学研究计划重点项目（2022C25021）。

通信作者：赵群，宁波大学科学技术学院教授，电子商务系主任，硕士生导师，E-mail：zhaoqun@nbu.edu.cn。

我国有将近 42%的移动医疗 App 在市场上并未获得用户的好评,在全球,有将近 71%的用户在使用移动医疗 App 的 90 天内就选择放弃使用[7]。因此,如何提升用户使用体验和满意度进而增加用户使用黏性已经成为移动医疗领域关注的重要话题。

有关移动医疗 App 的现有研究主要包括三方面:第一,现有研究大多基于技术接受模型、信任模型等,分析用户对移动医疗 App 的接受度及其影响因素[13, 14];第二,有关移动医疗 App 的持续使用意愿的探讨,过去的研究表明,影响移动医疗 App 持续使用的因素包括期望满足、信息质量、服务质量、感知风险[15-17],以及信息支持和情感支持等[18, 19];第三,有关移动医疗 App 的满意度方面,服务态度、技能水平、解释清晰等都对用户满意度有显著的影响[8, 20, 21]。众所周知,用户满意的使用体验可以有效提升用户对该产品或服务的使用黏性。用户体验虽然是国内外学界的研究热点,但是将用户体验结合移动医疗情境的研究还较为缺乏。现有研究较少从用户体验视角剖析用户对移动医疗 App 的使用体验及其行为意愿的作用机制。为此,本文以刺激-机体-反应(stimulus-organism-response,S-O-R)为分析框架,以服务体验为研究视角,以移动医疗 App 用户为研究对象,探讨影响移动医疗 App 用户体验及其行为的主要因素及其作用机制,希望本文研究结果为提升移动医疗 App 的服务满意度和平台可持续发展提供理论和实证参考。

本文从用户采纳前后两个层面探讨移动医疗 App 用户的使用行为,将行为期望和创新使用作为结果变量。Venkatesh 等[22]认为用户从接触信息系统直至产生实际使用,分为行为意图(behavioral intention)、行为期望(behavioral expectation)和使用(use)三个阶段。而行为意图和行为期望常用于测量用户采纳前的想法或意愿。又由于行为期望比行为意图能更好地预测用户的实际使用,因此有学者建议未来研究多关注行为期望对实际使用的影响[22, 23]。再加上,有关用户行为期望的研究还处于起步阶段,因此,本文将行为期望作为结果,探讨用户使用体验与行为期望间的影响关系。针对用户采纳后的阶段,过去的研究指出信息系统采纳后的用户行为分为惯例化和内化阶段[24]。惯例化是指信息技术在工作中的应用成为常规性活动的状态,如持续使用(continued use)常用来描述惯例化阶段用户对信息系统的使用行为。而内化是指用户对信息进行更深入、完整及创新性的使用以支持更加广泛的组织或个人需求。在移动医疗领域,已有一些研究探讨影响用户持续使用移动医疗 App 的主要因素[18, 19],但是对内化阶段的讨论还不够充分。Mathur[25]指出创新使用是内化阶段的重要测量变量。据统计,有 60%以上的企业未能充分使用信息系统的功能,大多数企业仅仅利用了信息系统的部分功能,从而导致企业的低投资回报率[26]。在移动医疗领域,App 为患者提供了简单的预约挂号、线上问诊到健康管理、医药电商等更深层次的服务;对医生而言,除了借助 App 进行病例收藏和调取、重点病例提醒,还可以向患者推送文章、查看患者健康日记、跟进随访等,提供更深层次的服务。因此,如何促进用户的深度使用,对于更好地发挥移动医疗 App 的潜在价值以及提升 App 开发者的经营绩效尤为重要。

本文的研究贡献包括三方面:首先,本文拓展了 S-O-R 理论框架的研究情境,将 S-O-R 框架应用于解释移动医疗 App 用户的使用体验和使用行为。其次,本文建构了移动医疗 App 情境下影响用户使用体验及其后续行为的主要变量。由于 S-O-R 框架本身并不包含特定的研究变量,过去文献建议研究者可以根据研究情境和文献探索适合特定情境的变量。本文从 App 设计和 App 内容两个维度,将移动医疗 App 设计的合理性、App 内容的实用性作为前因变量,探讨其对用户使用体验(认知体验、情感体验)和后续使用行为(行为期望、创新使用)的影响机制。最后,现有研究对移动医疗 App 的采纳或持续使用关注较多,但是对 App 的深度使用的关注较少。本文希望以创新使用作为移动医疗 App 用户的深度使用意愿的重要测量变量,希望本文结果能进一步丰富服务体验和 App 深度使用相关理论,也为移动医疗服务平台提升用户体验和拓展用户使用深度提供建议。

2 研究方法与设计

2.1 刺激–机体–反应

S-O-R 模型最初由 Mehrabian 和 Russell 提出[27]，用于解释外界环境对人类行为的影响。该模型探讨环境的各个方面刺激会影响用户的内部状态，进而引发用户的行为反应。其中，刺激与消费者互动的环境特征有关，机体是指消费者的情感和认知状态，包括情感、体验、评估等，反应是指消费者的行为，如使用或购买等[28]。很多学者已成功地将 S-O-R 模型用于在线用户行为研究，探讨系统特征如何影响用户感受及其行为。例如，Jiang 等[29]基于 S-O-R 理论研究了互动对网站参与和购买意向的影响，Lee 等[30]从产品属性、认知和情绪角度研究消费者对高科技产品的反应。本文主要分析移动医疗 App 的特性对用户体验及行为的作用机制，属于在线用户行为研究范畴。因此，S-O-R 适合作为移动医疗 App 用户行为研究的理论框架。

2.2 用户体验

用户体验（user experience）理论在 20 世纪 90 年代中期由唐纳德·诺曼（Donald Norman）提出，该理论指出成功的用户体验要满足三方面的递进要求：一是通过不打扰、不使人厌烦的方式满足用户的需求；二是带给用户愉悦的使用体验；三是为用户带来期望外的惊喜[31]。用户体验是用户对产品提供者产生的直接或间接的主观感受的总和[31]。过去基于互联网情境的研究中，学者们对于用户体验的定义及维度各有侧重，尚未形成统一的定论。然而，认知体验和情感体验一直被认为是用户体验的重要内容[32, 33]。认知体验是指用户完全沉浸在某一项使用过程中，以至于他们在精神上沉浸其中，忘记了时间或周围的其他事物[34]。情感体验是用户体验的重要组成部分，即由用户的情绪、感觉和状态组成的情感系统[33]。基于前人研究，本文将认知体验和情感体验作为移动医疗用户体验的两个重要维度，即移动医疗用户体验是用户使用过程中，认知状态和情感状态感受的总和，认为前期使用经验将影响用户的认知和情感状态。

2.3 行为期望和创新使用

行为期望是指用户基于对自己的意志性和非意志性行为决定因素的认知评价而给出他们对未来行为的自我预测，此概念克服了行为意图的局限性[34]。虽然有许多研究证实行为意图与用户使用行为的显著影响关系[35-38]，但是，回顾过去有关用户技术接受相关的研究发现，行为意图对用户实际使用的解释力仅为 17%～53%[23, 38]。因此，学者们建议引入行为期望的概念。因为行为期望更能捕获并解释行为预测中的不确定性，在用户面对不确定的情况下，行为期望能够通过将个人对实际使用行为的潜在影响因素（如个人感知等）纳入测量范围，从而提高对个人实际使用行为预测的全面性和准确性。因此，本文使用行为期望作为因变量进行分析。创新使用属于信息系统的深层次使用行为，是指个体在使用信息系统后，积极地探索，甚至深层次使用该系统的某种或多种功能[39]。Hsieh 和 Zmud[40]将信息系统采纳后的使用行为分为三类：重复常规使用、使用更多功能以支持更多任务的使用、创新使用。过去的研究指出，信息系统失败的一个重要原因在于个体未能持续且创新性地使用信息系统[41]。用户作为信息系统使用的主体，在完成任务过程中，挖掘和拓展现有系统的更多新功能，或者以新颖的方法来使用系统能充分发挥信息系统的价值[42]。本文综合考虑前人研究成果，用"创新使用"来测量移动医疗 App 用户的深度使用意愿，通过探索用户对于信息系统内在潜能的使用程度及其影响、作用机制，最大限度地提升信息系统的输出效能。

3　研究模型与假设

本文以 S-O-R 为理论基础，以"App 可用性—用户体验—用户行为"为研究思路，建立移动医疗 App 用户体验及作用机制的研究模型（图 1）。过去的研究表明，"刺激"通常与用户互动的环境特征有关[28]。在移动医疗领域，App 是患者与医生之间交流互动最频繁最重要的平台环境。本文选取 App 的可用性作为用户体验的"刺激"因素，并参考 Hoehle 和 Venkatesh[43]的研究结果，将 App 的可用性分为 App 设计的合理性和 App 内容的实用性。当然，可能影响用户体验的刺激因素还包括其他方面，由于本文重点关注 App 本身因素带来的影响，因此，App 设计的合理性和 App 内容的实用性更加契合本文所关注的研究主题。内部状态是指消费者的认知和情感状态[28]。本文参考 Rose 等[33]的观点，将用户体验分为认知体验和情感体验两方面。反应通常是指消费者的行为，包括购买或使用等。本文针对移动医疗 App 用户采纳前后的行为意向进行分析，具体而言，行为期望用来测量用户在初次使用移动医疗 App 后对该平台的使用期望，而创新使用则用于测量用户在熟练使用 App 的某些功能后，其拓展使用 App 其他服务的使用意愿。此外，研究模型中有关 App 可用性与用户行为的直接影响关系不做重复验证。这是因为，根据信息系统接受的相关研究[22, 44]，系统的有用性、易用性对用户行为意图的直接影响关系已被多次证实。结合过去文献[2]，本文还将性别、年龄、学历、使用时长等作为控制变量。

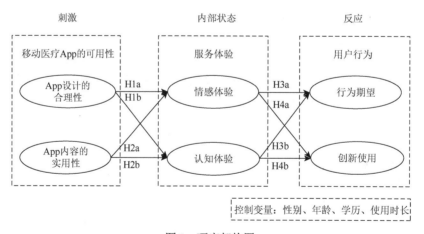

图 1　研究架构图

3.1　移动医疗 App 的可用性与用户体验

App 可用性（APP usability）是用户决定采纳或拒绝使用某个 App 的重要因素。为了防止 App 难以使用，App 的可用性已经成为研究领域的重要议题[45]。根据国际标准化组织的定义，App 的可用性概括为特定的用户在特定的使用情境下，通过 App 的有效性、效率和满意度来实现特定的目标。Hoehle 和 Venkatesh 将 App 可用性概念化为 App 设计的合理性和 App 内容的实用性两方面[43]。App 设计的合理性是指用户感知 App 设计精良的程度，包括界面图像、界面输入、界面输出、界面结构等方面的合理性和协调程度，而 App 内容的实用性是指用户感知 App 满足其使用目的的程度[43]。在移动政务领域，App 内容的实用性正向影响用户对于移动政务 App 的使用意愿[46]。此外，在传统的零售环境中，商店布局、配色方案、灯光、音乐和气味等设计相关因素也会影响用户的感受和反应[33]。同样地，当用户使用移动医疗 App 时，其所接触到的内容不仅包括 App 的外观布局还包括 App 服务内容等一系列因素，从而提供给用户不同的感官刺激，进而形成用户对 App 的不同使用体验。为了使得用户对互联网产品或服务更加满意，开发者需要考虑其产品及服务的实用性以及符合相关应用设计标准[45]。这些在很大程度上都对用户体验起到了决定性作用[47]。移动医疗 App 是互联网产品的一种表现形式，因此，本文认为基于移动医疗 App 的使用情境中，App 的可用性与用户的使用体验之间存在一定的影响关系，并提出以下假设。

H1a：移动医疗 App 设计的合理性对用户的情感体验有正向影响。

H1b：移动医疗 App 设计的合理性对用户的认知体验有正向影响。

H2a：移动医疗 App 内容的实用性对用户的情感体验有正向影响。

H2b：移动医疗 App 内容的实用性对用户的认知体验有正向影响。

3.2 用户体验与用户行为

对于用户来说，为了完整而充分地评估产品系统，用户亲自去尝试使用该产品系统，从而获得独特的体验并形成用户经验，决定着用户最终是否持续使用该系统产品的意愿[48]。关于用户体验对用户行为影响的探索，本文主要涉及两方面的研究假设，一是用户体验对于用户行为期望的影响，二是用户体验对于创新使用的影响。过去的研究在探讨用户体验对于用户行为期望的影响时指出，用户的持续使用意愿依托于用户初次使用体验，决定将来是否愿意继续使用的一种心理层面的主观意愿[49]。李小青[50]认为网站的社交属性、情感属性等对于用户体验及其可持续使用意愿具有显著的正向影响。又由于行为期望是行为意图与实际使用的重要中介变量[51]，因此，本文提出以下假设。

H3a：用户的情感体验对用户行为期望有正向影响。

H3b：用户的认知体验对用户行为期望有正向影响。

有关用户体验对创新使用的影响方面，过去的研究表明，用户体验是用户创新的基础，积极的用户体验为用户创新使用提供了高价值的参考[52]。曲霏等[53]基于社会交换理论，构建了关系型虚拟社区用户体验与持续使用行为的作用关系模型，该研究表明：娱乐体验和互动体验对用户持续使用具有显著影响。创新行为不仅是用户深层次使用行为的一种表现方式，同时也是基于持续使用的基础上产生的更加深入、更广范围的使用行为，因此，本文认为用户体验与用户创新使用间也存在一定的联系，并提出以下假设。

H4a：用户的情感体验对创新使用有正向影响。

H4b：用户的认知体验对创新使用有正向影响。

4 研究设计

本文采用问卷调查法收集数据，之后利用结构方程模型进行实证检验。问卷设计的主要流程是：第一步，结合研究主题，梳理国内外的经典文献并选取与本文情境相似的变量的量表。第二步，经过与资深专业人士深入讨论，修改完善量表。为确保问卷的测量效果，将每个变量的测试量表进行合理排序，形成问卷初稿。第三步，选择有移动医疗 App 使用经验的人员进行问卷预测试，并对问卷量表的信效度进行评估。第四步，针对测试结果进一步完善问卷题目，最终形成正式问卷。具体的测量题目见表 1。正式问卷透过问卷星平台向有移动医疗 App 使用经验的用户发放。问卷收集时间：2022 年 1 月～2022 年

2 月。共收回问卷 332 份，剔除填写时间过短、同一构念答案相同的问卷，最终有效问卷共 281 份，问卷有效回收率为 84.6%。

表 1　测量量表

变量名称	测量指标	文献来源
移动医疗 App 设计的合理性	我认为移动医疗 App 设计得很合理	[47]
	我相信该 App 具有很好的设计	
	该 App 的设计很成功	
	我对该移动医疗 App 的总体设计非常满意	
移动医疗 App 内容的实用性	对我来说，该移动医疗 App 的功能很强大	
	我认为该移动医疗 App 很有用	
	该移动医疗 App 很管用	
	该 App 对我来说很有价值	
认知体验	在使用移动医疗 App 时：	[54]
	我能够杜绝大多数外在干扰	
	我能全神贯注于 App 上正在使用的功能	
	我沉浸在正在执行的操作中	
	我容易被其他事情分散注意力	
情感体验	您最近移动医疗 App 使用体验的感觉：	[33]
	不快乐—快乐	
	忧郁的—满足的	
	烦恼的—愉悦的	
	迟缓的—疯狂的	
	冷静的—激动的	
	轻松的—刺激的	
	被他人引导的—自主的	
	受他人影响的—对他人有影响力的	
行为期望	我希望在接下来的 6 个月中使用该移动医疗 App	[55]
	未来的 6 个月中我将使用该 App	
	我愿意在未来的 6 个月中使用该 App	
	我打算在未来的 6 个月中使用该 App	
创新使用	我发现了该移动医疗 App 的新功能	[56]
	我发现了该 App 的新用途	
	我以新颖的方式使用该 App	

5 实证分析

5.1 描述性统计

样本的描述性统计结果如表 2 所示，包括性别、年龄、学历、月收入、移动医疗 App 的使用经验、使用频率以及常用功能等。从性别结构来看，男性用户为 130 人，占样本总数的 46.3%，女性用户有 151 人，占样本总数的 53.7%，因此，性别比例较为合理。从年龄上看，被调查用户大多分布在 26 岁到 40 岁之间，其中 31 岁到 40 岁样本占比为 65.5%，26 岁到 30 岁样本占比为 16.7%，由此可见年龄结构多集中于青年和中年，符合移动医疗平台的用户多数为比较年轻年龄段的预期。从学历上来看，被调查者多为本科（48.4%）和硕士（37.4%），显示出问卷研究对象整体的受教育程度较高。而月收入的统计特征显示，被调查者的收入分配也较为合理，符合居民的收入预期。使用移动医疗 App 超过一年的用户占到 66.5%，而从未使用过该类 App 的为 0%，与本研究设定的"有移动医疗 App 使用经验的群体"一致。而在移动医疗 App 的使用频率上，用户多为半年 1 次及以上（38.4%）、一年 1 次及以上（22.1%），存在使用医疗 App 的频率不够高的问题。被调查者最常用的功能是预约挂号（86.5%），而健康知识普及（26.7%）、专家问诊（25.6%）、极速问诊（22.1%）等功能的使用程度相对低一些。

表 2　样本描述性统计

统计特征		数量（占比）	统计特征		数量（占比）
性别	男	130（46.3%）	移动医疗 App 使用经验	超过一年	187（66.5%）
	女	151（53.7%）		超过六个月	34（12.1%）
年龄	18 岁以下	2（0.7%）		超过一个月	60（21.4%）
	18～25 岁	10（3.6%）		从来没有	0（0.0%）
	26～30 岁	47（16.7%）	移动医疗 App 使用频率	每天 1 次及以上	8（2.8%）
	31～40 岁	184（65.5%）		每周 1 次及以上	7（2.5%）
	41～50 岁	33（11.7%）		每月 1 次及以上	53（18.9%）
	51～60 岁	4（1.4%）		半年 1 次及以上	108（38.4%）
	61 岁及以上	1（0.4%）		一年 1 次及以上	62（22.1%）
学历	高中及以下	8（2.8%）		一年不足一次	43（15.3%）
	大专	29（10.3%）	移动医疗 App 常用功能	预约挂号	243（86.5%）
	本科	136（48.4%）		极速问诊	62（22.1%）
	硕士	105（37.4%）		专家问诊	72（25.6%）
	博士	3（1.1%）		在线购药	44（15.7%）
月收入	0～1 000 元	9（3.2%）		体验服务	26（9.3%）
	1 000（含）～3 000 元	6（2.1%）		健康知识普及	75（26.7%）
	3 000（含）～5 000 元	16（5.7%）		其他	7（2.5%）
	5 000（含）～7 000 元	39（13.9%）			
	7 000（含）～10 000 元	53（18.9%）			
	10 000（含）～20 000 元	88（31.3%）			
	20 000 元及以上	70（24.9%）			

5.2　测量模型

信度和效度分析可以验证测量模型的可靠性和有效性。首先，使用 SPSS 对变量的所有指标进行可靠性分析，初步验证模型的内部一致性；接着使用 SmartPLS 通过验证性因子分析进一步测量变量的信度、聚合和区分效度，具体结果如表 3 和表 4 所示。

表 3　信度和聚合效度检验结果

变量	题项	因子载荷	Cronbach's α	组合信度	AVE
移动医疗 App 设计的合理性	AD1	0.932	0.964	0.974	0.903
	AD2	0.963			
	AD3	0.958			
	AD4	0.947			
移动医疗 App 内容的实用性	AU1	0.930	0.950	0.964	0.870
	AU2	0.936			
	AU3	0.915			
	AU4	0.949			
情感体验	AES1	0.879	0.948	0.958	0.764
	AES2	0.909			
	AES3	0.911			
	AES4	0.903			
	AES6	0.884			
	AES7	0.813			
	AES8	0.813			
认知体验	CES1	0.936	0.931	0.956	0.879
	CES2	0.953			
	CES3	0.923			
行为期望	BE1	0.927	0.939	0.956	0.846
	BE2	0.943			
	BE3	0.883			
	BE4	0.925			
创新使用	TI1	0.947	0.945	0.965	0.901
	TI2	0.963			
	TI3	0.937			

表 4　变量区分效度

	AD	AU	CES	AES	BE	TI
AD	**0.950**					
AU	0.535	**0.933**				
CES	0.242	0.488	**0.938**			
AES	0.235	0.395	0.462	**0.887**		
BE	0.191	0.449	0.497	0.572	**0.920**	
TI	0.218	0.398	0.732	0.464	0.417	**0.949**

注：AD = 移动医疗 App 设计的合理性，AU = 移动医疗 App 内容的实用性，BE = 行为期望，TI = 创新使用，AES = 情感体验，CES = 认知体验；对角线上（加粗）为 AVE 的平方根，其余为变量之间的相关系数

由表 3 可知,所有指标的因子载荷均大于阈值 0.7,表示题项都能较好地解释对应的变量。Cronbach's α 系数是重要的信度指标,该值大于 0.7 代表信度较好,本文所有变量的 Cronbach's α 均大于 0.7,在 0.931 到 0.964 之间,代表内部一致性较好;模型的聚合效度由组合信度(CR)和 AVE 来衡量,CR 的阈值为 0.7,而 AVE 的阈值为 0.5。从表 3 可知 CR 和 AVE 都满足要求,表明变量的聚合效度较好。

从区分效度上看,如表 4 所示,AVE 的平方根都大于阈值 0.7,且每个变量的 AVE 平方根(对角线上的值)比该变量与其他变量的相关系数(非对角线上的值)都要大,表示所有变量都具有较高的区分效度。另外,考虑到构念之间的共线性可能会影响本文研究模型的有效性,本文通过方差膨胀因子(variance inflation factor,VIF)进行验证。SmartPLS 的分析结果显示,量表指标的 VIF 均小于 10,因此共线性问题并不会对本文研究结果产生影响。

5.3 结构模型

在研究模型中,自变量为移动医疗 App 设计的合理性和移动医疗 App 内容的实用性,中介变量为情感体验和认知体验,因变量为行为期望和创新使用。本文采用 SmartPLS 4.0 对结构模型进行路径分析并检验研究假设,具体结果如图 2 和表 5 所示。

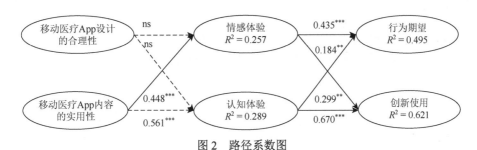

图 2　路径系数图

表示 p 值<0.01;*表示 p 值<0.001;ns 表示在 0.05 水平上不显著

表 5　路径分析结果

假设	路径系数	标准差	t 值	显著性	支持
H1a:移动医疗 App 设计的合理性→情感体验	0.050	0.074	0.680	0.497	否
H1b:移动医疗 App 设计的合理性→认知体验	−0.008	0.099	0.083	0.934	否
H2a:移动医疗 App 内容的实用性→情感体验	0.448***	0.089	5.012	0.000	是
H2b:移动医疗 App 内容的实用性→认知体验	0.561***	0.106	5.294	0.000	是
H3a:情感体验→行为期望	0.435***	0.087	4.978	0.000	是
H3b:认知体验→行为期望	0.299**	0.096	3.128	0.002	是
H4a:情感体验→创新使用	0.184**	0.062	2.951	0.003	是
H4b:认知体验→创新使用	0.670***	0.062	10.749	0.012	是

表示 p 值<0.01;*表示 p 值<0.001

透过结构模型分析,本文发现:移动医疗 App 设计的合理性对情感体验($\beta = 0.050$,$t = 0.680$,$p > 0.01$)和认知体验($\beta = -0.008$,$t = 0.083$,$p > 0.01$)都没有显著影响,不支持 H1a 和 H1b 的假设;

而移动医疗 App 内容的实用性对情感体验（$\beta = 0.448$，$t = 5.012$，$p < 0.001$）和认知体验（$\beta = 0.561$，$t = 5.294$，$p < 0.001$）均有显著的正向影响，结果支持 H2a 和 H2b。除此之外，情感体验对行为期望（$\beta = 0.435$，$t = 4.978$，$p < 0.001$）和创新使用（$\beta = 0.184$，$t = 2.951$，$p < 0.01$）都具有显著的正向影响，认知体验对行为期望（$\beta = 0.299$，$t = 3.128$，$p < 0.01$）和创新使用（$\beta = 0.670$，$t = 10.749$，$p < 0.001$）也都具有显著的正向影响，支持 H3a、H3b、H4a 和 H4b。

由此可见，移动医疗 App 设计的合理性对于用户情感体验和认知体验都没有显著的影响，而移动医疗 App 内容的实用性解释了情感体验 25.7% 的方差，解释了认知体验 28.9% 的方差，表示 App 内容的实用性是情感体验和认知体验的重要变量。另外，情感体验和认知体验对于用户的行为期望和创新使用都具有显著的正向影响，表示用户在使用医疗 App 时的情感体验和认知体验越好，在行为上越倾向于使用该医疗 App，并且越有可能在使用的过程中产生创新使用。认知体验和情感体验解释了行为期望 49.5% 的方差，解释了创新使用 62.1% 的方差。有关控制变量，本文发现性别和学历对结果变量（行为期望、创新使用）的影响均不显著；年龄对行为期望有显著的正向影响（$\beta = 0.075$，$t = 1.993$，$p < 0.05$），但对创新使用的影响不显著（$\beta = 0.014$，$t = 0.651$，$p > 0.05$）；使用时长对行为期望的影响不显著（$\beta = -0.072$，$t = 0.067$，$p > 0.05$），但是可以显著增加用户的创新使用（$\beta = 0.086$，$t = 2.102$，$p < 0.05$）。

5.4　中介效应

为进一步检验情感体验和认知体验对移动医疗 App 设计的合理性、移动医疗 App 内容的实用性与结果变量间的影响机制，本文利用 SmartPLS 4 进行中介效果检验，结果如表 6 所示。

表 6　中介效果检验

自变量	中介变量	因变量	间接效应	直接效应	结论
移动医疗 App 设计的合理性	情感体验	行为期望	0.022（0.656）	0.019（0.447）	无中介
移动医疗 App 内容的实用性	情感体验	行为期望	0.195**（3.038）	0.363***（5.976）	部分中介
移动医疗 App 设计的合理性	情感体验	创新使用	0.009（0.608）	0.004（0.057）	无中介
移动医疗 App 内容的实用性	情感体验	创新使用	0.082*（2.205）	0.458***（5.993）	部分中介
移动医疗 App 设计的合理性	认知体验	行为期望	−0.002（0.084）	0.019（0.447）	无中介
移动医疗 App 内容的实用性	认知体验	行为期望	0.168*（2.254）	0.363***（5.976）	部分中介
移动医疗 App 设计的合理性	认知体验	创新使用	−0.006（0.084）	0.004（0.057）	无中介
移动医疗 App 内容的实用性	认知体验	创新使用	0.376***（4.617）	0.458***（5.993）	部分中介

注：括号内为 t 值

*表示 p 值 < 0.05；**表示 p 值 < 0.01；***表示 p 值 < 0.001

当行为期望作为因变量时，移动医疗 App 内容的实用性（$\beta = 0.363$，$t = 5.976$，$p < 0.001$）对行为期望有正向显著的影响，而移动医疗 App 设计的合理性（$\beta = 0.019$，$t = 0.447$，$p > 0.05$）对行为期望的影响不显著；当创新使用作为因变量时，移动医疗 App 内容的实用性（$\beta = 0.458$，$t = 5.993$，$p < 0.001$）对创新使用有正向显著的影响，而移动医疗 App 设计的合理性（$\beta = 0.004$，$t = 0.057$，$p > 0.05$）对创新使用的影响不显著。因此，移动医疗 App 设计的合理性对行为期望和创新使用的影响既不存在直接效应，也不存在中介效应。此外，移动医疗 App 内容的实用性会透过情感体验和认知体验对用户的行为期望和创新使用产生显著的正向影响，又由于移动医疗 App 内容的实用性对行为期望和创新使用的直接效应存在，因此，情感体验和认知体验部分中介移动医疗 App 内容的实用性与结果变量。也就是说，当用户使用的移动医疗 App 实用性较强时，用户会将此部分转化为较好的情感体验和认知体验，从而促进用户对 App 的更多、更深层次的创新使用行为。

6 结论与讨论

数据分析结果显示：移动医疗 App 设计的合理性对用户的认知体验和情感体验均没有显著的影响，而移动医疗 App 内容的实用性对认知体验和情感体验都具有显著的正向影响。即 App 的设计是否美观对移动医疗用户使用体验的影响不大；相应地，用户更关注 App 提供的具体功能能否帮他们解决问题。在用户行为的作用机制方面，分析结果显示：认知体验和情感体验都对用户行为期望及创新使用具有显著的正向影响，即在用户使用移动医疗 App 的过程中，如果感受到有用、快乐、满足等正面积极的体验时，将会加大用户后续使用该 App 的意愿。相应地，愉悦的用户体验更能激发其探索该移动医疗 App 的更多新功能。例如，对用户而言，可以获得从简单的预约挂号、线上问诊到健康管理、医药电商等更深层次的应用；对医生而言，除了借助 App 进行病例收藏和调取、重点病例提醒外，还可以向患者推送文章、查看患者健康日记、跟进随访等，提供更深层次的服务。因此，提升用户的使用深度对于更好地发挥移动医疗 App 的潜在价值以及提升 App 开发者的经营绩效具有重要影响。

针对"移动医疗 App 设计的合理性"与"用户体验"之间不显著的研究假设，可能原因包括：①用户在使用移动医疗 App 时可能受到手机屏幕小的限制，他们更加关注 App 提供的内容能否帮助他们解决实际问题，而对于输入界面、输出界面以及界面色彩搭配等方面的关注较少。相应地，非常实用、有价值的功能能更好地满足用户的需求，进而产生愉快的使用体验。②不显著的研究假设可能受到调节效果的影响[57-59]。本文将 App 用户使用的频率作为调节变量进行分组讨论，一个月一次或更频繁（包括每天一次、每周一次和每月一次及以上）作为一组，半年一次或更少（包括半年一次、每年一次和一年不足一次）作为一组。其中，一个月一次或更频繁的样本数量为 68，半年一次或更少的样本数量为 213。由图 3 和图 4 可知，在 App 使用频率不同的情况下，移动医疗 App 设计的合理性对认知体验和情感体验的影响不同。当用户的 App 使用频率在一个月一次或更频繁时，移动医疗 App 设计的合理性对情感体验（$\beta = 0.522$，$t = 3.870$，$p < 0.001$）和认知体验（$\beta = 0.595$，$t = 9.548$，$p < 0.001$）均产生显著的正向影响；但是，在用户使用 App 的频率较低时（半年一次或更少），移动医疗 App 设计的合理性对情感体验（$\beta = 0.273$，$t = 2.954$，$p < 0.001$）会产生显著的正向影响，而对认知体验（$\beta = 0.171$，$t = 1.796$，$p > 0.05$）的影响不显著。因此，App 使用频率调节了移动医疗 App 设计的合理性与用户体验的影响关系，导致不支持研究假设。

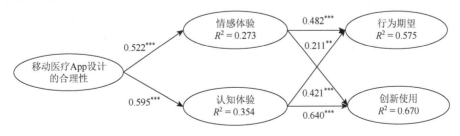

图 3　使用频率高的群组

表示 p 值 < 0.01；*表示 p 值 < 0.001

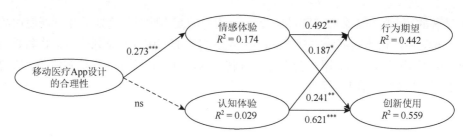

图 4　使用频率低的群组

*表示 p 值<0.05；**表示 p 值<0.01；***表示 p 值<0.001；ns 表示在 0.05 水平上不显著

6.1　理论意义

本文的理论意义主要有：一是聚焦用户体验探讨了移动医疗 App 用户行为的作用机制，补充了移动医疗 App 领域的现有研究。尽管有许多学者关注到移动医疗 App 的用户行为，却很少有研究将用户体验作为影响移动医疗 App 用户使用行为的重要因素。本文将用户体验的概念拓展到了移动医疗领域，将其作为中介变量从移动医疗 App 可用性（App 设计的合理性和 App 内容的实用性）的角度讨论其对用户行为的影响。二是明确了在移动医疗 App 情景下用户体验的概念，将用户体验的维度划分为认知体验和情感体验，并且验证了认知体验视角和情感体验视角均会对用户行为产生显著的正向影响。因此，本文结果进一步丰富了用户体验的现有研究。三是本文进一步探索了移动医疗 App 创新使用行为。过去有关移动医疗 App 的行为研究大多仅探讨系统采纳和持续使用行为，对于 App 采纳后的内化阶段的深度使用关注较少，本文从创新使用维度探讨移动医疗 App 用户的深度使用行为。研究结果表明，情感体验和认知体验都对用户的创新使用产生显著正向影响，即用户在使用医疗 App 时的情感体验和认知体验越好，在使用过程中越有可能产生创新使用行为。因此，本文结果为拓展和提升移动医疗 App 用户的使用深度提供了新的理论视角。

6.2　实践意义

本文结果显示，移动医疗 App 内容的实用性对用户的情感体验和认知体验都有显著的正向影响，即有价值的服务或功能能够让其在使用过程中感到快乐和满足。第一，移动医疗 App 运营商应该基于用户的需求提供有用、有价值的功能和服务，并根据用户的反馈持续优化 App 内容的实用性，以提高用户的使用体验。第二，移动医疗 App 运营商应注重用户体验，实时关注用户体验相关的反馈数据。本文结果显示，用户体验的两个维度——认知体验和情感体验——均会对用户行为（如行为期望、创新使用）产生显著的正向影响。因此，建议移动医疗 App 运营商从认知和情感两个角度来衡量用户体验，例如，通过问卷和评价等方式了解用户的情感体验和认知体验，从而有利于采取针对性措施解决用户需求。第三，移动医疗 App 运营商不仅需要关注用户的行为期望，还要着眼于更深层次的使用行为（如创新使用）。运营商可以围绕用户的行为期望和创新使用等行为数据进行用户画像，充分挖掘不同用户的使用情况，以便更清晰地了解不同用户的特征和习惯，制定不同的策略进而改善和优化 App 的可用性和使用体验，增强用户的使用黏性。

6.3　研究局限与展望

本文的局限主要包括三方面：第一，移动医疗 App 作为一个复杂的信息系统，其用户体验的影响因素可能较为多元,本文仅从 App 可用性视角作为影响用户体验的刺激因素,未来研究可以考虑从用户的互动维度以及环境维度等方面进行探索;第二,在探讨用户使用深度行为时,本文仅选择了创新使用作为用户深度使用的测量变量,未来研究可以关注用户的其他深度使用行为;第三,本文主要基于移动医疗 App 情境开展研究,近年来移动医疗在微信小程序上的用户也越来越多,未来可考虑在微信小程序的情境下,进一步验证移动医疗用户体验的影响因素及其对用户行为的作用机制。

参 考 文 献

[1] Henkel A P,Čaić M,Blaurock M,et al. Robotic transformative service research:deploying social robots for consumer well-being during COVID-19 and beyond[J]. Journal of Service Management,2020,31(6):1131-1148.

[2] Zhou Z Y,Jin X L,Hsu C,et al. User empowerment and well-being with mHealth apps during pandemics:a mix-methods investigation in China[J]. Journal of the Association for Information Science and Technology,2023,74(12):1401-1418.

[3] 朱张祥,刘咏梅,刘娟. 移动医疗用户采纳行为实证研究综述[J]. 科技管理研究,2020,40(22):206-213.

[4] Jin X L,Yin M J,Zhou Z Y,et al. The differential effects of trusting beliefs on social media users' willingness to adopt and share health knowledge[J]. Information Processing & Management,2021,58(1):102413.

[5] 36 氪研究院. 2020 年中国互联网医疗研究报告[EB/OL]. https://www.36kr.com/p/676303112844290[2024-03-20].

[6] Ryan S,Chasaide N N,Hanrahan S O,et al. mHealth apps for musculoskeletal rehabilitation:systematic search in app stores and content analysis[J]. JMIR Rehabilitation and Assistive Technologies,2022,9(3):e34355.

[7] Amagai S,Pila S,Kaat A J,et al. Challenges in participant engagement and retention using mobile health apps:literature review[J]. Journal of Medical Internet Research,2022,24(4):e35120.

[8] 刘蕤,张雨萌,余佳琪. 健康素养视角下的移动医疗 App 用户体验研究[J]. 现代情报,2020,40(10):62-72,143.

[9] 王永贵,赵宏文,马双. 移动医疗 APP 如何有效促进线下健康管理活动?[J]. 外国经济与管理,2018,40(2):138-152.

[10] Lee E,Han S M. Determinants of adoption of mobile health services[J]. Online Information Review,2015,39(4):556-573.

[11] Zhao Y,Ni Q,Zhou R X. What factors influence the mobile health service adoption? A meta-analysis and the moderating role of age[J]. International Journal of Information Management,2018,43:342-350.

[12] 范晓妞,艾时钟. 在线医疗社区参与双方行为对知识交换效果影响的实证研究[J]. 情报杂志,2016,35(7):173-178.

[13] Balapour A,Reychav I,Sabherwal R,et al. Mobile technology identity and self-efficacy:implications for the adoption of clinically supported mobile health apps[J]. International Journal of Information Management,2019,49:58-68.

[14] 张敏,罗梅芬,张艳. 国内外移动医疗用户采纳行为的系统综述:知识基础、影响因素与前沿展望[J]. 现代情报,2018,38(8):154-162.

[15] 袁静,郭玲玉. 在线健康社区用户非持续使用行为影响因素分析[J]. 现代情报,2022,42(2):81-93.

[16] 朱云琴,陈渝. 双路径视角下在线健康社区用户健康信息搜寻行为影响因素研究[J]. 图书馆杂志,2022,41(10):83-96.

[17] 魏华,高劲松,代芳. 虚拟健康社区社会支持对用户知识分享意愿的影响:一个有调节的链式中介模型[J]. 情报科学,2021,39(12):146-154,173.

[18] 吴江,李姗姗. 在线健康社区用户信息服务使用意愿研究[J]. 情报科学,2017,35(4):119-125.

[19] Chen Y,Yang L L,Zhang M,et al. Central or peripheral? Cognition elaboration cues' effect on users' continuance intention of mobile health applications in the developing markets[J]. International Journal of Medical Informatics,2018,116:33-45.

[20] 王若佳,张璐,王继民. 基于扎根理论的在线问诊用户满意度影响因素研究[J]. 情报理论与实践,2019,42(10):117-123.

[21] 晏梦灵,张佳源. 医生的信息-情感交互模式对移动问诊服务满意度的影响:基于"激励-保健"理论的分析[J]. 中国管理科学,2019,27(9):108-118.

[22] Venkatesh V,Morris M G,Davis G B,et al. User acceptance of information technology:toward a unified view[J]. MIS

Quarterly，2003，27（3）：425-478.

[23] Teo T. Factors influencing teachers' intention to use technology：model development and test[J]. Computers & Education，2011，57（4）：2432-2440.

[24] Saga V L，Zmud R W. The Nature and Determinants of IT Acceptance，Routinization and Infusion[M]. Pittsburgh：Software Engineering Institute，Carnegie Mellon University，1994，67-86.

[25] Mathur A. Examining trying as a mediator and control as a moderator of intention-behavior relationship[J]. Psychology and Marketing，1998，15（3）：241-259.

[26] Veiga J F，Keupp M M，Floyd S W，et al. The longitudinal impact of enterprise system users' pre-adoption expectations and organizational support on post-adoption proficient usage[J]. European Journal of Information Systems，2014，23（6）：691-707.

[27] Mehrabian A，Russell J A. An Approach to Environmental Psychology[M]. Cambridge：MIT Press，1974.

[28] 金晓玲，田一伟. 共享经济下消费者信任和不信任的形成机制：基于结构方程模型和模糊集定性比较方法[J]. 技术经济，2019，38（8）：99-107.

[29] Jiang Z H，Chan J，Tan B，et al. Effects of interactivity on website involvement and purchase intention[J]. Journal of the Association for Information Systems，2010，11（1）：34-59.

[30] Lee S，Ha S J，Widdows R. Consumer responses to high-technology products：product attributes，cognition，and emotions[J]. Journal of Business Research，2011，64（11）：1195-1200.

[31] Meyer C，Schwager A. Understanding customer experience[J]. Harvard Business Review，2007，85（2）：116-126，157.

[32] Tynan C，McKechnie S. Experience marketing：a review and reassessment[J]. Journal of Marketing Management，2009，25（5/6）：501-517.

[33] Rose S，Clark M，Samouel P，et al. Online Customer Experience in e-Retailing：an empirical model of Antecedents and Outcomes[J]. Journal of Retailing，2012，88（2）：308-322.

[34] Csikszentmihalyi M. Finding Flow：the Psychology of Engagement with Everyday Life[M]. New York：BasicBooks，1997.

[35] 张海，袁顺波，段荟. 基于 S-O-R 理论的移动政务 APP 用户使用意愿影响因素研究[J]. 情报科学，2019，37（6）：126-132.

[36] Warshaw P R，Davis F D. Self-understanding and the accuracy of behavioral expectations[J]. Personality and Social Psychology Bulletin，1984，10（1）：111-118.

[37] Chow M，Herold D K，Choo T M，et al. Extending the technology acceptance model to explore the intention to use Second Life for enhancing healthcare education[J]. Computers & Education，2012，59（4）：1136-1144.

[38] Gu J C，Lee S C，Suh Y H. Determinants of behavioral intention to mobile banking[J]. Expert Systems with Applications，2009，36（9）：11605-11616.

[39] Li X X，Po-An Hsieh J J，Rai A. Motivational differences across post-acceptance information system usage behaviors：an investigation in the business intelligence systems context[J]. Information Systems Research，2013，24（3）：659-682.

[40] Hsieh J J，Zmud R W. Understanding post-adoptive usage behaviors：a two-dimensional view[R]. Proceedings of the DIGIT Workshop Milwaukee，Paper 3，2006.

[41] 罗裕梅，孟椤琰，张一. 企业信息系统创新性使用行为的影响研究：基于社会影响理论及个人创新特质[J]. 科技管理研究，2019，39（10）：177-184.

[42] 杨海娟. 企业信息系统深层次使用行为分析及其促成机制构建[J]. 现代情报，2017，37（4）：40-47.

[43] Hoehle H，Venkatesh V. Mobile application usability：conceptualization and instrument development[J]. MIS Quarterly，2015，39（2）：435-472.

[44] Davis F D. Perceived usefulness，perceived ease of use，and user acceptance of information technology[J]. MIS Quarterly，1989，13（3）：319-340.

[45] Palmer J W. Web site usability，design，and performance metrics[J]. Information Systems Research，2002，13（2）：151-167.

[46] 张海，袁顺波，段荟. 基于 S-O-R 理论的移动政务 APP 用户使用意愿影响因素研究[J]. 情报科学，2019，37（6）：126-132.

[47] Novak T P，Hoffman D L，Yung Y F. Measuring the customer experience in online environments：a structural modeling

approach[J]. Marketing Science，2000，19（1）：22-42.

[48] 陈国平. 顾客服务购买决策规则与模型构建[J]. 武汉大学学报（哲学社会科学版），2008，61（3）：427-431.

[49] 洪红，徐迪. 移动社交应用的持续使用意愿影响因素研究：探讨网络外部性和羊群行为的共同作用[J]. 经济管理，2015，37（5）：40-50.

[50] 李小青. 基于用户心理研究的用户体验设计[J]. 情报科学，2010，28（5）：763-767.

[51] Doleck T，Bazelais P，Lemay D J. The role of behavioral expectation in technology acceptance：a CEGEP case study[J]. Journal of Computing in Higher Education，2018，30（3）：407-425.

[52] 杨梓，刘冰，吴菲菲，等. 基于用户体验的创新研究：以中国知网新旧版功能比较为例[J]. 情报杂志，2014，33（3）：202-207.

[53] 曲霏，侯治平，张慧颖. 关系型虚拟社区用户体验与持续使用行为研究：特殊信任的调节作用[J]. 图书馆，2019（11）：71-78.

[54] Agarwal R，Karahanna E. Time flies when you're having fun：cognitive absorption and beliefs about information technology usage[J]. MIS Quarterly，2000，24（4）：665.

[55] Venkatesh V，Brown S A，Maruping L M，et al. Predicting different conceptualizations of system use：the competing roles of behavioral intention，facilitating conditions，and behavioral expectation[J]. MIS Quarterly，2008，32（3）：483.

[56] Ahuja M K，Thatcher J B. Moving beyond intentions and toward the theory of trying：effects of work environment and gender on post-adoption information technology use[J]. MIS Quarterly，2005，29（3）：427.

[57] Chen C D，Zhao Q，Wang J L. How livestreaming increases product sales：role of trust transfer and elaboration likelihood model[J]. Behaviour & Information Technology，2022，41（3）：558-573.

[58] Zhao Q，Chen C D，Zhou Z Y，et al. Factors influencing consumers' intentions to switch to live commerce from push-pull-mooring perspective[J]. Journal of Global Information Management，2023，31（1）：1-30.

[59] Zhou Z Y，Pan T T，Zhao Q，et al. Factors influencing seniors' switching to m-government services：a mixed-methods study through the lens of push-pull-mooring framework[J]. Information & Management，2024，61（3）：103928.

Factors Influencing Mobile Health App User Experience and Its Role on User Behavior

ZHOU Zhongyun[1]，YANG Yanli[1]，XIANG Yujing[1]，ZHAO Qun[2]

（1.School of Economics and Management，Tongji University，Shanghai 200092，China；

2. College of Science &Technology，Ningbo University，Ningbo 315300，China）

Abstract   Based on the perspective of user experience, this study leverages the Stimulus-Organism-Response framework to systematically construct a research model and examine the factors influencing mobile hcalth App users' usage experience and usage behaviors. A survey is used to collect data and we use the structural equation modeling to conduct empirical analysis. The findings reveal that App utility has a significant positive impact on both users' cognitive and affective experience. This study also confirms that user cognitive and affective experiences are important mediating variables which further significantly enhance user's behavioral expectation and innovative use. We hope that our findings not only enrich the relevant literature of mobile health App usage behavior, but also provide practical suggestions for the mobile healthcare industry to improve user experience and encourage their extended use of mobile health apps.

Key words   App usability，User experience，Behavioral expectation，Innovative use，Moderating effect

作者简介

周中允（1984—），男，同济大学经济与管理学院副教授、博士生导师，研究方向为移动医疗、元宇宙与人工智能等。E-mail：philzhou@tongji.edu.cn。

杨艳丽（1986—），女，同济大学经济与管理学院硕士研究生，研究方向为移动医疗、用户行为等。E-mail：yangyanli_sh@163.com。

向宇婧（1998—），女，同济大学经济与管理学院硕士研究生，研究方向为移动医疗、移动政务等。E-mail：jassex1998@163.com。

赵群（1981—），女，宁波大学科学技术学院教授、硕士生导师，研究方向为数字经济、网络消费者行为等。E-mail：zhaoqun@nbu.edu.cn。

在线健康知识社区中医生付费健康知识贡献动机研究：基于推-拉-锚定模型*

刘璇　王凯

（华东理工大学商学院，上海　200237）

摘　要　在线健康知识社区中医生的知识创作对付费健康知识的发展至关重要。本文采用问卷调研方式，以推-拉-锚定模型为基础，探究医生付费健康知识贡献的影响机理。结果显示，学习收益与物质收益能增强医生付费健康知识贡献意愿，而时间成本则会削弱这一意愿。医生对免费健康知识贡献的不满意度能抑制时间成本对付费健康知识贡献意愿的负面影响。此外，医生的工作经验和付费健康知识贡献经历也会影响其付费健康知识贡献意愿。本文揭示了在线健康知识社区医生付费健康知识贡献的影响机制，对社区提升医生付费健康知识贡献意愿、丰富社区的付费健康知识内容具有一定的实践意义。

关键词　在线健康社区，推-拉-锚定模型，付费健康知识，贡献意愿

中图分类号　C931.2

1　引言

随着互联网＋医疗的发展，在线健康咨询平台（如好大夫在线、春雨医生、丁香医生等）呈现蓬勃发展的趋势。根据第 51 次《中国互联网络发展状况统计报告》，截至 2022 年 12 月，我国在线医疗用户规模已达 3.63 亿，占网民整体的 34.0%[1]，在线医疗健康服务行业以在线健康咨询平台为载体正不断发展。在线健康咨询平台除了提供在线咨询和诊疗服务，还兼具健康知识分享的功能。为克服因距离和时间产生的诸多不便，通过在线健康知识社区获取医疗保健信息成为用户满足自身健康信息需求的方法之一；而医生可以在健康知识社区内分享和传播医疗健康知识，为用户带来更加可靠有保障的信息，通过开展线上工作，如创作有关医疗和健康的科普文章，医生可获取相关收益并提升自己的影响力和威望。

早期的在线健康知识社区提供的大多是免费知识。然而，免费的健康科普作品内容趋同倾向严重，这严重影响了用户的知识搜索效率和用户体验。因此，近年来各大平台开始将健康知识内容的生产任务交由专业人士，以生产更细粒度的、差异化水平更高的医学内容；健康知识内容开始由免费共享转向知识付费，通过有偿付费的模式对医学知识生产者医生予以激励。在线健康社区有效的付费健康知识内容输出有助于平台聚拢专业医生、沉淀优质健康医疗内容、促进健康医疗知识分层消费、推动平台的可持

---

* 基金项目：国家自然科学基金面上项目"互联网环境下促进分级诊疗的机理、模式与方法研究"（71971082）、"社会化媒体环境下电子健康知识挖掘研究"（71471064），上海市"科技创新行动计划"软科学研究项目"在线医疗社区中医生付费知识活动参与机理及影响研究"（22692110200）、"在线健康咨询平台上虚拟医生团队组织创新模式研究"（19692106700）。

通信作者：刘璇，华东理工大学商学院副教授，E-mail：xuanliu@ecust.edu.cn。

续发展。艾瑞咨询统计，消费者端的互联网医学垂直内容的收入占比已经超过企业端[2]，超七成用户每年花费 301～1200 元用于在线医疗健康服务（包括健康知识科普和在线咨询）[3]。根据亿欧智库研究报告的预测，2021～2025 年互联网付费医疗内容行业的市场规模增速将保持在 20%左右，将在 2025 年扩增至 627.7 亿元[4]。可见在未来，我国付费健康知识市场的用户数量将处于持续增长的状态。持续增长的用户群体也说明了付费健康知识具有颇大的市场空间，为进一步满足用户需求，在线健康平台亟待动员更多医生，丰富平台的付费健康知识内容。

对在线健康知识社区而言，如何有效激励医生参与付费健康知识贡献仍然是一个难题。根据推-拉-锚定理论，影响用户接纳新产品或服务的因素主要有两个方面：拉动因素和锚定因素[5]，即促进因素与抑制因素，这些因素也会直接影响医生的付费健康知识贡献行为。因此，深入探讨医生付费健康知识贡献过程中的拉动因素和锚定因素，对在线健康知识社区推动付费健康知识的繁荣发展具有重要的指导意义。另外，免费的健康知识贡献模式早于付费的健康知识贡献模式，且已被平台和用户广泛应用与使用，医生的健康知识贡献行为也不可避免地会影响付费健康知识贡献意愿及行为[6]，因此，已有的免费健康知识贡献模式对医生贡献付费健康知识过程产生的影响有待进一步探究。基于此，本文提出并主要解决以下两个研究问题：①在线健康知识社区中促进和限制医生参与付费健康知识贡献的因素主要是什么？②医生对免费健康知识贡献的态度对付费健康知识贡献过程产生什么影响？在付费健康知识贡献模式之外，免费健康知识贡献模式已在各类在线健康社区中广泛普及，当付费健康知识贡献模式出现在在线健康知识社区之后，就会存在医生由免费健康知识贡献向付费健康知识贡献的转移行为。综上，推-拉-锚定模型在本文背景下具有较好的适用性：该模型中的三个主要因素分别与医生转向付费健康知识贡献过程中的外部影响因素、内部的促进因素和抑制因素相契合。因此，本文基于推-拉-锚定模型对医生付费健康知识贡献意愿的影响因素进行深入研究，以期能为平台提高医生的付费健康知识贡献意愿提供全面参考，进而能有效助推在线健康知识社区付费健康知识的长远发展。

2　文献综述

本文研究的主要内容为在线健康知识社区中医生的付费健康知识贡献动机，因此，本文分别讨论并梳理了现有非健康知识社区与在线健康知识社区知识贡献行为的相关研究，并对两社区的特性进行了差异性对比，为后续研究提供参考和借鉴。

在非健康社区知识贡献的研究方面，学者主要基于计划行为理论[7-9]、自我决定理论[10-12]、社会资本理论[13-16]等理论视角展开探索，着重探讨了促进社区内用户知识贡献意愿、知识贡献行为的影响因素以及知识付费机制对免费知识贡献溢出效应的影响。感知激励（或获益、收益）[8,10,17]、声誉（或地位）[9,18]、感知知识增长[19]等前因对非健康知识社区的知识贡献行为具有积极的影响；其中，感知激励亦是维持社区用户持续知识贡献行为的重要驱动力和保证知识质量的关键因素。由于社区成员之间可以互相沟通交流，成员之间的共享愿景和共享语言有助于社区的知识贡献[14]，但是该结果在戒烟社区内并不适用[16]。也有研究发现用户对社区管理的满意度在提高开源软件社区贡献者的积极性方面起着至关重要的作用[20]。除了积极影响因素，用户收获到来自其他用户的负向反馈会对其贡献行为产生负向影响，具体而言，与收到正向反馈的贡献者相比，收到负向反馈的贡献者发布的文章数量会显著减少[21]。

与在线健康知识社区知识贡献相关的研究中，过往的研究多集中在医生的免费健康知识贡献，而医生的付费健康知识贡献则较少涉及。在医生免费健康知识贡献的研究中，学者多从健康行动过程取向理论[22]、社会资本理论[23]、动机理论[24,25]、刺激-反应框架[26]、心理契约理论[27]等理论视角探究医生知识贡献行为的影响因素。内外在因素构成了影响医生免费健康知识贡献的主要因素。其中，同理心、利他主义[24]、身份认同[23]等内在因素对医生的知识贡献起促进作用；医生的声誉、互惠[24]、专业动机、物质动机[25]等外在因素也会对其知识贡献行为产生积极的影响。此外，患者行为（咨询和就诊）也是影响医生免费健康知识贡献的重要因素[26]。当医生在健康知识社区中只在意自身利益并将知识贡献视为一种交易，这种交易的心理契约会对其贡献行为产生负向的影响[27]。在医生付费健康知识贡献的研究中，动机理论视角下，医生的外在动机、内在动机和职业动机在促进医生分享付费健康知识方面起着重要作用[28]。有学者引入信号理论，发现医生付费和免费健康知识贡献均有利于患者行为（咨询和参与）[29]。

在线健康知识社区（如好大夫在线、春雨医生等）与非健康知识社区（如知乎、经管之家、CSDN等）也存在以下差异：①知识类型差异，在线健康知识社区中的知识以医疗、各类疾病和药物等医学知识为主[5]；非健康知识社区则集中于日常生活知识、热点知识以及其他各领域内的相关知识[6]，用以帮助用户解决生活和实践问题[30]。②从知识贡献者的角度来看，在线健康知识社区的医生是经过认证的，具备专业的医学知识和经验，这些医生能为社区提供高质量的医学知识[30]。相比之下，非健康知识社区的注册用户，无论是否具有专业背景，都能搜索、浏览和贡献知识[31]，这种开放式的知识贡献模式使得社区中的知识内容更加丰富多样，但也会影响知识的准确性和专业性[32]。③从知识使用者的角度来看，在线健康知识社区的主要服务对象是患者[5]。这些患者可能缺乏医学背景和专业知识，较难理解专业的医学词汇和术语，从而导致医患之间知识壁垒的存在；非健康知识社区的知识使用者为普通网民，他们并不一定面临特定的健康问题或医学知识的需求，更多关注于获取一般性的信息、娱乐内容、社交互动或分享个人经历[6]。因此，当医生在在线健康知识社区中贡献付费健康知识时，他们需要付出时间和精力去构思和创作通俗易懂的知识，以帮助患者更好地理解和应用健康知识。

通过文献梳理可以发现：

（1）对比在线健康知识社区与非健康知识社区的特性，我们发现，以专业医学知识贡献为主的医生在传播知识的同时，能够进一步巩固自身的医学基础。由于医生在社区内需要经过认证，因此其表现直接关系到个人声誉。此外，医患之间存在的知识壁垒也使得时间成为影响医生知识贡献行为的重要因素。

（2）过往对于知识贡献的研究主要集中在非健康知识社区和在线健康知识社区免费健康知识贡献行为，非健康知识社区中的研究主要是探究内外在激励等因素对知识贡献行为的影响，与一般的非健康知识社区不同，在线健康知识社区的知识贡献过程不仅能加强医生对医学知识的理解，还会涉及对过去临床实践的回顾与思考，为医生带来专业能力的提升。因此，对医生在健康知识社区学习收益（知识增长、临床实践回顾和专业提升等）的考量也具有重要研究价值。医生职业的特殊性对医生的道德准则提出了更高的要求，过往在线健康社区中的相关研究从动机视角探究了医生免费健康知识贡献的影响因素。但是在健康知识社区的付费健康知识贡献场景下，医生充当了卖家的角色，粉丝和患者可能会因此给予医生负面评价，医生所获反馈不仅与医生线上工作相关，还会直接影响到医生的线下工作，所以当医生贡献付费健康知识时是否会存在心理的损失厌恶值得进一步探究。

（3）现有医生付费健康知识贡献行为的研究也只考虑内外在动机的影响，但是由于免费健康知识相较于付费健康知识更早地被广泛传播和使用，所以医生对免费健康知识贡献的态度也会对付费健康知识贡献过程产生影响，现有研究则较少关注该因素的影响，综合考虑医生的学习收益、声誉收益、物质收益、损失厌恶、时间成本以及医生对免费健康知识贡献的态度具有重要价值。

（4）此外，由于医生之间的工作经验和贡献经历存在差异，他们对付费健康知识贡献的接受程度也会表现出个体差异性，从而表现出不同的贡献行为，因此，为了提升研究的综合性和准确性，探究付费健康知识贡献动机是否存在群体异质性具有重要意义。

3　理论基础与研究假设

本文在推-拉-锚定模型基础上展开研究，该模型使用三种因素，即推动因素、拉动因素和锚定因素[33]。在本文背景下，模型中的推动因素可以理解为用户放弃使用原来的产品或服务的原因，通常是原始服务或功能的负面因素导致用户离开，拉动因素则是指新的产品或服务能够吸引用户的积极因素，锚定因素是指用户没有转移至新产品或服务，仍然使用原始产品或服务的原因，如个人习惯、对新产品或服务的担忧、主观规范等因素。推-拉-锚定模型曾被用来研究用户转移意愿和用户参与意愿，如提问者从免费问答转移到付费问答[33]、社交网络服务用户转移行为[34]、消费者转向移动购物的研究[35]、大学生群体阅读疗愈的参与意愿[36]。

在本文中，推-拉-锚定模型的三种主要因素中，拉动因素包括学习收益、物质收益和声誉收益；锚定因素包括损失厌恶和时间成本；推动因素表现为医生对免费健康知识贡献的不满意度。

3.1　拉动因素

3.1.1　学习收益

学习收益是指通过学习行为所获得的全部利益的总和，在本文背景下，它不仅仅指医生的知识得到增长，而且指医生在参与付费健康知识贡献过程中通过学习所获的全部收益，如通过贡献付费健康知识，回顾过去的临床实践，医生对过往的医学知识有进一步的理解，专业知识能得到进一步提升，治疗经验也能有所累积，这样的收益通常对医生专业技能的提升和科研工作的进行有益。孙悦[37]研究发现在线健康社区的实用性功能是促使医生贡献知识的重要动机，如帮助医生的专业能力得到提升，从而驱动医生贡献更多知识。Papadopoulos 等[13]认为当使用新产品或服务能有助于提升工作绩效和工作效率时，用户的知识贡献行为也会得到促进。基于此，本文认为医生感知的学习收益越高，其付费健康知识贡献意愿越强。因此，本文提出如下假设。

H1：学习收益会正向影响医生的付费健康知识贡献意愿。

3.1.2　物质收益

物质收益也即经济收益，在本文可被视为医生通过贡献付费健康知识从平台所获得的金钱或者薪酬。这样的物质收益通常有两大来源：付费文章的报酬和用户的额外打赏或虚拟礼物。Yang 等[28]认为金钱激励作为对医生时间和努力的可见补偿和直接补偿，可以对医生分享付费信息产生直接影响，并可以激励他们为社区做出更多贡献。当医生获得的物质收益能充分补偿其付出的时间和精力时，医生的贡献行为更有可能发生。基于此，本文认为医生的物质收益越高，其付费健康知识贡献意愿越强。因此，本文提出如下假设。

H2：物质收益会正向影响医生的付费健康知识贡献意愿。

3.1.3　声誉收益

知识社区中的声誉收益可解释为知识贡献者通过贡献付费的专业知识，使自我形象得到提升，并获得知识社区内其他人的尊重与认可[38]。在本文的研究背景下，医生在个人的科普号中通过分享付费健康知识，获得在线健康知识社区内其他患者和用户的认同与尊重，甚至能够获取平台官方的支持，这种来自他人的赞同与支持从而转化为医生在平台内的声誉收益。医生在平台内的声誉也反映了医生的地位和威望，而患者也会更加青睐于这类医生。医生的网上声誉收益可以帮助他们吸引更多的患者[39]，这些患者的增加意味着医生可以扩大其所撰写的健康知识文章的读者群体，为了维持原来收益甚至获取更多的声誉收益，医生们会将注意力转移到患者满意度上，增加更多的自我奉献[28]。基于此，本文认为医生的声誉收益越高，其付费健康知识贡献意愿越强。因此，本文提出如下假设。

H3：声誉收益会正向影响医生的付费健康知识贡献意愿。

3.2 锚定因素

3.2.1 损失厌恶

损失厌恶是人类决策过程中观察到的一种心理学原理，这意味着在做决定时，潜在的（即使很小的）损失可能被认为比潜在的收益要大，那些强烈倾向于避免潜在损失的个人会倾向于维持现状[40]。齐云飞等[41]通过对免费和付费问答社区用户参与行为的比较，发现免费回答者的评价数量和所获感激数量均高于付费回答者，免费回答也能帮助用户获得大量成员关注。当医生选择付费健康知识贡献时，可能会引起那些偏爱免费健康知识科普文章的用户的不适与不满情绪，进而也可能会导致医生粉丝数量的下降，从而影响付费文章的购买量以及免费文章的阅读量。因此，贡献付费健康知识的医生将不得不考虑可能面临的粉丝数量、点赞数量、阅读数量的下降。在某种程度上，尤其是粉丝数量，对医生来说是一种重要资产，当其损失严重，可能会在很大程度上影响医生的付费健康知识贡献行为。基于此，本文认为损失厌恶越高，医生的付费健康知识贡献意愿越低。因此，本文提出如下假设。

H4：损失厌恶会负向影响医生的付费健康知识贡献意愿。

3.2.2 时间成本

在本文背景下，付费健康知识创作过程包括付费文章主题的选择、行文的构思以及文章的在线编辑等过程，因此，医生贡献付费健康知识的过程是需要花费大量时间和精力的。有研究表明，当知识贡献需要大量时间时，个体的共享倾向将会被抑制[42]。基于此，本文认为医生贡献付费健康知识所需时间越多，医生的贡献意愿便会越低。因此，本文提出如下假设。

H5：时间成本会负向影响医生的付费健康知识贡献意愿。

3.3 医生对免费健康知识贡献的不满意度

在推-拉-锚定模型中，不满意度通常作为用户放弃使用原来产品或服务的原因，即原始产品或服务的缺陷和不足常常会引发用户的不满情绪。对于影响医生付费健康知识贡献意愿的探索，前文所述的拉动因素和锚定因素主要从付费健康知识贡献这一模式出发，去探索和挖掘该付费健康知识贡献模式所带来的内部影响因素，而免费健康知识贡献的广泛普及也会成为影响医生的付费健康知识贡献意愿的一个外部因素。有研究表明，原系统没有达到用户预期时，会造成用户不满，进而对用户转向新系统意愿有提升的作用[43]。在本文背景下，医生在免费健康知识贡献过程中，对所获收益与成本不平衡而产生的不满心理（如医生投入大量时间和精力，却收获不到理想的学习收益或平台的奖励等），会推动医生转向付费健康知识贡献活动，因此，本文将这会对医生付费健康知识贡献行为产生影响，并使医生行为发生转移的外部因素作为调节变量，探索医生对免费健康知识贡献的不满意度（后文中简称为"不满意度"）对拉动因素和锚定因素的调节作用。有研究发现，满意度调节了观众观看比赛时感知价值与未来行为意愿之间的关系，满意度与感知价值的组合是管理者获得观众未来积极行为意向的关键因素[44]。无论满意度还是不满意度，都是用户的一种心理感受过程[45]，在贡献付费健康知识过程中，学习收益、物质收益和声誉收益也是医生参与贡献知识过程中的价值感知，当医生对免费健康知识贡献持不满或消极的态度，通过贡献付费健康知识所获收益对医生付费健康知识贡献意愿的促进作用会更明显。因此，本文提出如下假设。

　　H6：对免费健康知识贡献的不满意度会正向调节学习收益与付费健康知识贡献意愿之间的关系。

　　H7：对免费健康知识贡献的不满意度会正向调节物质收益与付费健康知识贡献意愿之间的关系。

　　H8：对免费健康知识贡献的不满意度会正向调节声誉收益与付费健康知识贡献意愿之间的关系。

　　与此同时，当医生对贡献免费健康知识持不满或消极态度，即使医生在一定程度上会因为自身时间成本以及损失厌恶心理等限制因素而不选择贡献付费健康知识，由于对现存免费健康知识贡献不满的推动作用，时间成本和损失厌恶对医生付费健康知识贡献意愿的负向影响也会变小。因此，本文提出如下假设。

　　H9：对免费健康知识贡献的不满意度会负向调节损失厌恶与付费健康知识贡献意愿之间的关系。

　　H10：对免费健康知识贡献的不满意度会负向调节时间成本与付费健康知识贡献意愿之间的关系。

　　最后，本文结合前人的研究，将可能影响结果的性别、年龄、职称、在线健康知识社区登录频次等作为控制变量。本文的模型图如图 1 所示。

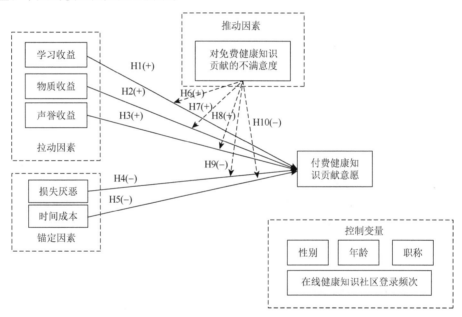

图 1　医生付费健康知识贡献意愿研究模型

4　实证研究

4.1　问卷调研

　　本文通过问卷调查的方式收集数据，为确保问卷由真实医生填写，设计者通过拜访上海本地医院医务人员，获取其支持，再通过医院内部员工转发至医院内部医生群体的微信群中，限制每位受访者只能作答一次，共收集到问卷 164 份，通过设置作答时长和反向题项等条件剔除无效问卷 13 份，得到有效问卷共 151 份，问卷的有效率达到 92.07%，受访者的描述性信息如表 1 所示。其中，男女比例较为均衡，年龄也多分布在 31～50 岁，符合医疗卫生行业人员的整体特征。同时，也有接近半数的医生能够至少每月使用在线健康知识社区，表明有较多医生对在线健康知识社区有一定的了解，这也更加有利于本文进一步地分析与讨论。

表1　参与调查者的基本信息

分类		样本量/人	比例	总计
性别	男	70	46.36%	151
	女	81	53.64%	
年龄	30 岁及以下	15	9.93%	151
	31～40 岁	76	50.33%	
	41～50 岁	47	31.13%	
	51～60 岁	13	8.61%	
职称	初级	37	24.50%	151
	中级	60	39.74%	
	副高级	36	23.84%	
	正高级	18	11.92%	
工作经验	低于 2 年	6	3.97%	151
	2～5 年	32	21.19%	
	6～9 年	26	17.22%	
	10～13 年	29	19.21%	
	13 年以上	58	38.41%	
在线健康知识社区登录频次	每天	13	8.61%	151
	每周	34	22.52%	
	每月	25	16.56%	
	每季度	10	6.62%	
	半年	10	6.62%	
	一年	10	6.62%	
	几乎不登录	49	32.45%	
付费健康知识贡献经历	从来没有	96	63.58%	151
	贡献过一次	14	9.27%	
	贡献过两次及以上	41	27.15%	

4.2　问卷设计与数据处理

本文使用了从"完全不同意"到"完全同意"的利克特（Likert）七级量表。为了确保问卷的科学性与严谨性，本文所涉及的问卷题项均来自前人研究中的测量量表，并与相关专家进行探讨，反复修改，使改编的题项适用于本文的研究背景。该问卷包括学习收益、物质收益、声誉收益、损失厌恶、时间成本、不满意度、付费健康知识贡献意愿（后文中简称"贡献意愿"）等 7 个潜变量。量表题项与对应来源如表 2 所示。

表 2　量表来源

潜变量	题项	来源
学习收益	1. 我认为在在线健康知识社区贡献付费健康知识对我的工作和学习有用 2. 我认为在在线健康知识社区贡献付费健康知识有助于提升我的专业技能 3. 我认为在在线健康知识社区贡献付费健康知识有助于积累病例和辅助科研	孙悦[37]
物质收益	1. 我关心在线健康知识社区中的经济回报 2. 我非常清楚我分享付费健康知识可能带来的收入提升 3. 如果我参与分享付费健康知识，我完全清楚自己的收益目标	Li 和 Cheng[40]
声誉收益	1. 我觉得能通过贡献付费健康知识赢得他人的尊重 2. 我觉得能通过贡献付费健康知识提高我在社区中的地位 3. 我觉得能通过贡献付费健康知识提高我在本专业领域的声誉	Chang 和 Chuang[38]
损失厌恶	1. 在贡献付费健康知识时，我担心用户评价数量会减少 2. 在贡献付费健康知识时，我担心我粉丝数量会减少 3. 在贡献付费健康知识时，我担心用户对我的感谢会减少	Li 和 Cheng[40]； 齐云飞等[41]
时间成本	1. 我似乎难以挤出时间在在线健康知识社区贡献付费健康知识 2. 我担心贡献付费健康知识需要花费额外的时间 3. 我花了太多时间在在线健康知识社区贡献付费健康知识	Yan 等[42]； Kankanhalli 等[46]
不满意度	1. 免费健康知识贡献不能充分满足我的患者的健康和医疗需求 2. 我对从免费健康知识贡献中获得的流量/心理/名誉等收益不是很满意 3. 我从免费健康知识贡献中所获上述收益与付出的时间等成本不匹配	赵宇翔等[33]
贡献意愿	1. 我会考虑尝试贡献付费健康知识 2. 我未来转向贡献付费健康知识的可能性很大 3. 未来，我会（持续）贡献付费健康知识	易明等[47]

本文利用 SPSS 26.0 软件对问卷数据进行可靠性分析，由表 3 结果可知，各潜变量的 Cronbach's α 值均大于 0.800，说明各变量均具有较高的可信度。标准化的因子载荷量大部分都大于 0.800，AVE 大部分都大于 0.800，CR 均大于 0.800，表明该样本数据具有良好的收敛效度。表 4 为各潜变量之间的相关性系数，其中对角线上的数字为潜变量 AVE 的算术平方根，非对角线上的数字为各潜变量之间的相关系数，显然，AVE 的算术平方根均大于潜变量之间的相关系数，表明本文的测量模型具有良好的判别效度。以上分析结果表明，测量量表的信度和效度均符合研究要求。

表 3　信度和效度检验结果

构念	因子载荷	AVE	CR	Cronbach's α
学习收益	0.919	0.8852	0.9585	0.959
	0.962			
	0.941			
物质收益	0.864	0.8245	0.9335	0.930
	0.984			
	0.871			

续表

构念	因子载荷	AVE	CR	Cronbach's α
声誉收益	0.924	0.9003	0.9644	0.944
	0.966			
	0.956			
损失厌恶	0.943	0.9205	0.972	0.895
	0.968			
	0.967			
时间成本	0.890	0.8705	0.9527	0.952
	0.976			
	0.931			
不满意度	0.791	0.748	0.8987	0.898
	0.906			
	0.893			
贡献意愿	0.917	0.8733	0.9538	0.953
	0.958			
	0.928			

表 4   判别效度

变量	学习收益	物质收益	声誉收益	损失厌恶	时间成本	不满意度	贡献意愿
学习收益	0.948						
物质收益	0.473	0.908					
声誉收益	0.744	0.585	0.949				
损失厌恶	0.060	0.286	0.170	0.959			
时间成本	−0.026	−0.033	−0.080	0.356	0.933		
不满意度	0.242	0.468	0.283	0.436	0.117	0.865	
贡献意愿	0.514	0.584	0.474	0.137	−0.244	0.522	0.935

5 研究结果

5.1 回归分析

本文选用 SPSS 26.0 软件，采用分层回归的方式分别检验了拉动因素、锚定因素对贡献意愿的主效应以及推动因素的影响，即不满意度的调节效应。具体结果见表 5。

表 5   回归分析

变量	模型 1	模型 2	模型 3	模型 4	模型 5	模型 6	模型 7	模型 8	模型 9	模型 10
性别	−0.192*	−0.112+	−0.159*	−0.092	−0.092	−0.094	−0.093	−0.085	−0.057	−0.054
年龄	−0.137	−0.074	−0.220*	−0.143+	−0.145+	−0.162+	−0.140	−0.148+	−0.098	−0.124
职称	0.108	0.141	0.190+	0.207*	0.209*	0.221*	0.205*	0.213*	0.188*	0.208*

续表

变量	模型 1	模型 2	模型 3	模型 4	模型 5	模型 6	模型 7	模型 8	模型 9	模型 10
在线健康知识社区登录频次	0.071	0.069	0.096	0.084	0.085	0.088	0.082	0.080	0.088	0.091
不满意度	0.450***	0.265***	0.455***	0.293***	0.292***	0.290***	0.293***	0.346***	0.351***	0.368***
学习收益		0.242**		0.273**	0.273**	0.279**	0.276**	0.261**	0.257**	0.268**
物质收益		0.316***		0.302***	0.305***	0.317***	0.298***	0.312***	0.275**	0.297
声誉收益		0.000		−0.054	−0.057	−0.066	−0.052	−0.068	−0.022	−0.042
损失厌恶			0.093	0.055	0.055	0.066	0.056	0.041	0.014	0.026
时间成本			−0.333***	−0.294***	−0.294***	−0.304***	−0.294***	−0.317***	−0.308***	−0.336***
不满意度×学习收益					0.009					0.030
不满意度×物质收益						0.066				0.122
不满意度×声誉收益							−0.016			−0.028
不满意度×损失厌恶								0.129*		0.037
不满意度×时间成本									0.179**	0.199**
R^2	0.286	0.466	0.379	0.538	0.538	0.542	0.538	0.552	0.565	0.579
调整后 R^2	0.262	0.436	0.348	0.505	0.502	0.506	0.502	0.516	0.531	0.533
R^2 变化量	0.286	0.180	−0.087	0.159	0.000	0.004	−0.004	0.014	0.013	0.014
F 值	11.743***	15.504***	12.457***	16.310***	14.725***	14.950***	14.735***	15.542***	16.170***	12.401***

注："贡献意愿"为因变量

***表示 $p < 0.001$；**表示 $p < 0.01$；*表示 $p < 0.05$； + 表示 $p < 0.1$

　　本文将相关的人口学统计量，即性别、年龄、职称和在线健康知识社区登录频次作为控制变量，模型 1 加入了以上四个控制变量、对免费健康知识贡献的不满意度这一调节变量，结果显示性别在模型 1 中显著，由于男性取值为 1，女性取值为 2，因此相较于女性医生，男性医生在贡献付费健康知识方面具有更高的意愿，这可能与男医生在以患者用户为中心的语言表达方面更有优势的原因有关[48]；不满意度与贡献意愿呈显著正相关，说明医生对免费健康知识贡献的不满意度会对医生的付费健康知识贡献意愿产生正向的积极作用；此外，年龄、职称和在线健康知识社区登录频次不会对医生自身的贡献意愿产生较大影响。

　　模型 2 加入了拉动因素中的三个自变量，即学习收益、物质收益和声誉收益，结果显示，学习收益、物质收益与付费健康知识贡献意愿之间均呈显著正相关（$\beta = 0.242$，$p < 0.01$；$\beta = 0.316$，$p < 0.001$），H1 和 H2 得到了验证，而声誉收益（$\beta = 0.000$，$p > 0.05$）的结果并不显著，H3 没有得到验证。学习收益（$\beta = 0.242$，$p < 0.01$）和物质收益（$\beta = 0.316$，$p < 0.001$）的结果表明付费健康知识贡献过程所带来的学习收益和经济报酬的积累会在一定程度上提高医生的付费健康知识贡献意愿。其中，物质收益对贡献意愿的影响要高于学习收益对贡献意愿的影响，这也意味着在贡献付费健康知识过程中，相较于医学知识和技能等学习收获，医生会更加在意所获得的直接经济报酬，经济收益等也是影响物质收益型医生贡献知识的主要影响因素[49]，可能的原因是医生在日常的工作中获取物质收益和学习收益的机会有所不

同，医生有其他能够获取学习收益的机会，如参加学术会议、发表文章、同医院以及不同医院之间交流经验[50]，都能为医生的知识储备和临床经验带来提升，而医生获取物质收益的机会相对较少，主要通过日常的门诊和手术来提升经济收益。因此，相较于学习收益，物质收益对医生付费健康知识贡献意愿的影响会更大。声誉收益的影响并没有得到验证，可能的原因是大部分医生不认为贡献付费健康知识会提高其声誉，进而，是否获得外部的荣誉对医生知识贡献行为不发挥作用[49]。

模型 3 加入了锚定因素中的损失厌恶与时间成本，由结果可知，H4 没有得到验证，即损失厌恶对付费健康知识贡献意愿的负向影响并没有得到支持，说明医生对付费健康知识贡献可能带来的粉丝、评论、感谢等数量减少的担忧并不是影响医生贡献意愿的主要因素。时间成本与付费健康知识贡献意愿之间呈显著负相关（$\beta = -0.333$，$p < 0.001$），H5 得到了验证，即付费健康知识贡献过程所需投入的时间越长，医生的贡献意愿也会越低，由于医生空余时间较少，临床工作可能就已经占据了医生的大部分时间，因此，付费健康知识贡献的时间成本会在很大程度上降低医生的贡献意愿。锚定因素的验证结果也表明医生在在线健康知识社区中的付费健康知识贡献意愿不受自身在平台的相关资本和反馈（粉丝数量、用户评价数量和用户感谢等）是否减少的影响，医生的线下门诊和临床工作仍然具有较高的优先性，是否有额外的时间去贡献付费健康知识是医生所要考虑的一个关键因素。

不满意度对拉动因素的影响结果中，由模型 5 可知，不满意度与学习收益的交互项并不显著，H6 没有得到支持，说明医生对免费健康知识贡献的不满意度并不能有效促进医生的学习收益和其贡献意愿之间的正向关系。从模型 6 也可以得到，不满意度与物质收益的交互项不显著，H7 没有得到验证，这表明医生的物质收益对其贡献意愿之间的正向关系并不会受到医生对免费健康知识贡献不满意度的影响。学习收益与物质收益的主效应均对医生的付费健康知识贡献意愿有显著的正向作用，而不满意度在这两种收益与贡献之间不具有调节作用，可能的解释是医生对所获学习收益和物质收益的依赖性较高，当医生从付费健康知识贡献过程所获学习收益和物质收益较低或较高时，无论医生对免费健康知识贡献的不满程度如何，都不能弱化或者增强这两种收益对其贡献意愿的影响。由于声誉收益不是医生付费健康知识贡献意愿的主要影响因素，从模型 7 可知不满意度在声誉收益与贡献意愿之间没有调节作用，H8 没有得到验证。

在不满意度对锚定因素的影响中，由模型 8 可知，损失厌恶对医生贡献意愿的影响仍未得到支持，虽然不满意度与损失厌恶的交互项显著，但是这种显著性的结果可能只是由调节变量带来的，而非来自损失厌恶的影响。因此，H9 没有得到验证。同时，从模型 9 中可以观察到不满意度与时间成本交互项的系数显著为正（$\beta = 0.179$，$p < 0.01$），由于调节变量不满意度的回归系数为正，自变量时间成本的回归系数为负，因此，不满意度对时间成本与付费健康知识贡献意愿之间的负向关系起着抑制作用，H10 成立，即不满意度负向调节时间成本与付费健康知识贡献意愿之间的关系，这表明医生在贡献付费健康知识过程中，如果医生对此前免费健康知识贡献的体验感越差，对免费文章是否能满足患者或粉丝需求的怀疑态度就越明确，将越有利于减弱时间成本对医生付费健康知识贡献意愿的负向影响。这也意味着在贡献付费健康知识过程中医生所付出的时间成本对其贡献意愿的负向影响会因医生对免费健康知识贡献不满意度的存在而被削弱。图 2 展示了不满意度对时间成本与付费健康知识贡献意愿的调节作用，低"不满意度"回归线斜率的绝对值远大于高"不满意度"回归线斜率的绝对值，这意味着在相同的时间成本下，具有高"不满意度"的医生比低"不满意度"的医生表现出更高的付费健康知识贡献意愿。由此可以证明，不满意度负向调节了时间成本与付费健康知识贡献意愿之间的关系，H10 再次得以支持。

模型 10 为全模型，该模型结果能进一步验证此前假设检验的结果，同时，该模型的 R^2 为 0.579，与其他模型相比达到了最大，说明该模型对医生的付费健康知识贡献意愿有较强的解释能力。

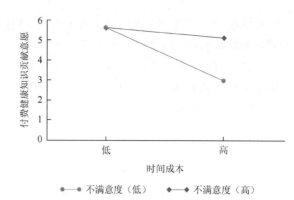

图2　不满意度对时间成本与付费健康知识贡献意愿关系的调节作用

5.2　分组分析

为了检验主模型是否具有跨群体稳定性，本文将该模型在医生的个体特征属性上（工作经验、付费健康知识贡献经历）进行了分组分析。本文将工作经验和付费健康知识贡献经历分别分为高水平组和低水平组，分别对这两对高低水平组别下各自变量的回归系数进行 Z 检验，见式（1）[51]。b_1，b_2 分别代表低水平组和高水平组下自变量的非标准化回归系数，SE_1，SE_2 分别代表自变量在低水平组和高水平组的标准误差。

$$Z = \frac{b_1 - b_2}{\sqrt{SE_1^2 + SE_2^2}} \tag{1}$$

分析结果如表6、表7所示，具体而言：

表6　工作经验分组分析结果

变量	工作经验						Z
	低工作经验			高工作经验			
	b_1	SE_1	p	b_2	SE_2	p	
学习收益	0.388	0.097	***	0.122	0.148	0.411	1.503
物质收益	0.334	0.131	*	0.317	0.079	***	0.111
声誉收益	−0.123	0.138	0.379	0.096	0.147	0.517	−1.086
损失厌恶	0.096	0.090	0.290	0.144	0.088	0.106	−0.381
时间成本	−0.038	0.084	0.655	−0.321	0.083	***	2.396

注："贡献意愿"为因变量

***表示 $p<0.001$；*表示 $p<0.05$

表7　付费健康知识贡献经历分组分析结果

变量	付费健康知识贡献经历						Z
	低经历			高经历			
	b_1	SE_1	p	b_2	SE_2	p	
学习收益	0.178	0.095	+	0.473	0.163	**	−1.563
物质收益	0.457	0.088	***	0.129	0.094	0.176	2.547
声誉收益	−0.076	0.106	0.476	0.017	0.171	0.922	0.462
损失厌恶	−0.014	0.080	0.864	0.220	0.098	*	−1.850
时间成本	−0.172	0.079	*	−0.255	0.089	**	0.697

注："贡献意愿"为因变量

***表示 $p<0.001$；**表示 $p<0.01$；*表示 $p<0.05$；+ 表示 $p<0.1$

（1）模型在工作经验和付费健康知识贡献经历这两个变量上均存在差异，进一步分析发现工作经验仅在时间成本与贡献意愿的关系中具有调节作用，付费健康知识贡献经历仅在物质收益与贡献意愿之间具有调节作用。

（2）在工作经验的分析结果中，如表 6 所示，时间成本的回归系数在低经验组和高经验组的差异较大，分别为 –0.038 和 –0.321，Z 值为 2.396，其绝对值大于 1.96，即说明两组的回归系数存在显著差异，说明工作经验的调节效应显著。因此，医生的工作经验在时间成本对贡献意愿的关系中存在调节作用，说明相较于新入职不久或者工龄较短的医生，时间成本对工龄较长医生的付费健康知识贡献意愿的抑制作用更加显著。对工作卷入度的不同和职业时间观念的差异都有可能是造成新老医生对时间成本敏感性不同的原因。

（3）在付费健康知识贡献经历的分析结果中，由表 7 中可知，物质收益与贡献意愿之间的 Z 值为 2.547，绝对值大于 1.96，说明付费健康知识贡献经历在物质收益与贡献意愿之间具有调节作用。具体表现为具有低付费健康知识贡献经历的医生其物质收益的回归系数大于高经历组下的回归系数，说明医生过往的付费健康知识贡献经历越少，物质收益对其付费健康知识贡献意愿的正向影响则越明显。可能的解释是，付费健康知识贡献新医生用户缺少相关的贡献经历，也缺少对平台中付费健康知识贡献的了解，而相比其他收益，物质收益又是最直观的收益来源，考虑到自身在贡献付费健康知识过程中需要投入的时间和精力，进而付费健康知识贡献新医生用户会建立起对物质收益较高的依赖性。

6 研究结论

6.1 研究结果

本文基于推-拉-锚定模型，在付费健康知识背景下，从付费健康知识贡献者的学习收益、物质收益、声誉收益、损失厌恶和时间成本出发，建立该五个变量对医生的付费健康知识贡献意愿的影响模型并考虑了医生对免费健康知识贡献不满意度的调节作用。研究结果表明，①拉动因素中，学习收益和物质收益都正向影响贡献意愿，其中物质收益（$\beta = 0.316$，$p < 0.001$）的影响程度要高于学习收益（$\beta = 0.242$，$p < 0.01$）的影响程度，声誉收益对贡献意愿的假设没有得到验证；在锚定因素中，损失厌恶对医生贡献意愿的影响未得到验证，医生所消耗的时间成本（$\beta = -0.333$，$p < 0.001$）会负向影响医生自身的贡献意愿。②调节作用的结果表明，医生对免费健康知识贡献的不满意度只在时间成本与贡献意愿之间具有调节作用，其对时间成本与贡献意愿之间的负向关系具有削弱作用。③通过分组分析，本文探索了医生的工作经验和付费健康知识贡献经历对付费健康知识贡献的影响机理，研究发现：医生的工作经验在时间成本与贡献意愿之间具有显著的调节效应，对于具有高工作经验的医生，时间成本对贡献意愿的负向影响更为显著，说明医生工作年限的长短也会影响医生对付费健康知识贡献的接受程度，工龄越长的医生越会关注所付出时间成本的影响；付费健康知识贡献经历在物质收益与贡献意愿之间的调节作用显著，当医生缺乏付费健康知识贡献经历时，物质收益对其贡献意愿的正向影响程度显著增强，这表明，相较于有过付费健康知识贡献经历的医生，几乎未曾接触或未贡献付费健康知识的医生会更加关注参与贡献付费健康知识所能带来的物质收益。

6.2 理论贡献

（1）本文丰富了推-拉-锚定模型的应用场景，此前基于该模型的研究大多集中在普通用户或消费者，而很少涉及医生群体,本文发现该模型在付费健康知识贡献背景下对医生群体也具有较好的应用效果,为在线健康社区知识贡献参与行为的相关研究提供了新的理论视角。

(2)本文结合医生对免费健康知识贡献的态度探讨医生付费健康知识贡献的影响因素及其内在机制。付费健康知识活动是一个基于免费健康知识贡献并演进的全新场景,用户付费健康知识活动参与的本质是从免费健康知识向付费健康知识的转移,本文将医生对免费健康知识贡献的不满意度纳入模型,使研究结果更加全面,扩展了付费健康知识贡献领域的研究广度,丰富了付费健康知识贡献的相关文献。

(3)本文将与医生个人得失相关的学习收益和损失厌恶构念纳入模型,挖掘学习收益与损失厌恶对医生进行付费健康知识贡献的影响,进一步丰富了在线健康知识社区付费健康知识贡献领域中贡献者收益与损失的研究范畴。

(4)本文还考虑了医生付费健康知识贡献动机的异质性影响。本文分别根据工作经验、付费健康知识贡献经历对医生的付费健康知识贡献影响因素进行了分组分析,发现了医生付费健康知识贡献动机存在群体异质性,补充和完善了现有医生群体付费健康知识贡献行为异质性的研究。

6.3　管理启示

本文为在线健康平台管理者改善平台付费健康知识贡献的现状提供了管理启示。

首先,平台应关注医生从贡献付费健康知识过程中所获得的学习收益与物质收益,这两种收益都会对医生的贡献意愿产生较大影响,致力于提升医生收益就成为提升其贡献意愿的关键。平台应特别注重对医生经济收益的提高,如可以根据医生贡献付费健康知识的数量和每月的活跃度增加对医生的金钱补偿。应当注意到,平台上的医生不应当是单独的个体,通过建立相关领域的医生论坛或社区,供医生之间讨论付费健康知识贡献过程中所遇到的问题,并促进医生群体所在领域的知识共享,无论是对医生专业技能的提升还是科研工作的顺利开展都是有利的。同时,应优化付费文章编辑和发布功能以降低医生时间成本,尤其是有针对性降低具有较长工作年限的医生的时间成本。

其次,由于医生付费健康知识贡献经历的影响,平台应重点关注付费健康知识贡献新医生用户的物质收益的提升。针对付费健康知识贡献的新医生,可考虑制订新人激励计划,在根据贡献量和活跃度增加金钱补偿的基础上,制订一系列新人活动方案,这也会在一定程度上促进医生的贡献意愿。

最后,考虑到医生对免费健康知识贡献不满的调节作用,相关管理者也可以在平台的免费健康知识贡献模块插入付费健康知识贡献的有关内容,促进医生从免费健康知识贡献到付费健康知识贡献的转化;或者在平台问诊、直播等功能中提供医生付费健康知识贡献链接,从而为平台的付费健康知识服务起到引流的作用。

6.4　局限和未来研究方向

本文基于推-拉-锚定模型对医生参与在线健康社区付费健康知识贡献的意愿进行研究,得到了一些有益于在线健康平台的相关结论,但本文仍然存在一定的局限和不足。考虑到有部分较为先进的三甲医院会鼓励医生或医生团队发展线上健康社区的业务,那么医生所处医院的环境和氛围也会对医生的付费健康知识贡献行为产生影响,因此,在以后的研究中可以将医院的线上发展情况纳入考虑。同时,本文的研究对象大多为上海本地的医生,未来的研究问卷应进一步扩散至更多地区,以得出更加全面的研究结果。

参 考 文 献

[1] CNNIC 发布第 51 次《中国互联网络发展状况统计报告》[J]. 互联网天地，2023（3）：3.

[2] 中国互联网医学垂直内容行业洞察——以泽桥传媒为例[A]. 艾瑞咨询系列研究报告（2021 年第 3 期），2021：278-308.

[3] 中国在线医疗健康服务消费白皮书[A]. 艾瑞咨询系列研究报告（2022 年第 9 期），2022：42.

[4] 亿欧智库. 2021 中国互联网医疗内容行业研究报告[R]. 2021.

[5] 夏苏迪，邓胜利，汪璠. 在线医疗社区健康科普知识供需匹配研究[J]. 现代情报，2023，43（7）：38-47.

[6] 张薇薇，蒋雪. 社会学习与知识共享视角下在线实践社区研究综述[J]. 知识管理论坛，2020，5（1）：47-58.

[7] 张家铖，戚桂杰，张磊. 知识付费机制对用户知识贡献的影响研究：以知乎为例[J]. 南开管理评论，2024，27（2）：214-226.

[8] 刘坤锋. 虚拟社区用户知识贡献信念实证研究：以百度经验为例[J]. 图书馆理论与实践，2017（1）：53-58.

[9] 张敏，唐国庆，张磊. 虚拟学习社区知识贡献行为的激励因素分析[J]. 情报理论与实践，2017，40（2）：86-91.

[10] 万莉，程慧平. 基于自我决定理论的虚拟知识社区用户持续知识贡献行为动机研究[J]. 情报科学，2016，34（10）：15-19.

[11] 李悦平. 基于 HMM 的区块链知识社区激励机制研究[D]. 大连：大连理工大学，2022.

[12] 刘苡声. 虚拟学术社区用户持续知识贡献行为及激励策略研究[D]. 长春：吉林大学，2021.

[13] Papadopoulos T，Stamati T，Nopparuch P. Exploring the determinants of knowledge sharing via employee weblogs[J]. International Journal of Information Management，2013，33（1）：133-146.

[14] Wang X，Li Y，Stafford T，et al. Gender differences in virtual community knowledge sharing[J]. International Journal of Knowledge Management，2022，18（1）：1-23.

[15] Hwang E H，Singh P V，Argote L. Knowledge sharing in online communities: learning to cross geographic and hierarchical boundaries[J]. Organization Science，2015，26（6）：1593-1611.

[16] Li C，Li H，Suomi R，et al. Knowledge sharing in online smoking cessation communities: a social capital perspective[J]. Internet Research，Emerald Publishing Limited，2021，32（7）：111-138.

[17] Lee H，Reid E，Kim W G. Understanding knowledge sharing in online travel communities: antecedents and the moderating effects of interaction modes[J]. Journal of Hospitality & Tourism Research，2014，38（2）：222-242.

[18] Sun S，Zhang F，Chang V. Motivators of researchers' knowledge sharing and community promotion in online multi-background community[J]. International Journal of Knowledge Management，2021，17（2）：1-27.

[19] 李力. 虚拟社区用户持续知识共享意愿影响因素实证研究：以知识贡献和知识搜寻为视角[J]. 信息资源管理学报，2016，6（4）：91-100.

[20] Iskoujina Z，Roberts J. Knowledge sharing in open source software communities: motivations and management[J]. Journal of Knowledge Management，2015，19（4）：791-813.

[21] Shankar R. Online reputational loss aversion: empirical evidence from StackOverflow.com[J]. Decision Support Systems，2022，158：113793.

[22] 刘蕤，余佳琪. 在线医疗社区中医生知识贡献行为的影响因素研究：基于 SEM 与 fsQCA 方法[J]. 情报科学，2022，40（3）：45-54，62.

[23] Razzaque A，Eldabi T，Chen W. Quality decisions from physicians' shared knowledge in virtual communities[J]. Knowledge Management Research & Practice，2022，20（4）：503-515.

[24] Zhang X，Liu S，Deng Z，et al. Knowledge sharing motivations in online health communities: a comparative study of health professionals and normal users[J]. Computers in Human Behavior，2017，75：797-810.

[25] Zhang X，Guo F，Xu T，et al. What motivates physicians to share free health information on online health platforms?[J]. Information Processing & Management，2020，57（2）：102166.

[26] Zhang X，Dong X，Xu X，et al. What influences physicians' online knowledge sharing? A stimulus-response perspective[J]. Frontiers in Psychology，2022，12：808432.

[27] Liu W，Chen X，Lu X，et al. Exploring the relationship between users' psychological contracts and their knowledge

contribution in online health communities[J]. Frontiers in Psychology，2021，12：612030.

[28] Yang Y，Zhu X，Song R，et al. Not just for the money? An examination of the motives behind physicians' sharing of paid health information[J]. Journal of Information Science，2023，49（1）：145-163.

[29] Ma X，Zhang P，Meng F，et al. How does physicians' educational knowledge-sharing influence patients' engagement? An empirical examination in online health communities[J]. Frontiers in Public Health，2022，10：1036332.

[30] 董泽稼，杨佳思. 专业虚拟社区用户知识反应贡献影响因素组态分析[J]. 情报探索，2023，（6）：15-22.

[31] 周密，罗露阳，刘伟. 在线知识问答社区中答案的内容特征和社区地位对答案采纳的影响机制研究[J]. 图书馆研究与工作，2023（8）：45-54.

[32] 邓君，魏瑶，李蛟，等. 在线知识社区用户非持续使用意愿研究：以知乎为例[J]. 情报科学，2021，39（5）：138-145＋155.

[33] 赵宇翔，刘周颖，朱庆华. 从免费到付费：认知锁定对在线问答平台中提问者转移行为的影响研究[J]. 情报学报，2020，39（5）：534-546.

[34] Chang I-C，Liu C-C，Chen K. The push，pull and mooring effects in virtual migration for social networking sites[J]. Information Systems Journal，2014，24（4）：323-346.

[35] Lai J Y，Debbarma S，Ulhas K R. An empirical study of consumer switching behaviour towards mobile shopping：a push-pull-mooring model[J]. International Journal of Mobile Communications，2012，10（4）：386.

[36] 刘宇庆，袁曦临，付少雄. 隐匿性抑郁症大学生群体阅读疗愈参与意愿影响因素研究[J]. 国家图书馆学刊，2022，31（2）.

[37] 孙悦. 在线医疗社区用户知识贡献行为与知识贡献度评价研究[D]. 长春：吉林大学，2018.

[38] Chang H H，Chuang S-S. Social capital and individual motivations on knowledge sharing：participant involvement as a moderator[J]. Information & Management，2011，48（1）：9-18.

[39] Liu X，Guo X，Wu H，et al. The impact of individual and organizational reputation on physicians' appointments online[J]. International Journal of Electronic Commerce，2016，20（4）：551-577.

[40] Li Z，Cheng Y. From free to fee：exploring the antecedents of consumer intention to switch to paid online content[J]. Journal of Electronic Commerce Research，2014，15（4）：281-299.

[41] 齐云飞，赵宇翔，刘周颖，等. 免费与付费在线问答社区用户参与行为的比较研究[J]. 图书情报工作，2020，64（2）：105-115.

[42] Yan Z，Wang T，Chen Y，et al. Knowledge sharing in online health communities：a social exchange theory perspective[J]. Information & Management，2016，53（5）：643-653.

[43] Lin T-C，Huang S-L. Understanding the determinants of consumers' switching intentions in a standards war[J]. International Journal of Electronic Commerce，2014，19（1）：163-189.

[44] Calabuig Moreno F，Prado-Gascó V，Crespo Hervás J，et al. Predicting future intentions of basketball spectators using SEM and fsQCA[J]. Journal of Business Research，2016，69（4）：1396-1400.

[45] 贾文帅，李凌，张瑞林. 中超联赛球迷持续观赛意愿的形成机制：有调节的中介模型[J]. 中国体育科技，2021，57（10）：97-106.

[46] Kankanhalli A，Tan B，Wei K. Contributing knowledge to electronic knowledge repositories：an empirical investigation[J]. MIS Quarterly，2005，29（1）：113.

[47] 易明，单思远，邓卫华. 品牌延伸视角下用户从免费到付费知识问答服务的转移意愿研究[J]. 图书情报工作，2021，65（2）：75-86.

[48] Mast M S，Kadji K K. How female and male physicians' communication is perceived differently[J]. Patient Education and Counseling，2018，101（9）：1697-1701.

[49] 邓胜利，夏苏迪，许家辉，等. 组态视角下在线健康社区医生知识贡献影响因素研究[J]. 情报理论与实践，2022，45（7）：132-139.

[50] Charlton R，任蓉，刘曼玲. 英国初级医疗制度下终身学习的发展[J]. 中华全科医学，2022，20（9）：1453-1454.

[51] 李炎炎，高山行，高宇. 战略导向对技术创新影响的异质性讨论：竞争程度的调节作用[J]. 科学学研究，2016，34（8）：1255-1262.

Research on the Motivation of Doctors' Paid Knowledge Contribution in Online Health Knowledge Community：Based on Push-pull-anchor Model

LIU Xuan，WANG Kai

（School of Business，East China University of Science and Technology，Shanghai 200237，China）

Abstract The knowledge creation of doctors in the online health knowledge community is crucial to the development of paid health knowledge. Based on the push-pull-anchor model，this paper uses a questionnaire survey to explore the influence mechanism of doctors' contribution to paid health knowledge. The results show that learning benefits and material benefits enhance doctors' willingness to contribute paid health knowledge，while time costs weaken this willingness. Doctors' dissatisfaction with free health knowledge contribution can suppress the negative impact of time cost on their willingness to contribute paid health knowledge. In addition，doctors' work experience and paid knowledge contribution experience also affect their willingness to contribute paid health knowledge. This paper reveals the influence mechanism of doctors' contribution to paid health knowledge in online health knowledge community，which has certain practical significance for enhancing doctors' willingness to contribute paid health knowledge and enriching the content of paid health knowledge in community.

Key words Online health community，Push-pull-anchor model，Paid health knowledge，Willingness to contribute

作者简介

刘璇（1982—），女，管理学博士，华东理工大学商学院管理科学与工程系副教授，研究方向为电子商务、电子健康和知识管理等，E-mail：xuanliu@ecust.edu.cn。

王凯（2000—），男，华东理工大学商学院 2022 级硕士研究生，研究方向为电子健康，E-mail：worktime_kw@outlook.com。

赔笑还是卖惨？旅游在线投诉回复中的表情符号对游客宽恕的影响研究[*]

朱张祥　杨可宁　许春晓　王晶

（湖南师范大学旅游学院，湖南 长沙 410081）

摘　要　本文探讨服务失败背景下，旅游在线投诉回复表情符号对游客宽恕的影响，揭示服务失败类型与严重性差异对游客心理感知的影响差异。本文采用情景问卷法收集 270 份有效样本并进行数据分析，结果表明：对旅游在线投诉回复时，相比积极表情符号，添加消极表情符号更能增强游客共情与感知真诚性，进而获得游客宽恕；服务失败类型和服务失败严重性调节上述效应；共情和感知真诚性中介了回复表情符号对游客宽恕的影响。本文丰富了旅游在线投诉相关研究，并为在线旅游服务商的客户关系管理实践提供参考。

关键词　表情符号，在线投诉回复，游客宽恕，社会临场感理论，情绪即社会信息理论

中图分类号　C931.6

1　引言

服务产品的无形性、异质性和同步性等特点决定了服务传递的过程难以实现零缺陷，无法规避的服务失败容易诱发顾客产生相应的情感、认知和行为[1]。从 20 世纪 80 年代开始，学者们就开始针对服务失败进行研究。Bitner 等[2]认为，服务失败是由企业提供的服务未达到消费者的最小期望值造成的；Parasuraman 等[3]指出服务失败与服务满意度和服务质量有直接关联。具体到旅游领域，旅游服务失败可以被定义为未能满足游客预期或没有达到游客期望，旅游服务失败一旦出现，游客会感到某些不满意甚至是损失[4]。文化和旅游部发布的《2020 年旅游投诉分析报告》显示，2020 年因旅游服务失败导致的旅游投诉总量增幅明显，旅行社、旅游景区和在线旅游企业是被投诉最多的市场主体，投诉内容集中在工作人员服务问题、旅游产品预订退订等方面。自进入 Web2.0 时代开始，互联网用户通过各种社交媒体平台分享自己的观点、经验和需求，与其他用户进行互动和交流，进而成为互联网信息的重要生产者和传播者[5]。自此游客可以随时随地与他人分享旅游经验、评价旅游目的地、搜索旅游信息[6, 7]。与此同时，消费者的投诉方式更便捷、投诉渠道更多样、投诉处理方式和速度也突破了时空限制，这些在 Web2.0 时代产生的变化完全不同于传统线下投诉模式。自此，旅游者可以通过互联网等各种渠道表达不满，互联网也因此成为旅游者对旅游产品、服务、经历等进行投诉的主要媒介[6]。这也对旅游企业处理投诉的响应速度、处理过程和精细程度等提出了更高要求。旅游企业也不得不重视在线投诉，及时回复并提出解决方案[7]。

---

* 项目基金：国家社会科学基金重点项目（21AZD115）、湖南省自然科学基金面上项目（2022JJ30409）、国家自然科学基金面上项目（41971187）。

通信作者：朱张祥，湖南师范大学旅游学院副教授，E-mail：zhuzhangxiang@126.com。

投诉意味着消费者对服务感到不满，消费者的宽恕意愿可以帮助自身转化负面情绪[8]。目前，学术界虽持续关注旅游服务失败这一话题，但较少从游客宽恕的角度提出服务补救策略。游客宽恕指的是遭受服务失败的游客放弃对目的地做出负向行为及产生消极情绪，并将消极情绪转化为同情和共情等积极情绪的感受[9]。游客宽恕是旅游目的地信任重建的关键，有助于提升游客的重游意愿，以实现目的地的可持续发展[9]。因此，当服务失败发生时，旅游服务提供者积极应对投诉有利于获得游客宽恕，挽救与游客之间破裂的关系，避免游客产生回避、报复等负向行为，提升游客重游意愿及满意度，实现旅游服务提质升级[10, 11]。

然而，商家进行线上服务补救时，无法与顾客面对面交流，只能通过文字进行回复，难以使投诉者通过表情和语气感知商家的诚意[12]。因此，不少商家开始在线上沟通时用到表情符号[11]。相比于纯文本的道歉，添加表情符号的道歉可以拉近企业与消费者之间的心理距离，从而更好地引起消费者的宽恕意愿[10, 13, 14]。可见，表情符号是在线服务补救的一种有效措施，由此本文推测，采用表情符号回复旅游在线投诉能缓解游客不满情绪，获得游客宽恕[7, 10, 13, 15]。目前，已有不少学者以网购的商品为研究对象，探究了表情符号在服务补救中的作用[10, 12, 13]。但这些网购的商品属于搜索型产品，其主要属性能通过获取信息来客观评价；而旅游产品属于体验型产品，需要通过自身体验来进行评价[16]。表情符号对两种类型商品的在线投诉是否有同样的影响作用值得进一步探讨。

另外，表情符号类型多样，并非在所有服务失败的情景下都适用。同时，在投诉回复中使用不同效价的表情符号是否对游客产生同样的影响，也值得进一步探讨。目前在旅游领域中，关于表情符号的研究多集中在游客发布的在线评论上，而管理者采用表情符号进行投诉回复的应用条件尚未被广泛关注。面对在线投诉，旅游目的地应站在游客的立场分析和解决问题，针对不同类型与不同严重性的服务失败情景，采用差异化回复方式使得游客感受到管理者对其反馈意见的重视，进而促使游客宽恕的形成。基于上述考虑，本文以旅游在线投诉为研究背景，旨在探讨商家回复中添加的表情符号对游客宽恕的影响机理及其边界条件，相关研究结论能在实践层面帮助管理者选用不同的表情符号作为回复旅游在线投诉的策略，为赢得游客宽恕提供对策指导依据。

2 文献回顾

2.1 在线投诉

在线投诉是一种消费者通过电子邮件、在线交易平台等网络工具来表达不满意的行为，在方式、受众、成本和效果等方面都有别于传统投诉方式[17, 18]。在线投诉往往使得企业失败的产品或服务公之于众，容易对企业声誉造成负面影响，影响潜在消费者选择，甚至造成企业的经济损失[15, 19]。一些学者从消费者的角度出发，归纳消费者在线投诉的原因和影响因素[20, 21]；还有一些学者从企业的角度出发，探讨在线投诉对企业的积极影响与消极影响，并针对服务补救的满意度、回复的及时性等方面提出在线投诉处理策略[22, 23]。

对旅游业而言，互联网的发展改变了旅游者沟通交流、搜索信息的方式，为旅游业带来了新的机遇与挑战[6]。旅游者常常通过各种公开的网络平台表达诉求，希望引起旅游企业的重视并为他们解决问题，使得旅游企业不得不及时对在线投诉做出回应[7, 21]。聚焦于旅游研究领域，目前关于在线投诉的研究多以酒店消费者为研究对象，发现消费者不满主要集中于餐饮、客房、员工服务等方面[7, 21]。黄鹂和李婷[17]比较了个人和群体旅游者提出旅游在线投诉的影响因素差异，Au 等[19]则认为文化差异也会影响旅游者的在线投诉行为。如何应对旅游投诉将直接决定游客满意度与服务质量的提升，酒店、旅行社等旅游企业尝试建立公共关系部门来解决在线投诉问题[7, 15]。管理者回复是针对服务失败有效的低成本补救举措，Tripadvisor、Expedia 等平台已将管理者回复作为平台运营和产品营销的决策依据[24]。随着消费者投诉渠道拓宽，旅游在线投诉总量增幅明显，旅游目的地属于被投诉最多的市场主体之一，其收到的在线投诉应该引起重视。表情符号作为在线服务补救的有效手段，就像日常生活中微笑和皱眉所起到的作用一样，既能传达使用者的心情，又能缓解一些尴尬的处境[25]。因此，许多企业在与消费者进行线上交流的过程中使用表情符号，这样既能显示服务人员的情绪，也能让消费者感到更温暖，从而缓解服务失败的负面影响[11, 26]。本文拟以旅游在线投诉为研究背景，探讨表情符号的补救效果。

2.2　表情符号

表情符号通常由符号、图形或者动画等要素构成，抽象地把人类的面部表情或身体姿势表现出来，常用于情感、态度、信息等非语言线索的表达，是一种视觉上的、基于文本形式的补充表达[25, 27]。表情符号带有无法用文字表达的信息，既能够弥补网络交流中非语言线索的匮乏，又可以使交流双方的心理距离更接近，通过增加娱乐性、亲近感和认同感以提升社会临场感[14, 28-30]。因此，面对在线投诉，相比于纯文本的道歉，添加表情符号的道歉可以拉近企业与消费者之间的心理距离，从而更好地引起消费者的宽恕意愿[10, 13, 14]。

Nelson[16]将产品分为搜索型产品和体验型产品。其中，搜索型产品是指产品主要属性能通过获取信息来客观评价的产品，体验型产品是指需要通过自身体验来进行评价的产品。目前，关于采用表情符号回复在线投诉的研究多以搜索型产品为研究对象。例如，凡文强[13]和马瑞婧等[10]均指出，当网购服务失误发生后，商家将表情符号用于道歉中，会引起消费者对商家真诚性的感知，使得消费者产生移情，从而引起消费者的宽恕意愿。钟科等[12]的研究也证实，商家采用表情符号回复负面在线评论能够使消费者感知服务质量提升，进而提升其购买意愿。旅游产品属于体验型产品，具有无形性和同步性等特征，与搜索型产品的研究相比，相关研究还比较少，使用表情符号来回复在线投诉的效果是否与搜索型产品相同仍值得进一步挖掘。另外，在不同服务失败的情景中，使用表情符号进行回复是否能达到同样的效果，以及在同类服务失败情景下的在线投诉回复中使用不同效价表情符号是否产生同样的影响，值得深入探索。

2.3　游客宽恕

宽恕是个体对人际冒犯行为的亲社会动机转变过程，对待冒犯者采用仁慈、理解和接纳的态度，而不是采取报复的行为[31]。Tsarenko 和 Tojib[8]将宽恕的概念引入消费者研究领域中，并将消费者宽恕理解为消费者释放不满情绪、产生理解和原谅动机的心理过程，体现利他与亲社会行为动机，能有效防止抱怨、负面宣传和媒体曝光等负向行为。从企业角度来看，不同服务失败严重性[32-34]和服务补救方式[32]等会导致个体不同的宽恕水平。其中，服务失败严重性是影响消费者宽恕的最重要因素之一[33, 34]。不同类型的服务失败会导致消费者遭受不同的损失，而针对不同的损失，消费者的需求也存在差异，这使得管理者需要采取差异化的补救措施[1]。从消费者角度来看，消费者个人特征和情绪认知均会对宽恕产生影响，前者包括性别[34]、性格[33]等，后者则包括感知公平性[35]、感知真诚性[11]、共情[10, 35, 36]等。

在旅游领域中，宽恕可以帮助游客实现心理平衡，让服务提供者挽救与游客之间破裂的关系[34]。游客宽恕强调的是愤怒、沮丧等负面情绪的消解，并将负面情绪转化为同情和共情等积极情绪[37]。Su 等[9]对旅游目的地服务失败引起的游客宽恕进行研究，发现同情和愤怒在其中起中介作用，并指出游客宽恕是目的地信任重建、关系修复的关键。过去关于宽恕意愿的研究主要以网购消费者为研究对象，而对游客宽恕的研究还不够深入。在旅游研究领域中，了解游客宽恕有利于旅游服务提供者维持与游客之间的良好关系，但目前相关研究主要集中在游客投诉这样的不宽恕行为上，如何引起游客宽恕从而实现旅游目的地的可持续发展有待进一步研究[34]。基于此，本文从表情符号的角度出发，探讨游客宽恕的形成机理。

3　理论基础与研究假设

3.1　社会临场感理论

社会临场感理论认为，媒介传递资讯依赖语言和非语言线索，传递更多线索的媒介会引发个体更高水平的社会临场感，即让沟通者产生更强烈的对他人的感知，从而获得与面对面沟通时相近程度的真实感[38, 39]。在基于媒介的交互过程中，参与者可以通过使用表情符号来表达缺失的非语言线索，增强社会情感体验，从而提升个体感知与沟通效果[40, 41]。已有研究表明，表情符号可以使人们在线上交流的过程中获得与线下交流相似的体验，从而达到更好的沟通效果[40]。学者把该理论引入在线旅游营销领域研究中，认为缺少卖方的态度、互动和人情味，容易导致消费者产生不确定性和不安全感。因此，需要传递更多物理线索，如网页设计及装饰等，以增加消费者线上购买时的真实感，从而提升购买意愿[42, 43]。由此可见，社会临场感能缩短买卖双方的社会距离，让买方在线上也能获得与传统面对面人际关系相近的在线交换关系，从而降低其不确定性感知[44]。为此，针对旅游服务提供商如何在在线投诉回复中添加不同类型表情符号以促进游客产生宽恕意愿的问题，本文拟以社会临场感理论作为依据展开深入探讨。

3.2　情绪即社会信息理论

在人际交往中，人们在表达自己情绪的同时也在接收别人的情绪，使得情绪具有社会效应[45]。情绪即社会信息（emotion as social information，EASI）理论认为信息发送者的情绪能够激活信息接收者的情绪[46]。van Kleef 等[47]指出，文字、图片、视频和表情符号等都可以传递情绪，当个体在表达自己态度时，会将他人的情绪表达解读为一种信息。Lelieveld 等[48]指出提议者会因回应者表达失望而感到内疚，从而让出更多资源，而回应者表达高兴却没有类似的积极效果。当消费者遭遇服务失败时，买卖双方的情感是否一致是道歉是否有效的决定因素之一[11]。Hu 等[49]认为，服务失败后，消费者满意度的提升很大程度上是由对商家的情绪感知所决定的。面对服务失败，消费者通常会陷入悲伤、失望等消极情绪中，此时商家与消费者保持一致的情感，将更有可能产生积极的结果[11, 50]。针对在线投诉，旅游服务管理者使用不同类型的表情符号进行回复，进而对游客宽恕产生影响的过程，EASI 理论提供了理论依据。

3.3　理论模型

S-O-R 理论框架认为，刺激是触发个体情绪和认知状态的外部环境因素；机体是指人类的认知和情感状态，包括态度、感情、意图等；反应是指人们的行为反应，即趋向或回避的行为[51, 52]。根据 S-O-R 框架，外在刺激是影响个体反应的关键。面对服务失败，商家的回复中是否添加表情符号将触发消费者态度和认知的转变，进而对消费者的宽恕意愿高低产生影响[10]。那么，不同类型的服务失败情景是否会影响表情符号的补救效果？严重程度不同的服务失败事件又是否对表情符号引起游客宽恕这一过程产生影响呢？就服务失败而言，不同类型的服务失败会导致游客遭受不同类型的损失，需要采取差异化的补救措施[53, 54]。遭受象征性损失和经济性损失的游客所产生的情绪也不同，因此，本文将服务失败类型作为调节变量添加到模型中。与此同时，游客对服务失败严重程度的感知会影响其对于服务补救的评价[8, 34]。在此基础上，本文引入服务失败严重性作为调节变量，探讨表情符号对游客宽恕影响的边界条件。

　　基于此，本文认为在服务失败的情景下，在旅游在线投诉回复中添加的表情符号将作为一种外在刺激，使游客内心产生共情并提升感知真诚性，进而使其产生宽恕意愿。结合服务失败类型与服务失败严重性作为调节变量，构建本文的研究模型，具体如图 1 所示。

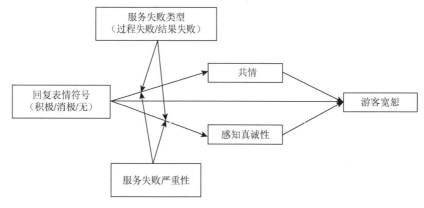

图 1　研究模型

3.3.1　表情符号对游客宽恕的影响

　　表情符号是对文字的补充，可使在线交流更像现实场景中的交流互动，这意味着使用表情符号能使个体社会临场感提升[40]。使用表情符号可以拉近双方心理距离，企业在道歉中添加表情符号比起纯文本的道歉更能引起消费者的宽恕意愿[10, 13, 14]，而效价不同的表情符号对消费者心理的影响也存在差异。根据 EASI 理论，面对商家道歉，消费者更看重其悲伤情绪的表达，这种悲伤情绪与他们所期待的情感一致[50]。钟科等[12]证实在线上服务补救中使用积极表情符号能提升潜在消费者的购买意愿，而使用中性表情符号或不使用表情符号回复则对其购买意愿没有显著影响；Ma 和 Wang[11]发现消极表情符号是消费者对商家回复进行评估的最有效情感线索，消费者通过消极表情符号评估回复是否真诚。相比于积极表情符号，消极表情符号往往能带来积极的结果，即消费者宽恕。基于此，本文结合社会临场感理论推断，面对游客提出的在线投诉，相比于不使用表情符号，管理者在回复中使用表情符号进行投诉回复将促进游客宽恕；其中，消极表情符号比积极表情符号的影响作用更强。因此，本文提出如下假设。

　　H1：在旅游在线投诉回复中使用表情符号能提升游客宽恕意愿，其中消极表情符号比积极表情符号的影响更强。

3.3.2　共情的中介作用

　　在旅游在线投诉情境下，共情是指游客站在旅游服务供应商的立场考虑问题，产生与之近似的情绪体验[35, 36]。消费者产生共情时，他们更有可能向服务提供者提供积极反馈，减轻不满对企业的负面影响[31, 35]。与消费者通过网络进行在线交流时，使用表情符号能够拉近客服人员与消费者的距离，提升消费者的社会临场感与积极情绪，从而达到更好的沟通效果[40, 55]。以网购服务失败为例，商家在道歉中添加表情符号将使消费者产生共情倾向，减少负面行为而产生宽恕、仁慈等正面情感[10,31,36]。另外，在以往研究中，共情已被证实在服务补救与消费者宽恕中发挥中介效应[10,36,56]。基于此本文推断，在旅游在线投诉回复中添加表情符号有利于提升游客的社会临场感，引导正面情绪的产生，激发游客共情，进而产生宽恕意愿。

在服务失败情景下，消费者表示抱怨从而形成消极的语境[13]。在这种消极语境中，使用消极表情符号更能反映反馈者的良好意图[11,27,47]。消极情感通过消极表情符号表达出来，根据 EASI 理论，情感一致的道歉有利于引起消费者共情[47]。本文进一步推断，消极表情符号对游客共情的影响作用更强。因此，本文提出如下假设。

H2：共情在回复表情符号对游客宽恕的影响效应中起中介作用。其中，使用消极表情符号回复更能引起游客共情，进而促进游客宽恕，积极表情符号的影响次之，无表情符号的影响最弱。

3.3.3　感知真诚性的中介作用

感知真诚性是指游客感受到旅游在线投诉回复所包含的情绪的真诚程度[13,57]。在服务失败回复中表达情绪体现了该企业或组织主动承担责任的意愿，有利于减轻服务失败带来的负面影响[58]。服务人员通过表情符号能够体现其在处理服务失败问题时的诚意，高度感知真诚性会影响消费者的宽恕意愿[11,13]。基于此，本文推断在线投诉回复中添加表情符号能够表达主动承担服务失败责任的意愿，有利于引起游客对回复者真诚性的感知，进而产生宽恕意愿。

人们看到表情符号的反应和与之相对应的真实面部表情反应大致相同，道歉者表达消极面部情绪时，会提升消费者对道歉者真诚后悔的感知[27,47]。消费者情绪与商家情绪一致时，感知真诚性提升[11]。面对服务失败，消费者情绪通常表现为消极，此时商家在回复中表达消极表情比积极表情更有效[11,47]。基于此，本文结合 EASI 理论进一步推断在线投诉回复中使用消极表情符号比使用积极表情符号更能有效缓解游客消极情绪，提升其感知真诚性，并提出如下假设。

H3：感知真诚性在回复表情符号对游客宽恕的影响效应中起中介作用。其中，使用消极表情符号回复更能引起感知真诚性，进而促进游客宽恕，积极表情符号的影响次之，无表情符号的影响最弱。

3.3.4　服务失败类型的调节作用

服务失败意味着有非预期的事情发生，导致投诉、传播负面口碑等行为产生[1]。以往有研究将服务失败分为过程失败和结果失败[53,54]。过程失败指的是服务传递过程中存在的缺陷或不足，如服务速度慢、员工热情不足等，反映了服务过程中的无形因素；结果失败指的是没有实现核心的服务内容，如超额预订、缺货等，反映了服务过程中消费者的基本需求未能得到满足[53,54]。参照这些研究，本文将服务失败的类型分为过程失败和结果失败。其中，过程失败指的是旅游服务人员与游客接触过程中发生的服务问题，如热情不足、态度差等；结果失败指的是除了接触服务失败以外的、所有与目的地设施设备有关的服务问题[1,53,59]。

服务中存在着功利性交换和象征性交换，前者与金钱、时间等经济资源有关，后者则与地位、尊重等社会资源有关[60]。Thaler[61]基于心理账户理论提出，消费者倾向于认为结果失败是一种经济资源损失，而过程失败是一种社会资源损失。在此基础上，Luo 和 Mattila[54]、熊伟等[1]认为，发生在服务传递过程中的过程失败象征着社会资源损失，使得消费者出现不良情绪。此时，拉近与游客之间的心理距离，维持良好的关系，更能转变游客的负面情绪[1]。因此，回复中的表情符号能为游客提供反映管理者态度的情感线索，使游客设身处地着想，缓解不良情绪，激发共情和提升感知真诚性，进而提升其宽恕意愿。本文推断，在过程失败情景下的在线投诉回复中添加消极表情符号，服务补救效果更佳[11,47,50]。而指向核心服务失败的结果失败象征着消费者经济资源损失，使消费者产生强烈的情绪反应[1, 10]。游客对于不同类型的损失有着不同的补救需求，遭受功利性损失的游客往往更看重实质性服务补救，且严谨的回复可以使得管理者显得更加可靠[1]。因此，仅通过在线回复不足以满足受到功利性损失的游客的服务补救需求，此时在线投诉回复是否附带表情符号对游客态度不会有显著差异[1, 11]。基于此，本文提出如下假设。

H4：通过在线投诉回复中添加表情符号来影响游客共情，进而影响游客宽恕的效应中，服务失败类型在第一阶段起调节作用。具体而言：

H4a：在过程失败条件下，消极表情符号最能促进游客共情，积极表情符号的影响次之，无表情符号影响最弱。

H4b：在结果失败条件下，是否使用表情符号回复在线投诉对游客共情的影响无差异。

H5：通过在线投诉回复中添加表情符号来影响游客感知真诚性，进而影响游客宽恕的效应中，服务失败类型在第一阶段起调节作用。具体而言：

H5a：在过程失败条件下，消极表情符号最能促进游客感知真诚性，积极表情符号的影响次之，无表情符号影响最弱。

H5b：在结果失败条件下，是否使用表情符号回复在线投诉对游客感知真诚性的影响无差异。

3.3.5　服务失败严重性的调节作用

遭遇服务失败时，消费者往往基于失败程度的感知来进行评估，即感知服务失败严重性[34]。消费者对服务失败严重性的感知会影响他们对于服务补救的评价及后续行为，因此有必要对服务失败严重性进行研究[8, 34]。服务失败严重性是影响消费者宽恕的最重要因素之一，以往的研究普遍认为，服务失败严重性越高，消费者越不容易产生宽恕意愿[1, 33, 34]。对于游客而言，游客对服务问题感知强度的大小决定了服务失败严重性的高低。

服务失败严重性在过去研究中常作为因变量，而把服务失败严重性作为调节变量加入研究模型有助于弥补现有研究不足。服务失败严重性会调节表情符号对共情的影响，即当服务失败严重性较低时，有表情符号相对于无表情符号，对共情的影响存在显著差异[10]。服务失败严重性越高，游客越容易认为服务失败是由服务提供者导致的，提升感知真诚性需要的要素也越多[13]。但旅游服务提供者可以通过沟通和解释来提升游客的信心，真诚地就服务失败道歉，游客会因此产生共情，提升对服务提供者真诚性的感知。因此，本文推断，服务失败严重性在回复表情符号对共情和感知真诚性的影响效应中起到调节作用，并提出如下假设。

H6：服务失败严重性调节回复表情符号对游客共情的影响。

H7：服务失败严重性调节回复表情符号对游客感知真诚性的影响。

4　研究设计

目前，对旅游在线投诉的研究主要以酒店和景区为研究对象，主题公园作为旅游业的重要组成部分，其在线投诉尚未得到重视，本文以主题公园为研究情境。情景问卷法主要依靠被试的想象完成操纵，被试可以根据以往自身的真实经验启动大脑中的相似经验进行作答，且被试的想象通常伴随动机驱使，在认知、情感和行为意向层面都增加了与现实情况的可接近性[62]。因此，本文聚焦于主题公园，采用 3（表情符号类型：积极表情符号、消极表情符号、无表情符号）×2（服务失败类型：过程失败、结果失败）组间实验设计，使用情景问卷法以获得有效样本数据。

4.1 实验材料设计

4.1.1 前测一

前测一的目的是编写主题公园在线投诉作为实验材料。通过梳理旅游投诉、旅游体验质量等相关文献，结合大众点评、携程网等在线平台上的负面在线评论，筛选出出现频率较高的主题公园服务失败情景，并对描述相近的失败情景进行整合。针对提炼出的 25 个主题公园服务失败情景，在某主题公园出入口处进行问卷发放，邀请 200 位主题公园游客对这 25 个服务失败情景的常见程度进行排序。最终，有 14 个服务失败情景的常见程度评分更高，包括主题公园设施设备不完善、在主题公园中受到意外伤害、退票退款困难等。随后对两种服务失败类型分别进行说明，邀请 26 名有主题公园游玩经历的大学生判断各情景服务失败类型，使用利克特 10 点量表评分（1 = 完全属于过程失败，10 = 完全属于结果失败）。为确保投诉情景真实性，受访者需对各情景选择他们感知的服务失败严重性与在线投诉意愿（1 = 非常不严重/非常不想投诉，10 = 非常严重/非常想投诉）。结果显示，受访者对各个情景感知的服务失败严重性越高，他们的投诉意愿越强烈（$r = 0.976$，$p < 0.05$），投诉情景符合实际情况。问卷完成后，随机访谈部分受访者，确认受访者能准确理解两种服务失败类型的具体含义。

为排除各个情景严重性差异的影响，选取失败严重性评分相近的情景。其中，过程失败情景为"演出人员不够热情"（$M = 3.62$，$SD = 2.21$），结果失败情景为"设施设备比较陈旧"（$M = 7.27$，$SD = 2.18$）。采用独立样本 t 检验对两个情景的失败类型与严重性进行检验，结果显示：$t_{类型} = -5.997$，$p < 0.05$；$t_{严重性} = 0.000$，$p > 0.05$。两个情景的类型存在显著差异，而严重性不存在显著差异。根据选定情景结合真实在线投诉改编成相应的在线投诉作为正式实验刺激材料，每则投诉控制在 90～100 字，长度为 3 行，语气、标点符号等细节基本一致，具体如表 1 所示。

表 1　不同类型服务失败的在线投诉材料

服务失败类型	在线投诉刺激材料
过程失败	• 剧场表演人员穿了精美的戏服，但感觉演得很敷衍，与游客的互动也不多。明明是才推出没多久的表演项目，但表演人员的表情看起来比较冷漠，一点都不热情，没有给人身临其境的感觉。总的来说体验感不佳！
结果失败	• 主题公园比较大，但感觉开业几年并没有对园区进行保养，里面的环境布置和各项设施设备都比较陈旧。明明是开业没多久的主题公园，但看起来好像用的是旧设备一样，让人缺乏新鲜感，总的来说体验感不佳！

4.1.2 前测二

前测二的目的是选取主题公园回复在线投诉时使用的表情符号。根据 Novak 等[63]提供的表情符号库，选取效价评分相近的积极表情符号和消极表情符号各 4 个。为确保表情符号感知效价的准确性，邀请 35 名大学生采用利克特 7 点量表对表情符号的感知效价打分（1 = 非常消极，7 = 非常积极）。最终采用效价均值最大的积极表情符号"微笑😄"（$M = 6.06$，$SD = 0.81$）和效价均值最小的消极表情符号"哭泣😭"（$M = 2.09$，$SD = 1.04$）。采用独立样本 t 检验对表情符号效价进行检验，结果显示：$t = 17.311$，$p < 0.05$，效价差异显著。参考真实在线投诉回复，针对情景设计结构相同、字数相近、语气相似的回复，每句话结束后添加一个表情符号[64]。为保证情景模拟的真实性，邀请 6 名有在网络发表评论经验的研究生与旅游从业者对实验材料进行多次筛选和修订，每段在线回复控制在 125～135 字，长度为 4 行，除表情符号的使用不同之外，其他文本信息基本保持一致。在正式实验中，借助 Photoshop 图像处理工具，将 6 组实验材料以网页截图的形式呈现，图片均处理为 1100×1286 像素，如图 2 所示。

图2　实验刺激材料示例

4.2　实验问卷及量表设计

问卷第一部分是主体部分，要求被试阅读情景材料后回答相关问题；第二部分是操纵检验，阐明两种服务失败类型的定义，要求被试回忆情景材料，并判断失败类型和表情符号。为了确保情景材料真实性，增加"我认为主题公园的在线投诉页面看起来是真实的""我能想象我使用该网页对主题公园发布在线投诉""我能想象我通过该网页与主题公园管理者进行在线沟通"测量材料真实性[65]。第三部分是人口统计信息。基于两个前测结果完成问卷情景材料设计，并增加情景文字描述进行导入，要求被试根据文字提示进行想象。结合主题公园游客行为改编成熟量表，针对测量变量设计若干个题项（表2），并采用利克特7点量表评价被试对各题项的认同程度（1＝完全不同意，7＝完全同意）。

表2　量表题项及来源

变量	题项	参考来源
共情 （empathy）	EM1：我能从回复中感受到园区管理者的心情	Fultz 等[66]
	EM2：我能快速直观了解园区管理者的感受	
	EM3：我愿意去理解园区管理者的感受	
	EM4：我受到了园区管理者的情绪感染	
	EM5：我愿意设身处地地为园区管理者着想	
感知真诚性 （perceived sincerity）	PS1：我认为园区管理者的回复很真诚	Lazare[67]
	PS2：我认为园区管理者对此事作出了合理解释	
	PS3：我认为园区管理者为此事感到后悔	
	PS4：我认为园区管理者承认了错误	
游客宽恕 （tourist forgiveness）	TF1：我会原谅该主题公园	Hur 和 Jang[34]
	TF2：尽管发生了不愉快事件，我还是想和该主题公园保持积极的关系	
	TF3：我可以把不愉快的经历放一边，未来继续到该主题公园游玩	

续表

变量	题项	参考来源
服务失败严重性（failure severity）	FS1：我认为主题公园这次服务失败是个大问题	Maxham 和 Netemeyer[68]
	FS2：我认为主题公园的失误相当严重	
	FS3：我认为主题公园的失误给我带来了很大不便	

4.3　样本收集

课题组通过线上与线下渠道共完成 6 组情景问卷发放。年轻群体是主题公园的主要游客，本文线上问卷搜集采用成本更低、可行性更高的滚雪球抽样方式在年轻群体中进行，符合在稀疏总体中寻找受访者的抽样条件。被试首先看到情景导入的文字描述与相应的情景材料，想象自身处于材料描述的情景中，点击下一页完成后续量表的填写，填写过程中无法返回查看情景材料。线下问卷则由课题组在人流量较大的商场随机发放。通过线下渠道完成问卷的被试，调查人员首先向其进行情景导入，要求被试在脑海中想象遭受服务失败并进行在线投诉的场景；接下来向被试展示情景材料，阅读完毕后回收材料，被试继续完成后续量表。为提升问卷质量，并实现自变量操纵，要求被试回忆在线投诉回复中是否使用表情符号及其效价（积极、消极、未留意），若被试无法正确回答，则问卷无效[11, 12]。剔除表情符号回忆错误、无主题公园游玩经历、作答时间过短、各题答案全部一致等无效样本后，最终回收有效问卷 270 份，问卷有效率为 79.5%，每个情景有效问卷为 45 份，人口统计信息如表 3 所示。

表 3　样本人口统计信息

变量	题项	频数	百分比
性别	男	116	43.0%
	女	154	57.0%
年龄	18 岁及以下	16	5.9%
	19～30 岁	183	67.8%
	31～40 岁	48	17.8%
	41～50 岁	17	6.3%
	51 岁及以上	6	2.2%
学历	初中及以下	2	0.7%
	高中/中职	26	9.6%
	大专	34	12.6%
	本科	143	53.0%
	硕士研究生及以上	65	24.1%
职业	学生	104	38.5%
	事业单位职员	43	15.9%
	国企职员	18	6.7%
	私企职员	43	15.9%

续表

变量	题项	频数	百分比
职业	个体户	12	4.4%
	自由职业者	30	11.1%
	其他	20	7.4%
月收入（学生生活费）	2 000 元及以下	83	30.7%
	2 001～4 000 元	53	19.6%
	4 001～6 000 元	49	18.1%
	6 001～8 000 元	36	13.3%
	8 001～10 000 元	24	8.9%
	10 001 元及以上	25	9.3%
主题公园游玩次数	5 次及以下	160	59.3%
	6～10 次	91	33.7%
	11～15 次	11	4.1%
	16～20 次	3	1.1%
	21 次及以上	5	1.9%

注：表中百分比数据为四舍五入约简后数据

5　数据分析

5.1　信效度分析

信度分析结果如表 4 所示，其中各变量的 Cronbach's α 系数值均在 0.7 以上，说明量表具有较好的信度。

表 4　信度分析结果

变量	题项	Cronbach's α
共情	5	0.830
感知真诚性	4	0.807
游客宽恕	3	0.811
服务失败严重性	3	0.746

通过检验 KMO（Kaiser-Meyer-Olkin）值来判断量表是否适合进行效度分析，各变量 KMO 值分别为：共情 0.781、感知真诚性 0.786、游客宽恕 0.716、服务失败严重性 0.677。KMO 值均在 0.6 以上，适合进行下一步效度分析。由于本量表改编自前人成熟量表，并与专家进行了讨论与修改，且使用简单易懂的方式表述，因此本量表内容效度较好。运用主成分分析法进行结构效度分析，结果如表 5 所示，各变量累计方差解释率均大于 50%，且各题项因素负荷量大于 0.5，表明量表结构效度符合研究要求。

表5 因子分析结果

变量	题项	因素负荷量	累计方差解释率
共情	EM1	0.613	59.730%
	EM2	0.656	
	EM3	0.541	
	EM4	0.574	
	EM5	0.601	
感知真诚性	PS1	0.746	63.655%
	PS2	0.612	
	PS3	0.537	
	PS4	0.652	
游客宽恕	TF1	0.714	72.795%
	TF2	0.740	
	TF3	0.730	
服务失败严重性	FS1	0.668	66.581%
	FS2	0.721	
	FS3	0.608	

5.2 操纵检验

让被试判断服务失败类型（1 = 完全属于过程失败，7 = 完全属于结果失败），结果显示，$M_{过程失败}$ = 3.19，$M_{结果失败}$ = 5.17；独立样本 t 检验表明，t = −11.095，p = <0.05，两个情景服务失败类型差异显著，本文对服务失败类型的操纵成功。对真实性进行单样本 t 检验，结果显示，$M_{真实性}$ = 6.78（SD = 1.04）显著高于中介值 [t（269）= 6.782，$p < 0.05$]，说明材料真实性较强[65]。通过单因素方差分析检验实验材料差异是否会影响真实性，结果显示，F（5）= 1.367，$p > 0.1$。因此，实验材料真实性较高，且各组材料真实性没有显著差异。

5.3 主效应分析

采用单因素方差分析检验回复表情符号对游客宽恕的组间差异，F（2）= 8.041，$p < 0.05$，3 组游客宽恕存在显著差异。多重比较结果表明，在线投诉回复中存在的消极表情符号比积极表情符号能引起更高程度的游客宽恕（$M_{消极}$ = 4.86，SD = 0.90 vs $M_{积极}$ = 4.56，SD = 1.01，$p < 0.05$）；与无表情符号的在线投诉回复相比，有表情符号的在线投诉回复对游客宽恕的影响更强烈（$M_{无表情}$ = 4.30，SD = 0.91 vs $M_{积极}$ = 4.56，SD = 1.01，$p < 0.1$；$M_{无表情}$ = 4.30，SD = 0.91 vs $M_{消极}$ = 4.86，SD = 0.90，$p < 0.05$）。因此，在对旅游在线投诉进行回复时，在回复中使用表情符号比不使用表情符号更能提升游客宽恕意愿，其中消极表情符号比积极表情符号对游客宽恕的影响更强，H1 成立。

5.4 中介效应分析

采用 Bootstrap 方法检验共情和感知真诚性的中介效应，模型选择 Model4，样本量选择 5000，置信区间设置为 95%。将自变量编码为虚拟变量，以积极表情符号为参照，消极表情符号 = $X1$，无表情符号 = $X2$，结果如表 6 所示。以共情为中介变量时，$X1$ 和 $X2$ 的间接效应量分别为 0.264、−0.388，置信区间不包含 0；直接效应量分别为 0.039、0.130，置信区间包含 0，共情起到完全中介作用。由此可见，使用消极表情符号回复时，通过引起游客共情，更能促进游客宽恕；使用积极表情符号回复时，共情的中介效应减弱；不使用表情符号回复时，共情的中介效应最弱，H2 成立。

表 6　中介效应分析结果

	变量	效应量	95%LLCI	95%ULCI
共情间接效应	$X1$	0.264	0.042	0.497
	$X2$	−0.388	−0.623	−0.162
共情直接效应	$X1$	0.039	−0.130	0.209
	$X2$	0.130	−0.043	0.302
感知真诚性间接效应	$X1$	0.292	0.061	0.539
	$X2$	−0.263	−0.489	−0.032
感知真诚性直接效应	$X1$	0.012	−0.140	0.164
	$X2$	0.004	−0.149	0.156

以感知真诚性为中介变量时，$X1$、$X2$ 的间接效应量分别为 0.292、−0.263，置信区间不包含 0；直接效应量分别为 0.012、0.004，置信区间包含 0，感知真诚性起到完全中介作用。由此可见，使用消极表情符号回复时，通过引起游客感知真诚性，更能促进游客宽恕；使用积极表情符号回复时，感知真诚性的中介效应减弱；不使用表情符号回复时，感知真诚性的中介效应最弱，H3 成立。

5.5　调节效应分析

以共情为因变量进行双因素方差分析，回复表情符号主效应显著 $[F(2) = 17.447，p < 0.05]$，回复表情符号与服务失败类型交互效应边际显著 $[F(2) = 2.510，p < 0.1，R^2 = 0.132]$。进一步进行简单效应分析，结果如图 3 所示，在过程失败情景下，使用消极表情符号的回复更能促进游客共情，而积极表情符号的作用次之，无表情符号的作用最弱 $[M_{消极} = 5.04，SD = 0.89$ vs $M_{积极} = 4.61，SD = 1.03$ vs $M_{无表情} = 3.90，SD = 1.09，F(2) = 16.588，p < 0.05]$。因此，H4、H4a 成立。在结果失败情景下，是否使用表情符号回复对共情的影响存在差异，其中，使用消极表情符号的影响最强，积极表情符号的影响次之，无表情符号的影响最高 $[M_{消极} = 4.80，SD = 0.89$ vs $M_{积极} = 4.56，SD = 0.96$ vs $M_{无表情} = 4.28，SD = 0.84，F(2) = 3.399，p < 0.05]$。因此，H4b 不成立。

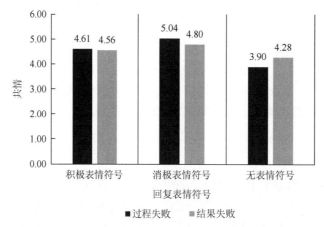

图 3　回复表情符号×服务失败类型对共情的影响

　　以感知真诚性为因变量进行双因素方差分析，回复表情符号主效应显著 $[F(2) = 11.122，p < 0.05]$，回复表情符号与服务失败类型交互效应边际显著 $[F(2) = 2.549，p < 0.1，R^2 = 0.084]$。进一步进行简单效应分析，结果如图4所示，在过程失败情景下，使用消极表情符号的回复更能促进游客的感知真诚性，而积极表情符号的作用次之，无表情符号的作用最弱 $[M_{消极} = 5.02，SD = 1.02 \text{ vs } M_{积极} = 4.49，SD = 1.07 \text{ vs } M_{无表情} = 3.98，SD = 1.00，F(2) = 12.182，p < 0.05]$；在结果失败情景下，3种回复方式对游客的感知真诚性的影响无显著差异 $[M_{消极} = 4.73，SD = 0.96 \text{ vs } M_{积极} = 4.51，SD = 0.97 \text{ vs } M_{无表情} = 4.36，SD = 0.97，F(2) = 1.534，p > 0.05]$。因此，H5、H5a、H5b 成立。

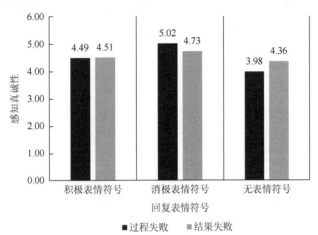

图4　回复表情符号×服务失败类型对感知真诚性的影响

　　自变量回复表情符号为分类变量，而调节变量服务失败严重性为连续变量，因此本文采用分层回归分析检验服务失败严重性的调节效应。将自变量编码为虚拟变量，以积极表情符号为参照，消极表情符号 = $X1$，无表情符号 = $X2$；对调节变量进行中心化处理，记为 M'。以共情为因变量，交互项 $X1 \times M'$、$X2 \times M'$ 的回归系数分别为 0.543 和 0.529（$p < 0.05$），R^2 增加 0.074，服务失败严重性在回复表情符号与共情之间存在显著的正向影响作用。以感知真诚性为因变量，交互项 $X1 \times M'$、$X2 \times M'$ 的回归系数分别为 0.454 和 0.459（$p < 0.05$），R^2 增加 0.051，服务失败严重性在回复表情符号与感知真诚性之间存在显著的正向影响作用（表7）。具体而言，交互项系数为正，意味着自变量对因变量的影响会随着调节变量的增强而增强，即服务失败严重性越大，对于回复表情符号对共情和感知真诚性的影响的调节作用越强，H6 和 H7 成立。

表7　服务失败严重性分层回归分析结果

模型		未标准化系数		标准化系数	t	显著性	R^2	R^2变化量	F
		B	标准错误	Beta					
1	（常量）	4.547	0.095		47.933	0.000	0.214	0.214	24.077
	$X1$	0.361	0.134	0.169	2.693	0.008			
	$X2$	−0.405	0.135	−0.190	−3.007	0.003			
	M'	−0.294	0.051	−0.316	−5.780	0.000			
2	（常量）	4.502	0.091		49.461	0.000	0.288	0.074	21.325
	$X1$	0.414	0.128	0.194	3.224	0.001			
	$X2$	−0.391	0.129	−0.184	−3.031	0.003			

续表

模型		未标准化系数		标准化系数	t	显著性	R^2	R^2 变化量	F
		B	标准错误	Beta					
2	M'	−0.643	0.082	−0.692	−7.800	0.000	0.288	0.074	21.325
	X1×M'	0.543	0.122	0.313	4.442	0.000			
	X2×M'	0.529	0.116	0.342	4.580	0.000			
3	（常量）	4.463	0.100		44.565	0.000	0.177	0.177	19.132
	X1	0.396	0.141	0.180	2.798	0.006			
	X2	−0.241	0.142	−0.110	−1.696	0.091			
	M'	−0.307	0.054	−0.320	−5.713	0.000			
4	（常量）	4.425	0.098		45.238	0.000	0.228	0.051	15.610
	X1	0.441	0.138	0.200	3.195	0.002			
	X2	−0.231	0.139	−0.105	−1.663	0.098			
	M'	−0.605	0.089	−0.630	−6.827	0.000			
	X1×M'	0.454	0.131	0.254	3.459	0.001			
	X2×M'	0.459	0.124	0.288	3.699	0.000			

6　讨论与启示

6.1　结果讨论

（1）在旅游在线投诉的回复中添加表情符号比不添加表情符号更能促进游客宽恕。其中，使用消极表情符号对游客宽恕的影响更强，与以往部分研究一致[10, 11, 13]。说明在服务失败的情景下，表情符号可以使得游客获得与管理者面对面交流的体验，拉近了双方的心理距离，提升了游客的社会临场感[14, 40]。此时由于消极表情符号与游客的负面情绪一致，消极表情符号比积极表情符号更能引起游客宽恕[50]。

（2）在线投诉回复中的表情符号对游客宽恕的影响效应中，共情起中介作用。针对在线投诉，在回复中添加表情符号能够拉近与游客间的心理距离和社会临场感，促使游客站在管理者的立场考虑问题，产生与管理者相近的情绪[40, 55]。游客的共情被唤醒，更有可能原谅其遭受的服务失败，与以往部分研究一致[10, 31, 35, 36]。在服务失败这种消极的情景中，通过消极表情符号表达的情感会使得游客更容易被说服，引起游客共情，进而激发游客宽恕[13, 47]。

（3）在线投诉回复中的表情符号对游客宽恕的影响效应中，感知真诚性起中介作用。管理者在投诉的回复中表达情绪能够展现管理者主动承担责任的意愿，体现处理服务失败问题时的诚意，从而减轻服务失败带来的负面影响[11, 58]。游客通过表情符号感受到在线投诉回复的真诚性，进而产生宽恕意愿，这与以往部分研究结论一致[11, 13]。消极表情符号更能展现管理者道歉的真诚性，因此使用消极表情符号进行在线投诉回复更能提升游客的感知真诚性，促使游客宽恕意愿的产生[11, 50]。

（4）服务失败类型会调节在线投诉回复中的表情符号对游客共情及感知真诚性的影响。过程失败通常造成游客精神、情绪等方面的象征性损失，因此在过程失败发生后，通过表情符号传递管理者的情绪，有助于让游客感受到管理者道歉的真诚性，缓解消极情绪，进而更有可能原谅服务方[1, 53]。而结果失败常常给游客带来经济资源损失，这种功利性损失会造成游客更强烈的情绪反应[1, 10]。对于遭受结果失败的游客而言，他们可能更倾向于获得实质性的服务补救，是否在回复中添加表情符号难以改变游客对回复真诚与否的感知。

在过程失败发生后，及时准确引导游客消极情绪的转变，能使游客设身处地为管理者着想，从而原谅在服务过程中发生的服务问题。此时，消极表情符号与游客的情绪一致，更容易激发游客共情，获得积极的结果[13, 47]。当结果失败发生时，三种表情符号对共情的影响作用同样存在差异，这与 Ma 和 Wang[11]的研究结论不一致。可能的原因在于本文选取情景的服务失败严重性较低，因此在被试看来，他们遭受到的功利性损失较小，而遭受到的象征性损失更大。遭受象征性损失的游客会出现负面情绪，此时，在线投诉回复中的表情符号为游客提供了关于管理者态度的情感线索，使得这些游客转变思路、设身处地为管理者着想，从而使其负面情绪得到转变。因此，当结果失败发生时，表情符号对共情的影响存在差异。

（5）服务失败严重性会调节在线投诉回复中的表情符号对游客共情及感知真诚性的影响，这种调节作用随着服务失败严重性的提升而增强。游客对服务失败严重性的感知会影响他们后续的行为意向，与以往部分研究一致[8, 34]。服务失败严重性越高，游客对回复表情符号的感知差异越大，所产生的共情意向与感知真诚性的差异也就越大。

6.2 理论启示

一方面，以往研究多以网购的搜索型商品为研究对象，探索服务失败情景下在线评论回复中的表情符号对消费者的心理影响机制[10, 12, 13]，少有研究基于旅游服务这一体验性商品，探索在线投诉回复中如何使用表情符号进行服务补救的问题。本文立足服务失败情景，以在线投诉回复中添加表情符号作为外界刺激，游客共情与感知真诚性作为机体的心理加工过程，以及游客宽恕作为反应，证实旅游商家针对在线投诉的回复中添加消极表情符号能引起游客共情和感知真诚性，进而激发游客宽恕这一心理机制，证实搜索型商品情境下的相关研究结论在体验型商品情境下具有一致性[11, 47, 50]。这不仅丰富了 S-O-R 理论框架的应用场景，更在理论层面拓展了服务补救研究领域表情符号的作用机理研究。

另一方面，消费者性别[34]、性格[33]等个人特征，以及感知公平性[35]、感知真诚性[11]、共情[10, 35, 36]等情绪认知对消费者宽恕行为的影响机理均被相关研究证实。本文研究拓展至旅游服务失败情景下，探索旅游服务商针对在线投诉进行的回复中添加表情符号对游客宽恕行为的影响机制，并证实了服务类型和服务失败严重性在这一影响过程中的差异化影响。进一步丰富了以往研究关于服务失败类型或服务失败严重性在消费者宽恕行为形成机制中的调节效应研究[69-72]，同时拓宽了在线投诉回复中表情符号应用的边界条件。

6.3 管理启示

首先，应在旅游在线投诉回复中使用适当的表情符号提升游客宽恕。不同类型的表情符号对游客宽恕的影响存在差异，因此管理者应充分发挥表情符号在服务补救中的作用，提升游客宽恕意愿，修复与游客之间的良好关系，避免游客进一步传播负面口碑，产生报复、回避等行为。

其次，服务失败发生时，应注重引起游客共情，提升感知真诚性。游客宽恕强调负面情绪的消解与转化，因此，面对游客提出的在线投诉，管理者应作出针对性回复以换取游客的共情，更大程度让游客感知到管理者的真诚性，使游客能换位思考，进一步引起游客宽恕。

再者，针对不同类型的服务失败，选择不同的表情符号进行回复。过程失败发生时，可使用表情符号来回复在线投诉以缓解游客的不满情绪，表达真诚歉意，进而促使游客产生宽恕的意愿。当结果失败发生时，使用表情符号不一定能起到显著的影响作用，此时可以考虑其他补救方式来应对在线投诉，如经济补偿等。

最后，根据不同严重程度的服务失败，决定是否在回复中添加表情符号。服务失败严重性会调节在线投诉回复中的表情符号对共情和感知真诚性的影响，并且随着服务失败严重性增加，这种影响也会增大。因此，对于失败严重性较高的服务失败投诉，更应该在回复中添加表情符号，通过表情符号表达真诚的歉意进而提升游客宽恕意愿。

6.4　研究不足与展望

第一，本文仅选用两个表情符号为代表，并未对表达其他情绪的表情符号进行探讨。未来可以对表情符号进行细分，进一步探索害怕、后悔、愤怒等表情符号是否会对游客宽恕产生影响。第二，本文选取常用位置相近的表情符号作为刺激材料，并将表情符号添加在每一句话末尾。表情符号的位置及数量是否会对游客心理产生影响，进而形成不同程度的游客宽恕有待未来进一步研究。第三，本文尚未考虑被试如精神性特征和宗教信仰等个人特征及情绪认知对游客宽恕的影响，未来会考虑对相关因素进行控制和测量。同时，在线投诉回复中的表情符号对游客宽恕的影响可能受到其他因素影响，在未来可以考虑将其他边界条件纳入研究。除此之外，本文实验情境中设定的服务失败严重性较低。服务失败严重性作为连续变量，当严重性程度较高时，回复表情符号是否对游客宽恕起到同样的影响作用有待进一步探究。

参 考 文 献

[1]　熊伟，黄媚娇，黄苑妃. 酒店服务失败情境下顾客的负性情绪与宽容度的弹性变化[J]. 旅游科学，2021，35（4）：53-60，62-75.

[2]　Bitner M J，Booms B H，Tetreault M S. The service encounter：diagnosing favorable and unfavorable incidents[J]. Journal of Marketing，1990，54（1）：71-84.

[3]　Parasuraman A，Zeithaml V，Berry L. SERVQUAL：a multiple-item scale for measuring consumer perceptions of service quality[J]. Journal of Retailing，1988，64：12-40.

[4]　陈国平，张文志，刘淑伟. 不同服务失误情境下顾客自我威胁感知对抱怨动机的影响：自我监控的调节作用[J]. 重庆大学学报（社会科学版），2019，25（5）：71-83.

[5]　Zheng J，Li E，Liu T. From Web2.0 to Web5.0：the psychological belongingness of gen-z in the context of digital diversification[J]. International Journal of Human-Computer Interaction，2024，40（23）：7924-7940.

[6]　Buhalis D，Law R. Progress in information technology and tourism management：20 years on and 10 years after the Internet—The state of eTourism research[J]. Tourism Management，2008，29（4）：609-623.

[7]　Sahin I，Gulmez M，Kitapci O. E-complaint tracking and online problem-solving strategies in hospitality management：plumbing the depths of reviews and responses on tripadvisor[J]. Journal of Hospitality and Tourism Technology，2017，8（3）：372-394.

[8]　Tsarenko Y，Tojib D. The role of personality characteristics and service failure severity in consumer forgiveness and service outcomes[J]. Journal of Marketing Management，2012，28（9/10）：1217-1239.

[9]　Su L J，Pan L，Huang Y H. How does destination crisis event type impact tourist emotion and forgiveness? The moderating role of destination crisis history[J]. Tourism Management，2023，94：104636.

[10]　马瑞婧，凡文强，刘静文. 纯文字还是加"表情"？ 道歉形式对消费者宽恕意愿的影响：移情的中介视角[J]. 南开

管理评论，2021，24（6）：187-196.

[11] Ma R J，Wang W S. Smile or pity? Examine the impact of emoticon valence on customer satisfaction and purchase intention[J]. Journal of Business Research，2021，134：443-456.

[12] 钟科，张家银，李佩锟. 表情符号在线上服务补救中的语言工具作用[J]. 海南大学学报（人文社会科学版），2021，39（5）：138-147.

[13] 凡文强. 网络表情符号类型对消费者宽恕的影响：基于感知真诚性视角[D]. 武汉：中南财经政法大学，2020.

[14] 刘丽群，刘玺辰. 表情符号使用动机及其在不同人际关系中对使用行为的影响：基于混合研究方法[J]. 现代传播（中国传媒大学学报），2020，42（8）：88-94.

[15] 张初兵，张卓苹，韩晟昊，等. 消费者社交媒体抱怨：研究述评与展望[J]. 外国经济与管理，2020，42（12）：72-88.

[16] Nelson P. Information and consumer behavior[J]. Journal of Political Economy，1970，78（2）：311-329.

[17] 黄鹂，李婷. 旅游网络抱怨影响因素研究：个体与群体差异[J]. 经济管理，2016，38（5）：132-142.

[18] 王婧宇，庄贵军，吴廉洁. 在线购物中情境因素对顾客线上抱怨方式的影响[J]. 管理评论，2018，30（12）：89-98.

[19] Au N，Law R，Buhalis D. The impact of culture on eComplaints：evidence from Chinese consumers in hospitality organisations[C]//Information and Communication Technologies in Tourism 2010. Vienna：Springer，2010：285-296.

[20] Richins M L. Negative word-of-mouth by dissatisfied consumers：a pilot study[J]. Journal of Marketing，1983，47（1）：68-78.

[21] Lee C C，Hu C. Analyzing hotel customers' E-complaints from an Internet complaint forum[J]. Journal of Travel & Tourism Marketing，2004，17（2/3）：167-181.

[22] 杜学美，吴亚伟，高慧，等. 负面在线评论及商家回复对顾客购买意愿的影响[J]. 系统管理学报，2021，30（5）：926-936.

[23] Istanbulluoglu D. Complaint handling on social media：the impact of multiple response times on consumer satisfaction[J]. Computers in Human Behavior，2017，74：72-82.

[24] Xu Y K，Zhang Z L，Law R，et al. Effects of online reviews and managerial responses from a review manipulation perspective[J]. Current Issues in Tourism，2020，23（17）：2207-2222.

[25] Luor T，Wu L L，Lu H P，et al. The effect of emoticons in simplex and complex task-oriented communication：an empirical study of instant messaging[J]. Computers in Human Behavior，2010，26（5）：889-895.

[26] Li X S，Chan K W，Kim S. Service with emoticons：how customers interpret employee use of emoticons in online service encounters[J]. Journal of Consumer Research，2019，45（5）：973-987.

[27] Derks D，Fischer A H，Bos A E R. The role of emotion in computer-mediated communication：a review[J]. Computers in Human Behavior，2008，24（3）：766-785.

[28] Kaye L K，Wall H J，Malone S A. "Turn that frown upside-down"：a contextual account of emoticon usage on different virtual platforms[J]. Computers in Human Behavior，2016，60：463-467.

[29] Wang S S. More than words? The effect of line character sticker use on intimacy in the mobile communication environment[J]. Social Science Computer Review，2016，34（4）：456-478.

[30] 张雪，杨向荣. 从表情符号到表情包：网络即时交流中的图文叙事[J]. 传媒观察，2021（7）：48-56.

[31] McCullough M E. Forgiveness as human strength：theory，measurement，and links to well-being[J]. Journal of Social and Clinical Psychology，2000，19（1）：43-55.

[32] McCullough M E，Fincham F D，Tsang J A. Forgiveness，forbearance，and time：the temporal unfolding of transgression-related interpersonal motivations[J]. Journal of Personality and Social Psychology，2003，84（3）：540-557.

[33] Riaz Z，Khan M I. Impact of service failure severity and agreeableness on consumer switchover intention[J]. Asia Pacific Journal of Marketing and Logistics，2016，28（3）：420-434.

[34] Hur J C，Jang S S. Is consumer forgiveness possible? Examining rumination and distraction in hotel service failures[J]. International Journal of Contemporary Hospitality Management，2019，31（4）：1567-1587.

[35] Wei C，Liu M W，Keh H T. The road to consumer forgiveness is paved with money or apology? The roles of empathy and power in service recovery[J]. Journal of Business Research，2020，118：321-334.

[36]　孙乃娟，孙育新. 服务补救、移情与消费者宽恕：归因理论视角下的模型建构及实证[J]. 预测，2017，36（5）：30-35.

[37]　Wieseke J，Geigenmüller A，Kraus F. On the role of empathy in customer-employee interactions[J]. Journal of Service Research，2012，15（3）：316-331.

[38]　毛春蕾，袁勤俭. 社会临场感理论及其在信息系统领域的应用与展望[J]. 情报杂志，2018，37（8）：187-195.

[39]　Short J，Williams E，Christie B. The Social Psychology of Telecommunications[M]. London：Wiley，1976.

[40]　代涛涛，佐斌，郭敏仪. 网络表情符号使用对热情和能力感知的影响：社会临场感的中介作用[J]. 中国临床心理学杂志，2018，26（3）：445-448.

[41]　Gunawardena C N，Zittle F J. Social presence as a predictor of satisfaction within a computer-mediated conferencing environment[J]. American Journal of Distance Education，1997，11（3）：8-26.

[42]　Xu X Y，Huang D，Shang X Y. Social presence or physical presence? Determinants of purchasing behaviour in tourism live-streamed shopping[J]. Tourism Management Perspectives，2021，40：100917.

[43]　Liu G R，Lei S S I，Law R. Enhancing social media branded content effectiveness：strategies via telepresence and social presence[J]. Information Technology & Tourism，2022，24（2）：245-263.

[44]　Pavlou P A，Liang H G，Xue Y J，et al. Understanding and mitigating uncertainty in online exchange relationships：a principal-agent perspective[J]. MIS Quarterly，2007，31（1）：105-136.

[45]　刘小禹，付静宇. 情绪即社会信息模型的理论及应用[J]. 心理科学进展，2022，30（1）：188-205.

[46]　van Kleef G A. How emotions regulate social life：the emotions as social information（easi）model[J]. Current Directions in Psychological Science，2009，18（3）：184-188.

[47]　van Kleef G A，van den Berg H，Heerdink M W. The persuasive power of emotions：effects of emotional expressions on attitude formation and change[J]. The Journal of Applied Psychology，2015，100（4）：1124-1142.

[48]　Lelieveld G J，van Dijk E，van Beest I，et al. Why anger and disappointment affect other's bargaining behavior differently：the moderating role of power and the mediating role of reciprocal and complementary emotions[J]. Personality & Social Psychology Bulletin，2012，38（9）：1209-1221.

[49]　Hu Y O，Min H，Su N. How sincere is an apology? Recovery satisfaction in a robot service failure context[J]. Journal of Hospitality & Tourism Research，2021，45（6）：1022-1043.

[50]　ten Brinke L，Adams G S. Saving face? When emotion displays during public apologies mitigate damage to organizational performance[J]. Organizational Behavior and Human Decision Processes，2015，130：1-12.

[51]　Mehrabian A，Russell J. An Approach to Environmental Psychology[M]. Cambridge：The MIT Press，1974.

[52]　Vieira V A. Stimuli-organism-response framework：a meta-analytic review in the store environment[J]. Journal of Business Research，2013，66（9）：1420-1426.

[53]　Smith A K，Bolton R N，Wagner J. A model of customer satisfaction with service encounters involving failure recovery[J]. Journal of Marketing Research，1999，36（3）：356-372.

[54]　Luo A Q，Mattila A S. Discrete emotional responses and face-to-face complaining：the joint effect of service failure type and culture[J]. International Journal of Hospitality Management，2020，90：102613.

[55]　Smith L W，Rose R L. Service with a smiley face：emojional contagion in digitally mediated relationships[J]. International Journal of Research in Marketing，2020，37（2）：301-319.

[56]　Fehr R，Gelfand M J，Nag M. The road to forgiveness：a meta-analytic synthesis of its situational and dispositional correlates[J]. Psychological Bulletin，2010，136（5）：894-914.

[57]　Schmitt M，Gollwitzer M，Förster N，et al. Effects of objective and subjective account components on forgiving[J]. The Journal of Social Psychology，2004，144（5）：465-485.

[58]　Xiao Y，Hudders L，Claeys A S，et al. The impact of expressing mixed valence emotions in organizational crisis communication on consumer's negative word-of-mouth intention[J]. Public Relations Review，2018，44（5）：794-806.

[59]　Keaveney S M. Customer switching behavior in service industries：an exploratory study[J]. Journal of Marketing，1995，59（2）：71-82.

[60]　Surachartkumtonkun J，Patterson P G，McColl-Kennedy J R. Customer rage back-story：linking needs-based cognitive

appraisal to service failure type[J]. Journal of Retailing, 2013, 89 (1): 72-87.

[61] Thaler R H. Mental accounting matters[J]. Journal of Behavioral Decision Making, 1999, 12 (3): 183-206.

[62] Dror I, Kosslyn S. Mental imagery and aging[J]. Psychology and Aging, 1994, 9 (1): 90-102.

[63] Novak P K, Smailović J, Sluban B, et al. Sentiment of emojis[J]. PLoS One, 2015, 10 (12): e0144296.

[64] 江晓东, 邹健. 表情符号多余吗？：表情符号对在线产品评论感知有用性的影响研究[J]. 管理工程学报, 2023, 37 (1): 66-77.

[65] Sparks B A, Browning V. The impact of online reviews on hotel booking intentions and perception of trust [J]. Tourism Management, 2011, 32 (6): 1310-1323.

[66] Fultz J, Batson C D, Fortenbach V A, et al. Social evaluation and the empathy-altruism hypothesis[J]. Journal of Personality and Social Psychology, 1986, 50 (4): 761-769.

[67] Lazare A. On Apology [M]. New York: Oxford University Press, 2005.

[68] Maxham J G III, Netemeyer R G. A longitudinal study of complaining customers' evaluations of multiple service failures and recovery efforts[J]. Journal of Marketing, 2002, 66 (4): 57-71.

[69] Ho T H, Tojib D, Tsarenko Y. Human staff vs. service robot vs. fellow customer: does it matter who helps your customer following a service failure incident?[J]. International Journal of Hospitality Management, 2020, 87: 102501.

[70] 李晓飞, 马宝龙, 蒋中俊. 服务失败情境下顾客关系的缓冲效应和放大效应研究[J]. 管理评论, 2019, 31(12): 127-135.

[71] 蒋玉石, 李倩, 刘好, 等. 任是"无情"也动人？AI机器人服务失败后道歉主体对消费者宽恕的影响 [J/OL]. 南开管理评论: 1-24[2023-08-14]. https://link.cnki.net/urlid/12.1288.F.20230814.1651.002.

[72] 侯如靖. 酒店机器人服务失败责任归因研究：失败类型与心灵感知的影响[J]. 旅游科学, 2021, 35 (4): 97-107.

Smiling or Crying? Effects of Emoticons on Tourist Forgiveness of Tourism Online Complaint Response

ZHU Zhangxiang, YANG Kening, XU Chunxiao, WANG Jing

(College of Tourism, Hunan Normal University, Changsha 410081, China)

Abstract This study explores the influence of emoticons on tourist forgiveness in the context of service failures to reveal the difference in the influence of types and severity of service failure. Applying the situational questionnaire method, 270 valid responses were collected. The results show that compared with the positive emoticons, when responding to online complaints with negative ones, it could better enhance empathy and perceived sincerity of the tourists and induce their forgive willingness. Meanwhile, types and severity of service failure moderate the above effects. Moreover, empathy and perceived sincerity mediate the effect of emoticons and tourist forgiveness. This study has enriched the research on online travel complaints and provided a reference for the practice of customer relationship management for online travel service providers.

Key words Emoticon, Online complaint response, Tourist forgiveness, Social presence theory, Feeling as social information theory

作者简介

朱张祥，（1987—），男，湖南师范大学旅游学院副教授、硕士生导师，研究方向为旅游电子商务、会展数字化运营等。E-mail：zhuzhangxiang@126.com。

杨可宁，（1997—），女，湖南师范大学旅游学院硕士研究生，研究方向为在线旅游服务。E-mail：concon1024@163.com。

许春晓，（1962—），男，湖南师范大学旅游学院教授、博士生导师，研究方向为区域旅游管理与旅游规划、会展与休闲产业化等。E-mail：chunxiao2682@163.com。

王晶，（1981—），女，湖南师范大学旅游学院副教授、硕士生导师，研究方向为旅游供应链管理、旅游信息化管理等。E-mail：wangjing@hunnu.edu.cn。

从院线到流媒体：消费者的观影偏好与长尾效应分析*

金悦　刘司舵

（对外经济贸易大学信息学院，北京 100029）

摘　要　近年来，越来越多的消费者开始在流媒体平台中观看电影作品，并形成了线上观影习惯。对此，电影制作商、流媒体平台管理者亟须理解电影市场在线下、线上渠道中的差异，以保证电影行业的成功转型。本文以我国 2122 部院线电影为样本，分析流媒体平台相较于线下影院中的消费者偏好变化以及电影市场份额分布的差异。研究结果表明：相对于线下影院，流媒体平台上风格轻快的电影会获得更多观看，而演员和导演号召力的作用下降；此外，流媒体平台上的电影份额分布呈现出更明显的长尾现象。本文可以补充已有电影相关研究较少关注流媒体平台的不足，并证实长尾理论对数字内容产品的适用性。同时，研究结论也可以为流媒体平台完善电影引进制度以及电影制作方选择发行渠道提供理论支持。

关键词　流媒体平台，发行渠道，电影观看量，长尾效应

中图分类号　C931.6

1　引言

在居民收入支出水平提升、移动通信技术发展、精神文化消费增加的当下，在流媒体平台中观看电影已经成为休闲娱乐的重要方式。新冠疫情的出现，更是使得电影行业在线下影院和流媒体平台中呈现出不同的发展态势。一方面，在线下，影院票房略显疲态。2020 年新冠疫情使全球电影市场停摆，随后各地的零散疫情也使影院票房大幅缩水。电影频道融媒体中心和 1905 电影网联合发布的《2022 中国电影年度调查报告》显示，2022 年中国电影总票房为 300.67 亿元，尚未达到 2019 年中国电影总票房的一半水平。另一方面，在线上，电影市场稳中向好、持续发展。流媒体平台凭借渠道优势，不仅吸引了《囧妈》《重启地球》等高成本制作的影片在线上首映，而且也在不断缩短院线首发的影片从影院下映到流媒体平台上映的间隔期。根据《2022 网络电影年度报告》，2022 年我国线上电影正片有效播放量为 387 亿次，全平台网络首发的电影达 388 部，部均正片有效播放量达 1582 万次，较 2019 年增长 158%[①]。

线上渠道的强势发展，使电影行业迎来新的发展拐点，同时也给电影制作商和流媒体平台带来了新的管理挑战。对于整个电影行业而言，随着用户从传统线下渠道转向新兴线上渠道，需要明确用户的观看偏好是否随渠道发生变化；对于电影制作商而言，电影收益与观看量密切相关，因此如何根据电影特点选择

---

* 基金项目：国家自然科学基金青年科学基金项目"社会化内容分享平台中用户生成内容的质量提升策略研究"（编号：72302049）。

通信作者：金悦，对外经济贸易大学信息学院，副教授，E-mail：jiny@uibe.edu.cn。

① 根据《2021 中国网络电影行业年度报告》（https://www.199it.com/archives/1383941.html），2019 年上新网络电影部均正片有效放量为 613 万。

适合的发行渠道，是其亟须解决的难题；对于流媒体平台而言，电影是增加用户黏性的重要部分，在预算有限的情况下，引入哪些电影最能吸引用户观看，从而应对日益兴起的短视频平台对用户注意力的抢夺，也亟待解决。综合而言，电影行业的参与者们都亟须明确线上渠道中用户的电影偏好及其观看行为特征。

目前，国内外学者对电影产业已经进行了大量研究，但已有研究大多关注院线电影票房的影响因素[1-3]，对于流媒体平台上的电影观看量的关注较少，仅有的几篇研究也主要侧重于院线电影在流媒体平台上的引入时间和定价策略[4, 5]，鲜有研究对消费者在线上的流媒体平台与线下影院两个渠道中的电影观看行为的差异进行分析，使得电影行业参与者在面临行业拐点时缺乏理论依据和指导。

基于此，本文选择 2011～2020 年流媒体平台引进的院线电影为研究对象，主要聚焦于以下问题：①相较于线下渠道，在线上渠道中哪些电影特质会使电影获得更高的市场份额，即电影在流媒体平台占据的市场份额较影院增加？②作为线上渠道，流媒体平台会加剧还是降低电影观看的长尾现象，即流媒体平台会使"头部"电影的集中度增加还是降低？通过探究流媒体平台这一新兴渠道中用户对电影特质的偏好及其观看行为特征的变化，本文不仅可以扩展电影销量和长尾理论的相关研究，还可以为流媒体平台的电影引进策略、电影制作商的发行策略提供借鉴启示。

2　文献综述

2.1　电影观看量的相关研究

由于电影的传统渠道为线下影院观看，所以已有研究对电影观看量的研究主要集中在电影的线下影院票房收益上。主流的研究方法为通过建立电影票房的影响因素模型，对影响电影票房的变量进行实证分析，得出电影票房的影响因素。例如，Litman[2]建立了一个电影票房的基本研究模型，发现导演、明星、暑期上映、影评数量、发行商规模、续集会增加电影的租赁收入，且电影类型也会对电影的租赁收入产生影响。在此基础上，众多学者通过不同的数据和研究视角进行了进一步研究。根据研究角度，本文将影响电影票房的因素归为三类。第一类是电影自身特点，包括电影类型[6]、演员[7]、导演[8]、制片地区[1]、是否为续集[9]等不受时间影响的因素；第二类是发行过程中的因素，包括宣传投入[10]、市场竞争程度[11]、播放的银幕数[12]、上映档期[13]等与电影发行有关的外界因素；第三类是从众行为，包括口碑得分[14, 15]、评论数量[16]、上映第一周观看情况[3]等与已观看者相关的因素。

随着线上渠道的出现，用户可以直接在流媒体平台上观看自己喜欢的音视频内容。相对于线下渠道，线上渠道带来了诸多变化（表 1），给用户带来了不同的观影体验。已有研究认为，部分用户是被流媒体平台的便捷性、互动性吸引，从而从影院转向流媒体平台[17]，部分用户是将使用流媒体平台视为一种新型的文化生活方式，认为从流媒体平台上的海量视频中自主选择观看的内容可以表达自己独特的价值观[18]，还有一部分用户会因为推荐机制、他人关注和观看习惯等因素选择在流媒体平台中观看内容[19]。

表 1　院线电影在线上渠道和线下渠道的不同点

特征维度	线上渠道	线下渠道
提供商	流媒体平台	影院
引入时间	一般在电影从影院下映后 3 个月内	影院首映，放映天数一般为 1 个月
价格	部分免费，部分需会员或购买观看， 单部购买价格低，购买后观看次数不限	与选择的影院及放映厅环境有关， 单部购买价格高，购买后仅可观看一次

特征维度	线上渠道	线下渠道
观看便捷性	可使用互联网终端随时随地播放、暂停、回放	必须在影院的安排时间观看，中途不可暂停、回放
内容互动性	可以通过评论及弹幕沟通，互动性高	仅能观看，互动性差
电影数量	可选择平台上的所有电影，数量多	仅可选择该档期上映的电影，数量有限
视听效果	由播放终端的质量决定，效果一般较差	由影院的专业设备决定，效果一般较好
宣传营销	一般不再进行宣传，宣传效果可以忽略	集中在上映前四周和上映后第一周，力度大

然而，由于流媒体平台的发展时间较短，已有研究还没有针对这一新兴渠道中电影观看量进行深入探索。另外，目前与流媒体平台相关的研究主要定性分析用户选择在流媒体平台而非其他渠道观看视频的原因，缺乏对用户在流媒体平台上视频观看行为特征的定量分析。

2.2 发行渠道的相关研究

互联网技术的发展拓展了产品的发行渠道，使越来越多的产品不再局限于单一的发行渠道。目前学界对多渠道发行的研究，侧重于分析新增的线上渠道对原有线下渠道销售情况产生的影响，但结论莫衷一是。部分研究显示，线上渠道的增加不会对线下渠道造成明显冲击。例如，Deleersnyder 等[20]以报纸为研究对象，发现在线报纸的引入并未破坏线下报纸的销售，只有当线上渠道高度模仿已建立渠道时，才可能出现实质的蚕食现象。另外，在线音乐对实体唱片[21]、线上商店对实体店[22]、电子书对印刷书籍[23]销售情况的相关研究也均显示，线上渠道对线下渠道的销售并没有产生显著的负面影响，甚至可以促进产品的营销传播，帮助公司建立在线资产。

另外一部分学者的研究则显示，线上渠道的引入降低了线下渠道的产品销售。例如，流媒体平台YouTube 等网络平台取代了传统的电视观看[24]，余额宝、第三方支付等冲击了线下商业银行的存款业务[25]。Brynjolfsson 等[26]在对女性服装零售的研究中发现，与利基产品（niche product）相比，主流产品在线上和线下零售商之间的跨渠道竞争更为显著。

目前已有研究文献的研究对象主要为在线上线下均可购买的产品或服务，如书籍、服装、音乐专辑、金融业务等。然而，对于院线电影这一类在线下销售时间较短、最终仅能在线上渠道消费的体验型数字内容产品的研究仍然缺乏。与已有研究对象相比，院线电影一般不会同时在线上渠道与线下渠道销售，而是由线下渠道转变为线上渠道，不存在跨渠道的竞争关系。因此，针对这类由线下渠道最终转为单一线上渠道的产品或服务，已有的侧重于分析新增线上渠道对原有线下渠道的影响的多渠道发行的相关研究结论不再适用，应补充由最初的线下渠道到最终的线上渠道这一渠道转变给产品购买带来的影响，如在线上渠道哪些特质会使产品较线下渠道更有优势、更受消费者偏好。

2.3 长尾效应的相关研究

长尾效应是指当市场足够大、产品种类足够多时，需求量小的那些产品会在需求曲线上表现成一条长长的"尾巴"，当这些少量的需求累积时，形成的收益可以达到甚至超过需求量大的产品。一般认为，如果产品在线上的销售集中度小于在线下的销售集中度，则线上渠道的长尾效应更加显著。Brynjolfsson 等[27]以一家中型衣服零售商为研究对象，在控制线上与线下两个渠道的价格、产品描述、产品图片一致的情况下，发现线上渠道的销售集中度明显较低，长尾更加明显。Datta 等[28]发现流媒体音乐平台的应用会提高音乐的总消费，增加音乐多样性，使音乐产品的收听集中度下降，即产生更明显的长尾现象。但是也有研究显示，产品种类的增加，不一定会降低产品需求的集中度。例如，Tan 等[29]在对电影 DVD 租赁市场的研究中，发现电影种类和数量的增加使电影租赁的集中度上升，即出现了与长尾效应相悖的现象。他们指出，这是因为电影种类的增加会稀释消费者对特定产品的需求，而这一负面影响对利基产品尤为明显。

总的来说，长尾是线上电子商务市场中的重要现象，也是电子商务市场区别于线下市场的重要特征。对大部分产品而言，线上渠道都有助于增加产品的多样性并提高利基产品的市场份额。然而，针对电影这种特殊的娱乐性内容产品而言，其在线上渠道中是否也会出现更明显的长尾现象还缺乏实证研究结论的支持。根据已有的线上渠道相关研究[27, 28]，流媒体平台应该有助于降低电影观看的集中度，然而根据已有的电影租赁市场相关研究[29]，电影种类的增加可能会导致电影观看集中度进一步提高。因此，相对于线下渠道，在流媒体平台这一线上渠道中，电影观看的集中度会如何变化还有待于进一步的分析和检验。

3　理论分析与研究假设

根据院线电影在线上渠道和线下渠道的不同点，本文认为，用户在流媒体平台观看院线电影时，主要会在观看成本、观影环境、可选择数量三个方面感知到与线下影院的差异。首先，观看成本下降，意味着用户观影时的试错成本降低，选择尝试非明星阵容的电影的可能性增加。其次，观影环境改变，由更沉浸、专业的线下影院转为更碎片化、随意的居家环境，适宜观看的电影类型也会随之改变。最后，可选择的电影数量增加，可能会使更多的利基电影被选择观看。基于以上分析，本文在研究用户观看电影的渠道改变带来的影响时，选择电影的明星效应、电影类型、电影观看集中度进行分析。

3.1　电影的明星效应与观看渠道

在产品销售中，明星效应（superstar effect）是指明星商品更有可能被消费者购买。具体到电影产业中，由于演员和导演是电影艺术中的主要表达载体，所以明星效应主要体现为主演、导演的号召力[30]。根据信号理论，知名度高的演员、导演会降低电影质量的不确定性，降低观影的风险成本，所以人们偏好观看高知名度的演员、导演的作品[31]。但随着观看渠道由线下影院转变为流媒体平台，观看的经济成本、时间成本大幅度下降，刺激用户尝试观看非明星阵容的电影。另外，由于电影的宣传集中在上映前四周和上映后第一周[32]，宣传效果会随着时间流逝而降低，所以当电影进入线上渠道时，电影在线下渠道以主演阵容和导演为卖点的宣传效果可以忽略不计。此时，电影主演号召力、电影导演号召力的明星效应会降低。因此，本文提出如下假设。

H1a：相对于线下渠道，线上渠道中电影主演号召力对电影市场份额的正向影响更小。

H1b：相对于线下渠道，线上渠道中电影导演号召力对电影市场份额的正向影响更小。

3.2　电影类型与观看渠道

线上和线下渠道的主要差异之一在于观影的环境和氛围，即在流媒体平台中难以获得与影院观看相同的视觉冲击效果，但是其随意、非正式的氛围更有助于实现家人朋友间的互动交流。大众对于不同类型的电影各有偏好，使不同类型的电影的销量有所差异。Litman[2]的研究显示电影类型会对电影票房产生影响，在影院中观众更偏好观看激动人心的、视觉冲击大的电影[33]。观众的观影偏好是由观影动机主导的。整体上看，观影动机主要包括社会交往、情感支持、审美提升[34]。对于观众而言，无论选择何种观看渠道，同一部电影所提供的情感支持和审美提升都是一致的，但在社会交往上存在较明显的差异。这一差异主要是由线上和线下渠道观影环境和社交氛围的不同导致的。以往研究表明，影院具备更尖端的视听放映技术、更沉浸的体验感、更强的仪式感，而流媒体平台具备更舒适随意的空间、更灵活的交互性、更好的分享性[35]。虽然流媒体平台难以提供与影院观看相同的视觉冲击效果，但是其随意、非正式的社交氛围更有助于实现家人朋友间的互动交流，具有更强的社交属性，使观众在线上渠道更偏好选择整体氛围相对轻松愉快的电影。因此，本文提出如下假设。

H2a：相对于线下渠道，视觉冲击力强的电影在线上渠道中占据的市场份额更小。

H2b：相对于线下渠道，风格轻松愉快的电影在线上渠道中占据的市场份额更大。

3.3　电影观看集中度与观看渠道

针对电影这一产品类型，随着观看渠道由线下转为线上，用户在选择范围、搜索成本、接收的推荐这三个方面会发生改变，这些变化会影响用户的观看抉择。第一，选择范围扩大。根据长尾理论，当产品的种类增加时，用户对产品需求的集中度会下降[36]。电影引入流媒体平台后，可以供用户随时播放观看。此时，用户可选择的电影数量为流媒体平台购买的电影数量，不再局限于影院中每个档期的固定上映数量。第二，搜索成本降低。流媒体平台更加便利的搜索筛选机制，降低了用户搜集能够满足其特定需求的利基产品的成本，可能会增加平时被忽视的产品的市场份额[27]。第三，接收的推荐更加个性化。线上渠道中的个性化推荐算法，不再仅推荐热门产品，而是更精确地将用户与具有独特属性的产品相匹配，增加了非热门产品的曝光度[37]。因此，本文提出如下假设。

H3：相较于线下渠道，线上渠道中电影份额排名与电影市场份额的相关性减弱，即电影观看的集中度降低、长尾效应增强。

4　研究设计

4.1　数据样本及来源

本文以腾讯视频平台上引入的2011～2020年的2353部院线电影为研究对象，剔除数据不完整的影片后，剩余2122部电影作为样本。新冠疫情主要影响电影的前期拍摄，对后期制作的影响较小。为排除疫情对前期拍摄的影响，考虑到好莱坞电影后期制作的平均时间为301天[38]，选择的电影样本截至2020年。作为我国主流的流媒体平台，腾讯视频的电影片库中包括2011～2020年上映的院线电影中的80%，拥有1.2亿付费会员，这保障了电影样本和用户观看行为具有代表性和普适性。在数据来源方面，本文使用的电影观看量、电影类型、主演、导演、时长、上映年份、制片地区相关数据均来自腾讯视频。电影的影院票房数据主要来自猫眼票房专业版的年度影片票房排行榜，并以艺恩数据库作为补充。主演获奖情况和导演获奖情况来自金鸡奖、金马奖、金像奖、奥斯卡奖官网。

4.2　变量选取

本文涉及院线电影在线上渠道与线下渠道的销量对比，为统一量纲，本文以电影在两个渠道的市场份额为因变量，包括电影的线上观看量份额和线下票房份额。由于线上观看量份额和线下票房份额的分布呈现右偏，因此对其取自然对数。本文使用的主要自变量包括主演号召力、导演号召力、电影类型、时长、上映年份、制片地区。其中，电影主演为腾讯视频公布的演员名单中的前四位演员。由于院线电影在影院的上映时间早于在流媒体平台的上线时间，演员和导演的号召力会随获奖数量动态变化，所以将主演号召力和导演号召力按照线上、线下上映时间进行区分，分为主演线上号召力、主演线下号召力、导演线上号召力、导演线下号召力，衡量方式分别为主演和导演在 2021 年前（针对线上号召力）或电影上映年份前（针对线下号召力）获得金鸡奖、金马奖、金像奖、奥斯卡奖的最佳男/女主角奖或最佳导演奖的次数。电影类型为腾讯视频上该电影的前两个类型标签，包括爱情、传记、动画、动作、儿童、犯罪、纪录、家庭、惊悚、剧情、科幻、恐怖、冒险、历史、奇幻、喜剧、悬疑、灾难、战争、其他共20 个类型，归入其他类型的电影总数小于 20 部。其中，由于科幻、冒险类型的电影通常具有更丰富的特效、更震撼的场面，而喜剧、爱情类型的电影大多节奏轻快、贴近真实生活，所以将科幻、冒险两种电影类型归为视觉冲击力强的电影，将喜剧、爱情两种电影类型归为风格轻松愉快的电影。对主要变量的说明和描述性统计分析结果见表 2。

表 2 变量说明与主要变量描述性统计结果

变量名称	符号	变量说明	平均值	最大值	最小值	标准差
电影市场份额	$lnShare_1$	Ln（线上该电影观看量/总观看量）	−9.20	−4.37	−18.56	2.16
	$lnShare_2$	Ln（线下该电影票房/总电影票房）	−10.45	−3.92	−22.69	3.08
主演号召力	$ActorAward_1$	主演在 2021 年前获奖次数	0.54	14	0	1.39
	$ActorAward_2$	主演在上映年份前获奖次数	0.41	13	0	1.17
导演号召力	$DirectorAward_1$	导演在 2021 年前获奖次数	0.12	9	0	0.65
	$DirectorAward_2$	导演在上映年份前获奖次数	0.10	6	0	0.53
电影类型	Type	是此类型则为 1，否则为 0	—	—	—	—
视觉冲击力	Exciting	电影类型为科幻或冒险则为 1，否则为 0	0.13	1	0	0.34
风格轻松愉快	Relaxing	电影类型为喜剧或爱情则为 1，否则为 0	0.43	1	0	0.50
制片地区	Area	是中国则为 1，否则为 0	0.75	1	0	0.43
时长	Time	电影的时长（分钟）	99.64	186	70	15.57
上映年份	Year	上映年份距 2010 年的年数	5.84	10	1	2.76

从表 2 可以看出，不同的电影在市场份额、主演号召能力、导演号召能力上存在较大差距。整体上，获奖演员与获奖导演的比例较低，但也存在多次得到专业评审认可的演员与导演。另外，在 2122 部电影样本中，中国地区制作的电影占据多数，电影时长存在明显差异。电影上映年份的平均值说明 2016 年及以后上映的电影数量更多，这与流媒体平台不断发展，积极增加自身电影片库相吻合。

4.3 模型设计

为了检验上述假设，探究在线上渠道，主演号召力、导演号召力、电影类型对市场份额的影响是否比线下渠道更显著，以及电影份额排名与电影市场份额的相关性是否较线下渠道减弱，本文增加虚拟变量 Online，使用的计量模型如模型（1）所示。在模型（1）中，被解释变量为电影 i 在渠道 c（线上、线下）的市场份额 $lnShare_{i,c}$；解释变量为交叉项 $Online_c \times X_{i,c}$，控制变量为 $Controls_{i,c}$，是除 $X_{i,c}$ 外的自变量；δ_t 为上映年份固定效应；$\varepsilon_{i,c}$ 为随机扰动项。

$$\ln\text{Share}_{i,c} = \beta_0 + \beta_1 X_{i,c} + \beta_2\text{Online}_c + \beta_3\text{Online}_c \times X_{i,c} + \beta_4\text{Controls}_{i,c} + \delta_t + \varepsilon_{i,c} \quad (1)$$

针对不同假设，解释变量中的 $X_{i,c}$ 的具体指代变量有所差异。对于 H1a、H1b、H2a、H2b，探究不同渠道的消费者偏好差异时，$X_{i,c}$ 分别代指主演号召力、导演号召力、电影是否具有视觉冲击力以及电影风格是否轻松愉快。对于 H3，探究不同渠道的电影观看集中度差异时，$X_{i,c}$ 代指电影 i 在渠道 c 的销量排名，即该电影观看量（或票房）在同渠道所有电影观看量（或票房）中的位次的自然对数。这一做法借鉴了 Brynjolfsson 等[26]利用市场份额和排名证实长尾效应的方式，如果 β_3 显著为正，说明随着销量排名的增加，线上渠道中市场份额的减少会变慢，即尾部市场份额相对增加，出现长尾效应。

5 研究发现

5.1 不同渠道的消费者偏好差异

利用模型（1）对 H1a、H1b、H2a、H2b 进行检验的回归结果如表 3 所示。

表 3　不同渠道的消费者偏好差异

	（1）	（2）	（3）	（4）	（5）
Online×ActorAward	−0.248*** (−5.199)	—	—	—	−0.241*** (−5.027)
Online×DirectorAward	—	−0.382*** (−3.787)	—	—	−0.288*** (−2.777)
Online×Exciting	—	—	−1.184*** (−7.428)	—	−1.137*** (−6.841)
Online×Relaxing	—	—	—	0.485*** (3.771)	0.259* (1.944)
Online	1.313*** (19.255)	1.239*** (19.532)	1.355*** (19.916)	0.991*** (12.701)	1.380*** (14.739)
ActorAward	0.480*** (11.663)	0.337*** (12.617)	0.332*** (12.373)	0.334*** (12.535)	0.475*** (11.336)
DirectorAward	0.141*** (2.669)	0.366*** (4.272)	0.137*** (2.591)	0.136*** (2.585)	0.318*** (3.581)
Exciting	0.797*** (6.200)	0.802*** (6.229)	1.391*** (8.825)	0.799*** (6.231)	1.368*** (8.549)
Relaxing	0.997*** (8.040)	0.998*** (8.027)	0.999*** (8.049)	0.757*** (5.046)	0.868*** (5.753)
Controls	控制	控制	控制	控制	控制
上映年份固定	是	是	是	是	是
样本量	4244	4244	4244	4244	4244
R^2	0.450	0.448	0.452	0.449	0.457

注：括号中为 t 值；由于变量较多，使用 Controls 表示未在表中出现的其他控制变量，包括电影类型、时长、制片地区
***表示 1%水平上显著，*表示 10%水平上显著

对于 H1a、H1b，表 3 的回归结果显示，主演号召力（ActorAward）、导演号召力（DirectorAward）的系数显著为正，表明越高的主演号召力、导演号召力均会给电影带来更大的市场份额。但是，主演号召力和线上渠道的交叉项（Online×ActorAward）、导演号召力和线上渠道的交叉项（Online×DirectorAward）

的回归系数均在 1%水平上显著为负，表明相对于线下渠道，在线上渠道中主演号召力、导演号召力对电影市场份额的正向影响被削弱，支持 H1a、H1b。

对于 H2a、H2b，视觉冲击力强（Exciting）、风格轻松愉快（Relaxing）的系数显著为正，表明这两类电影的市场份额相对其他类型更高。更具视觉冲击与线上渠道的交互项（Online×Exciting）系数在 1%水平上显著为负，表明相较于线下渠道，线上渠道中电影视觉冲击力对市场份额的正向影响减弱，支持 H2a；风格轻松愉快与线上渠道的交互项（Online×Relaxing）系数为正数且在 1%水平上显著，表明相较于线下渠道，线上渠道中风格轻松愉快的电影类型的市场份额增加，支持 H2b。

5.2　不同渠道的电影观看集中度差异

在探究不同渠道上电影观看集中度时，本文借鉴 Brynjolfsson 等[26]的做法，首先分别计算线上渠道和线下渠道的基尼系数（Gini coefficient）并绘制洛伦兹曲线，然后使用模型（1）对电影的市场份额和排名进行回归估计。基尼系数通常用于衡量一个总体中的居民收入差距，取值范围为 0 到 1，一般认为基尼系数越大，收入差距越大。洛伦兹曲线是在一个总体内，从收入最低者开始累计人口百分比对应各人口百分比的收入百分比的点组成的曲线，常用于分析一个总体的收入分配情况，一般认为曲线的弯曲程度越大，收入分配越不平等。基尼系数和洛伦兹曲线均可用于分析收入的集中情况，也可以用于分析电影观看的集中度。

本文使用定积分法计算基尼系数，计算方法为式（2）。式（2）中各变量含义为，假定共有 n 部电影，将电影销量进行升序排序，从第 1 部电影到第 i 部电影的累计销量占所有电影总销量的比值为 W，从第 1 组到第 i 组累计电影数量与总电影数量的比例为 P。经过计算，线上渠道的基尼系数为 0.718，线下渠道的基尼系数为 0.833。线上渠道的基尼系数小，说明线上渠道的销量差距小，电影观看集中度低，证明线上渠道存在更明显的长尾现象。

$$\mathrm{Gini} = \frac{1}{n}\left(2\sum_{i=1}^{n-1}(P_j - W_j)\right) \tag{2}$$

线上渠道与线下渠道的洛伦兹曲线如图 1 所示。图 1 中，横坐标为按销量升序排列后线上渠道、线下渠道电影数量累计百分比，纵坐标分别为电影数量累计百分比对应的线上渠道累计市场份额百分比、线下渠道累计市场份额百分比。从图 1 可以看出，线上渠道的洛伦兹曲线的弯曲程度小于线下渠道，说明线上渠道的销量分布更为平均，证明线上渠道长尾效应增强。

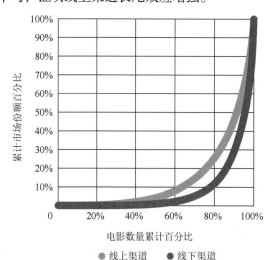

图 1　线上渠道与线下渠道的洛伦兹曲线

针对 H3，使用模型（1）回归的结果如表 4 所示。可以看出，电影市场份额（lnShare）与线上渠道和排名的交叉项（Online×lnRank）的回归系数为 0.749，且在 1%水平上显著。结合电影市场份额（lnShare）与排名（lnRank）的回归系数在 1%水平上显著为负，说明与线下渠道相比，线上渠道的电影观看集中度显著降低，长尾更明显。

表 4　不同渠道的电影观看集中度差异

	lnShare
Online×lnRank	0.749*** （9.217）
lnRank	−2.330*** （−30.779）
Online	−3.762*** （−6.863）
Controls	控制
上映年份固定	是
样本量	4244
R^2	0.769

注：括号中为 t 值；由于变量较多，使用 Controls 表示未在表中出现的控制变量，包括主演号召力、导演号召力、视觉冲击力、风格轻松愉快、电影类型、时长、制片地区

***表示 1%水平上显著

综合基尼系数计算结果、洛伦兹曲线的曲度、模型（1）的交叉项回归结果，可以证明在产品数量更大、流通渠道更开放的线上渠道中，电影观看集中度降低，长尾效应较线下渠道增强，支持 H3。这一研究结果与长尾理论吻合，即在线上渠道中，产品的需求集中度会下降，尾部产品的消费占比提高。对于线上渠道更明显的长尾效应的形成机制，部分研究从供给端出发，认为线上渠道增加了产品的种类和数量，提高了利基产品的可获得性[36]；部分研究则从需求端出发，认为是线上更低的搜索成本[26]、更丰富的产品信息[39,40]促使了长尾效应的产生。对于院线电影，本文认为，由线下影院进入流媒体平台后，用户可选择观看的电影数量、种类大幅增加，搜索成本、试错成本明显降低，使用户尝试尾部产品的意愿增强，观看尾部电影的行为增多，形成了更明显的长尾效应。

6　稳健性检验

为了检验研究发现的可靠性，本文主要从以下三个方面进行了稳健性检验：首先，为避免新冠疫情后用户需求变化对研究结论的干扰，剔除原样本中新冠疫情期间上映的电影，重复上文模型的回归分析。其次，为避免演员或导演凭借一部电影多次获奖对研究结论的干扰，调整主演与导演号召力的衡量方式，将其凭借一部电影的多次获奖仅计为一次获奖，重复上文模型的回归分析。最后，为避免线上渠道仅限会员观看对研究结论可能产生的干扰，增加控制变量是否限制会员观看，重复上文模型的回归分析。

6.1　剔除新冠疫情期间上映的电影

2020 年春节前后，新冠疫情开始在全国各地蔓延，对人们的日常生活乃至生命安全造成了严重影响。为切断病毒传播渠道，我国政府号召居民减少外出活动，暂停娱乐性场所营业。据统计，至 2020 年 7 月份影院开始恢复营业，我国影院共计暂停营业 178 天[41]。在这种情况下，用户的线下观影行为大幅减少；

电影制作商推迟多部影片的上映档期，进一步导致用户线下观影需求的下降。为排除用户受疫情影响导致的需求变化对研究结果的影响，本文剔除新冠疫情暴发后上映的电影，进行稳健性检验。检验结果如表 5、表 6 所示。表中数据显示，将新冠疫情期间上映的电影剔除后，模型（1）中交叉项的系数符号、显著性水平均未改变，仅在系数的大小上与前文回归结果有一些差异，结果并未发生实质性变化。

表 5　剔除新冠疫情期间上映电影后不同渠道的消费者偏好差异

	（1）	（2）	（3）	（4）	（5）
Online×ActorAward	−0.240*** (−5.024)	—	—	—	−0.235*** (−4.883)
Online×DirectorAward	—	−0.371*** (−3.708)	—	—	−0.278*** (−2.710)
Online×Exciting	—	—	−1.187*** (−7.260)	—	−1.114*** (−6.533)
Online×Relaxing	—	—	—	0.559*** (4.291)	0.325** (2.401)
Online	1.298*** (18.586)	1.225*** (18.945)	1.346*** (19.411)	0.938*** (11.767)	1.339*** (13.951)
ActorAward	0.457*** (11.181)	0.318*** (12.042)	0.314*** (11.792)	0.316*** (11.953)	0.453*** (10.849)
DirectorAward	0.141*** (2.728)	0.361*** (4.253)	0.138*** (2.659)	0.138** (2.659)	0.314*** (3.583)
Exciting	0.651*** (4.820)	0.656*** (4.852)	1.247*** (7.567)	0.653*** (4.852)	1.210*** (7.251)
Relaxing	0.835*** (6.383)	0.837*** (6.382)	0.838*** (6.407)	0.558*** (3.610)	0.673*** (4.330)
Controls	控制	控制	控制	控制	控制
上映年份固定	是	是	是	是	是
样本量	3884	3884	3884	3884	3884
R^2	0.419	0.415	0.420	0.416	0.426

注：括号中为 t 值；由于变量较多，使用 Controls 表示未在表中出现的其他控制变量，包括电影类型、时长、制片地区
***表示 1%水平上显著，**表示 5%水平上显著

表 6　剔除新冠疫情期间上映电影后不同渠道的电影观看集中度差异

	lnShare
Online×lnRank	0.738*** (8.964)
lnRank	−2.278*** (−29.802)
Online	−3.695*** (−6.699)
Controls	控制
上映年份固定	是
样本量	3884
R^2	0.767

注：括号中为 t 值；由于变量较多，使用 Controls 表示未在表中出现的控制变量，包括主演号召力、导演号召力、视觉冲击力、风格轻松愉快、电影类型、时长、制片地区
***表示 1%水平上显著

6.2 主演、导演号召力的衡量

金鸡奖、金马奖、金像奖、奥斯卡奖均是对演员、导演在某一部电影中呈现出的专业实力的认可，所以在部分年份会出现演员或导演凭借一部电影获得多个电影节奖项的情况。在现实生活中，演员、导演往往是通过某部作品，而非某个奖项被大众认可。所以，在衡量主演或导演的号召力时，应该使用其获奖的电影作品的部数，而非获奖的次数。为排除演员、导演凭借一部电影多次获奖对研究结论的干扰，本文对主演号召力、导演号召力的衡量方式进行调整，将其凭借一部电影的多次获奖仅计为一次获奖，进行稳健性检验。检验结果如表 7 所示。表中数据显示，在调整主演号召力、导演号召力的衡量方式后，模型（1）中交叉项的系数符号、显著性水平均未改变，仅在系数的大小上与前文回归结果有一些差异，结果并未发生实质性变化。

表 7　调整主演、导演号召力的衡量方式后不同渠道的消费者偏好差异

	（1）	（2）	（3）	（4）	（5）
Online×ActorAward	−0.278*** (−5.671)	—	—	—	−0.273*** (−5.559)
Online×DirectorAward	—	−0.381*** (−3.710)	—	—	−0.289*** (−2.736)
Online×Exciting	—	—	−1.183*** (−7.430)	—	−1.135*** (−6.838)
Online×Relaxing	—	—	—	0.487*** (3.790)	0.262** (1.967)
Online	1.317*** (19.288)	1.237*** (19.496)	1.354*** (19.900)	0.989*** (12.674)	1.383*** (14.760)
ActorAward	0.533*** (12.750)	0.372*** (13.215)	0.368*** (12.928)	0.370*** (13.104)	0.530*** (12.490)
DirectorAward	0.145*** (2.711)	0.370** (4.220)	0.141*** (2.622)	0.140*** (2.613)	0.324*** (3.572)
Exciting	0.795*** (6.184)	0.800*** (6.217)	1.389*** (8.816)	0.797*** (6.220)	1.365*** (8.537)
Relaxing	0.995*** (8.017)	0.996*** (8.011)	0.997*** (8.033)	0.754*** (5.025)	0.864*** (5.726)
Controls	控制	控制	控制	控制	控制
上映年份固定	是	是	是	是	是
样本量	4244	4244	4244	4244	4244
R^2	0.450	0.448	0.452	0.449	0.457

注：括号中为 t 值；由于变量较多，使用 Controls 表示未在表中出现的其他控制变量，包括电影类型、时长、制片地区
***表示 1%水平上显著，**表示 5%水平上显著

6.3 是否限制会员观看

用户付费订阅，即会员制，是流媒体平台的主要盈利来源之一[42]。作为流媒体平台的重要业务，部分电影被设置为仅限会员观看，以期获取并留存更多付费用户，提高平台收入。在这种情况下，与所有

用户均可以免费观看的电影相比，仅限会员观看的电影的受众范围较小，可能会影响线上渠道的电影观看情况。为排除线上渠道中仅限会员观看对研究结论的干扰，本文增加是否仅限会员观看作为控制变量，以变量 VIP 表示，将限制会员观看的电影计作 1，其余计作 0，进行稳健性检验。检验结果如表 8 所示。表中数据显示，在控制是否仅限会员观看后，模型（1）中交叉项的系数符号、显著性水平均未改变，仅在系数的大小上与前文回归结果有一些差异，结果并未发生实质性变化。

表 8　控制是否仅限会员观看后不同渠道的消费者偏好差异

	（1）	（2）	（3）	（4）	（5）
Online×ActorAward	-0.248*** （-5.483）	—	—	—	-0.243*** （-5.333）
Online×DirectorAward	—	-0.366*** （-3.785）	—	—	-0.271*** （-2.728）
Online×Exciting	—	—	-1.186*** （-7.586）	—	-1.139*** （-6.956）
Online×Relaxing	—	—	—	0.485*** （3.891）	0.260** （2.001）
Online	1.319*** （19.926）	1.243*** （20.146）	1.361*** （20.612）	0.997*** （13.063）	1.385*** （15.101）
ActorAward	0.443*** （11.369）	0.300*** （11.696）	0.295*** （11.434）	0.297*** （11.597）	0.439*** （11.043）
DirectorAward	0.106** （2.115）	0.322*** （3.881）	0.102** （2.037）	0.102** （2.029）	0.273*** （3.184）
Exciting	0.756*** （5.973）	0.760*** （6.004）	1.351*** （8.835）	0.758*** （6.006）	1.328*** （8.547）
Relaxing	0.923*** （7.638）	0.924*** （7.627）	0.925*** （7.648）	0.682*** （4.710）	0.794*** （5.447）
VIP	1.071*** （15.566）	1.069*** （15.519）	1.071*** （15.543）	1.071*** （15.522）	1.070*** （15.587）
Controls	控制	控制	控制	控制	控制
上映年份固定	是	是	是	是	是
样本量	4244	4244	4244	4244	4244
R^2	0.482	0.480	0.484	0.480	0.489

注：括号中为 t 值；由于变量较多，使用 Controls 表示未在表中出现的其他控制变量，包括电影类型、时长、制片地区
***表示 1%水平上显著，**表示 5%水平上显著

7　结论与讨论

本文基于 2011～2020 年我国 2122 部院线电影的观看数据和票房数据，分析院线电影在流媒体平台和线下影院观看的差异，并通过构建多元回归方程，探究哪些电影特质会在流媒体平台对市场份额产生更大的影响，即具备什么特征的电影在线上渠道会更具优势，最后根据长尾理论分析用户在流媒体平台与影院电影观看集中度的变化情况。研究所得的结论与讨论如下。

第一，与线下渠道相比，电影的明星效应在线上渠道被削弱，即电影主演、导演的号召力并未提高电影在线上渠道的市场份额。演员、导演获奖数量的增加，会提升演员、导演的知名度，也说明演员和

导演的实力得到了专业评审的认可。一般而言，在其他条件一致时，具有更多获奖的演员和导演代表着更高质量的电影，会具有更高的号召力，可以吸引更多的观看。但是，随着观影渠道的改变，获奖次数更多的演员、导演的作品在流媒体平台中并未展现出与线下影院中一致的优势。这可能与线上渠道中观影成本降低、用户试错成本大幅下降、尝试非明星阵容电影作品的意愿增加有关。

第二，在流媒体平台中，风格轻松愉快的电影如爱情片、喜剧片的观看较线下影院会有显著提高，而强调视觉冲击、整体更刺激人心的电影如科幻片、冒险片不再具备优势。用户使用流媒体平台观看电影的情境大多发生在家中，难以营造与影院类似的沉浸式观影氛围，不具备巨幕、杜比音效等专业设备，不适合观看科幻、冒险等强调视听体验的电影。此时，与居家的随意性、舒适性更加匹配，对观影环境要求相对较低的爱情、喜剧类型的电影将得到用户的更多选择。

第三，在流媒体平台，电影观看集中度较影院降低，即电影在流媒体平台上出现了更明显的长尾现象，"头部电影"的热度下降，而在影院中观看较少的那些电影在流媒体平台获得了更大的市场份额。当用户在线上选择观看的电影时，电影片库中的每部电影可以随意观看，可以避免线下影院中因电影排片情况、电影档期等因素提高电影观看成本的现象。借助流媒体平台，尾部电影提高了自身的曝光率，获得了更多的观看，使电影在流媒体平台上出现了比线下影院更明显的长尾效应。

7.1 理论贡献

第一，本文可以补充流媒体平台这一渠道下电影观看情况的相关研究。作为新兴线上渠道，流媒体平台与影院的运作模式不同。已有的电影相关研究多集中于对线下渠道的讨论，聚焦于电影票房的影响因素，研究成果可能不适用于流媒体平台这一渠道。本文定量分析用户在流媒体平台上更偏好的电影特质，补充了电影在流媒体平台中观看情况的相关研究。

第二，本文通过研究电影这一娱乐性内容产品补充了跨渠道销量分析的已有研究。已有的跨渠道产品的相关研究侧重于新增的线上渠道对线下渠道的影响，研究对象多为书籍、音乐、服装等在任何时间都可以两个渠道购买的产品。而院线电影在线下渠道有固定的档期，不能在影院随时观看，最终仅能在线上渠道观看。因此，本文将院线电影作为研究对象，可以扩展跨渠道产品销量分析的研究场景。

第三，本文可以完善用户在流媒体平台观看行为特征相关研究。目前，对于用户在流媒体平台观看的研究主要从平台层面进行分析，从视频个体层面分析的研究较少。本文以电影个体为研究对象，分析用户在线上渠道偏好的电影特点，探究了线上渠道与线下渠道电影观看集中度的变化，完善了用户在线观看行为特征的相关研究。

7.2 实践意义

根据研究结果，本文对流媒体平台提出如下建议。首先，在选择引进的电影时，应该积极引进风格轻松愉快的电影，具备此特点的电影一般会有更高的观看量。其次，流媒体平台应该适度增加利基电影。用户在流媒体平台上的电影观看集中度显示，主流热门电影的观看比例下降，利基电影的观看比例上升。考虑到具有明星阵容的电影的引入费用一般较高，流媒体平台可以将一部分购买明星电影的预算转向购买不具备明星阵容的电影，增加平台电影的多样性，利用长尾效应的优势提高收益。

同时，本文对电影制作商提出两点建议。首先，电影制作商如果有计划在流媒体平台发行电影，可以在拍摄电影时，适当迎合流媒体平台中更受偏好的特征，如大胆选用获奖次数不多的新人演员或导演，以实现除影院票房外的流媒体平台收益最大化。其次，在选择最初发行渠道时，如果电影主演与导演的获奖次数较少、电影风格轻松诙谐、电影题材较为小众，可以考虑采用网络首发的方式在流媒体平台上映，以获得比院线发行更多的收益。

7.3 研究局限与未来展望

本文的局限性主要包括三点。首先，在变量设置上，本文在研究线上与线下渠道电影市场份额分布的差异时，由于相关数据难以收集，未加入竞争程度、用户信息等变量进行控制，对于主演号召力与导演号召力也仅选取获奖次数作为衡量指标，未加入主演热度、导演热度作为衡量指标。其次，在数据收集上，本文选择的是电影观看量的截面数据，虽然在分析中控制了上映年份的影响，但是并不能展示线上电影观看量的动态变化。此外，由于本文侧重研究渠道变化对电影观看的影响，所以并未考虑仅在影院或流媒体平台某单一渠道上映的电影对模型结果的影响。最后，在研究深度上，由于数据限制，本文仅说明了电影在线上渠道出现了更明显的长尾效应，未能深入探索形成这一现象的机制。

未来研究首先可以拓展研究对象，不局限于电影行业，而是进一步分析流媒体平台中的电视节目、音乐等行业。其次，对流媒体平台中电影观看量的分析可以进一步加入市场竞争、用户信息、明星热度等变量，并对电影观看量进行长时间的纵向观测。最后，在探究用户在流媒体平台上的观看行为时，可以深入探究电影在线上渠道出现长尾效应的机制原理。

参 考 文 献

[1] 徐元国，徐心楚. 国家文化维度、电影市场信号与票房绩效：基于 HLM 模型的实证分析[J]. 国际贸易问题，2015，（12）：15-26.

[2] Litman B R. Predicting success of theatrical movies：an empirical study[J]. The Journal of Popular Culture，1983，16（4）：159-175.

[3] Moretti E. Social learning and peer effects in consumption：evidence from movie sales[J]. The Review of Economic Studies，2011，78（1）：356-393.

[4] 郭强，姚晓玲，聂佳佳. 网络外部性对电影产品定价策略的影响[J]. 预测，2016，35（6）：56-62.

[5] 马敬佩，李文立，耿师导，等. 基于窗口期的电影双渠道定价策略分析[J]. 中国管理科学，2020，28（2）：145-152.

[6] Chang B H，Ki E J. Devising a practical model for predicting theatrical movie success：focusing on the experience good property[J]. Journal of Media Economics，2005，18（4）：247-269.

[7] Bagella M，Becchetti L. The determinants of motion picture box office performance：evidence from movies produced in Italy[J]. Journal of Cultural Economics，1999，23（4）：237-256.

[8] Albert S. Movie stars and the distribution of financially successful films in the motion picture industry[J]. Journal of Cultural Economics，1998，22（4）：249-270.

[9] Sood S，Drèze X. Brand extensions of experiential goods：movie sequel evaluations[J]. Journal of Consumer Research，2006，33（3）：352-360.

[10] Basuroy S，Kalpesh K D，Talukdar D. An empirical investigation of signaling in the motion picture industry[J]. Journal of Marketing Research, 2006, 43(2):287-295.

[11] Sochay S. Predicting the performance of motion pictures[J]. Journal of Media Economics，1994，7（4）：1-20.

[12] Elberse A，Eliashberg J. Demand and supply dynamics for sequentially released products in international markets：the case of motion pictures[J]. Marketing Science，2003，22（3）：329-354.

[13] 王铮，许敏. 电影票房的影响因素分析：基于 Logit 模型的研究[J]. 经济问题探索，2013，（11）：96-102.

[14] 郝媛媛，邹鹏，李一军，等. 基于电影面板数据的在线评论情感倾向对销售收入影响的实证研究[J]. 管理评论，2009，

21（10）：95-103.

[15] 杨扬. 网络口碑对体验型产品在线销量的影响：基于电影在线评论面板数据的实证研究[J]. 中国流通经济，2015，29（5）：62-67.

[16] 郝晓玲，陈晓梦. 体验型产品消费行为的羊群效应及机理研究：基于电影行业消费行为的实证解释[J]. 中国管理科学，2019，27（11）：176-188.

[17] 马瑞青. 美国流媒体平台与非院线电影的兴起和冲击[J]. 电影艺术，2020，（4）：14-21.

[18] Filiciak M. Will you awaken when your Netflix no longer works? American films, television productions and social transformations in Poland[J]. European Journal of American Studies，2019，13（3），DOI：10.4000/ejas.13568.

[19] Pilipets E. From Netflix streaming to Netflix and chill：the（dis）connected body of serial binge-viewer[J]. Social Media + Society，2019，5（4），DOI：10.1177/2056305119883426.

[20] Deleersnyder B，Geyskens I，Gielens K，et al. How cannibalistic is the Internet channel? A study of the newspaper industry in the United Kingdom and The Netherlands[J]. International Journal of Research in Marketing，2002，19（4）：337-348.

[21] Biyalogorsky E，Naik P. Clicks and mortar：the effect of on-line activities on off-line sales[J]. Marketing Letters，2003，14（1）：21-32.

[22] Wang K，Goldfarb A. Can offline stores drive online sales?[J]. Journal of Marketing Research，2017，54（5）：706-719.

[23] Chen H L，Hu Y J，Smith M D. The impact of E-book distribution on print sales：analysis of a natural experiment[J]. Management Science，2019，65（1）：19-31.

[24] Waldfogel J. Lost on the web：does web distribution stimulate or depress television viewing?[J]. Information Economics and Policy，2009，21（2）：158-168.

[25] 姚梅芳，狄鹤. 基于移动互联网的第三方支付对商业银行盈利水平的作用机制[J]. 当代经济研究，2017，（12）：82-87.

[26] Brynjolfsson E，Hu Y J，Rahman M S. Battle of the retail channels：how product selection and geography drive cross-channel competition[J]. Management Science，2009，55（11）：1755-1765.

[27] Brynjolfsson E，Hu Y J，Simester D. Goodbye Pareto principle，hello long tail：the effect of search costs on the concentration of product sales[J]. Management Science，2011，57（8）：1373-1386.

[28] Datta H，Knox G，Bronnenberg B J. Changing their tune：how consumers' adoption of online streaming affects music consumption and discovery[J]. Marketing Science，2018，37（1）：5-21.

[29] Tan T F，Netessine S，Hitt L. Is tom cruise threatened? An empirical study of the impact of product variety on demand concentration[J]. Information Systems Research，2017，28（3）：643-660.

[30] 池建宇. 演员与导演谁更重要：中国电影票房明星效应的实证研究[J]. 新闻界，2016，（21）：36-41.

[31] Fan L，Zhang X P，Rai L. When should star power and eWOM be responsible for the box office performance? - An empirical study based on signaling theory[J]. Journal of Retailing and Consumer Services，2021，62：102591.

[32] 王锦慧. 微博对电影票房影响的时效性研究[J]. 当代电影，2019，（6）：68-74.

[33] Tefertiller A. Moviegoing in the netflix age：gratifications，planned behavior，and theatrical attendance[J]. Communication & Society，1970，30（4）：27-43.

[34] Arriaga P，Alexandre J，Postolache O，et al. Why do we watch? The role of emotion gratifications and individual differences in predicting rewatchability and movie recommendation[J]. Behavioral Sciences，2019，10（1）：8.

[35] 潘桦，孙一. 论电影与新媒介的冲突与融合：以媒介传播史为线索[J]. 现代传播（中国传媒大学学报），2021，43（10）：84-89.

[36] Brynjolfsson E，Hu Y J，Smith M D. Consumer surplus in the digital economy：estimating the value of increased product variety at online booksellers[J]. Management Science，2003，49（11）：1580-1596.

[37] 孔朝蓬. 数字时代流媒体影视文化生态的悖论与弥合[J]. 现代传播（中国传媒大学学报），2021，43（1）：110-114.

[38] Follows，S. How long does the average Hollywood movie take to make?[EB/OL]. https://stephenfollows.com/how-long-the-average-hollywood-movie-take-to-make/[2018-05-07].

[39] Dellarocas C，Gao G D，Narayan R. Are consumers more likely to contribute online reviews for hit or niche products?[J]. Journal of Management Information Systems，2010，27（2）：127-158.

[40] Peltier S，Moreau F. Internet and the 'Long Tail versus superstar effect' debate：evidence from the French book market[J].
      Applied Economics Letters，2012，19（8）：711-715.
[41] 尹鸿，孙俨斌. 2020 年中国电影产业备忘[J]. 电影艺术，2021，（2）：53-65.
[42] 司若，黄莺. 流媒体视听产品传播逻辑、观看模式与生产机制研究[J]. 当代电影，2020，（10）：158-164.

From Cinema to Streaming：Analysis of Consumer Viewing Preference and the Long Tail Effect

JIN Yue，LIU Siduo

（School of Information Technology & Management，University of International Business and Economics，
Beijing 100029，China）

Abstract　More and more consumers have begun and got used to watching movies on streaming platforms. As a result, it is urgent for movie producers and streaming platform managers to figure out the differences in consumers' movie preferences between offline and online viewing channels，so as to ensure the successful transformation of the movie industry. Using a sample of 2,122 cinema movies in China from 2011 to 2020，this study analyzes the changes in consumer viewing preferences of streaming platforms compared to offline cinemas, and explores the difference in the distribution of movie market share between the two channels. The empirical results show that：Compared with offline cinemas，the appeal of actors and directors will be weakened，and relaxing movies will get more market share on streaming platforms. In addition, the distribution of movie market share on streaming platforms shows a more significant long tail phenomenon than that in offline cinemas. This study can contribute to the under-explored area of streaming platforms in existing film-related research and confirm the applicability of the long tail theory in digital content products. The insights offered by this study can inform the strategic development of film acquisition policies by streaming platforms and guide film producers in selecting optimal distribution channels.

Key words　Streaming platform，Distribution channel，Movie viewings，Long tail effect

作者简介

金悦（1992—），对外经济贸易大学副教授、博士生导师，研究方向为社会化媒体、消费者行为、在线平台机制设计、数据治理与数字隐私等，E-mail：jiny@uibe.edu.cn。

刘司舵（2001—），女，对外经济贸易大学信息学院 2022 级硕士研究生，研究方向为在线用户行为、平台机制设计，E-mail：liusiduo0318@163.com。

随机供需云环境中应用提供商收益驱动的最优资源协同配置策略*

白静[1]　许建军[2]　张龙昌[3,4]

（1. 东北财经大学管理科学与工程学院，辽宁 大连 116025；

2. 东北财经大学现代供应链管理研究院，辽宁 大连 116025；

3. 宿迁学院信息工程学院，江苏 宿迁 223800；

4. 北京邮电大学深圳研究院，广东 深圳 518038）

摘　要　现有云资源配置方案，对云应用的用户访问量（即资源需求量）、资源供应量的随机性和云应用提供商收益考虑不足，本文提出了随机供需云环境中应用提供商收益驱动的最优资源协同配置策略。该策略首先建立了资源和需求的量化模型；基于云应用提供商收益最大原则，设计了随机需求确定供应、确定需求随机供应、随机供需三种最优资源协同配置策略。当用户访问量和资源供应量随机，该策略能够有效提升云应用提供商收益，无 QoS（quality of service，服务质量）约束违反并能充分利用云资源。

关键词　云应用提供商，云资源，协同配置，收益驱动，随机供需

中图分类号　C931.6

1 引言

近年来出现大量云应用向用户提供各式各样的服务，云应用提供商为了降低建设和维护成本，采用租赁基础设施的方式将应用服务/程序部署到云平台上[1]。同时云应用提供商与 IaaS（infrastructure as a service，基础设施即服务）提供商之间达成服务等级协定（service level agreement，SLA），对运行在 IaaS 上的 QoS 进行约定，如要求响应时间是 2 秒、可靠性 0.99 等，即为应用的 QoS 约束。在多租户公有云上，大量应用彼此共享同一 IaaS 基础设施，竞争资源情况频繁发生；在 IaaS 负载超负荷和过高追求资源利用率情况下不可避免会出现违反应用的 QoS 约束，甚至出现宕机情况；对用户体验造成恶劣影响，进而给应用提供商造成严重损失。应用的用户访问量是随机的（即对资源的需求量是随机的），所以资源配置量难以准确确定；IaaS 提供商过多配置资源会降低资源利用率和收益，过少配置资源又不可避免地出现违反应用 QoS 约束情况；SaaS（software as a service，软件即服务）提供商普遍采用节省计划 + 按量付费（即 subscription + on-demand，如阿里云）计费模式配置应用的资源量，部分资源量按节省计划付费长期预订，不足部分资源量按量付费，长期预订资源量配置多少能使 SaaS 提供商收益最大，目前没有有效方法确定。

＊基金项目：国家自然科学基金重点项目（72232001）、国家自然科学基金面上项目（72371059）、国家社会科学基金一般项目（19BTQ028）、辽宁省自然科学基金计划项目（2019-ZD-0496）、辽宁省教育厅科学研究一般项目（LJKZ1022）、辽宁省教育厅专项经费项目（JYTMS20230665）、宿迁学院科研启动基金资助项目（2022XRC029）。

通信作者：张龙昌，宿迁学院信息工程学院，博士，教授，E-mail：zlc_041018@163.com。

因此，在满足应用的 QoS 约束条件下，有效提高资源利用率的云资源分配成为亟须解决的难题[2]。

以往 IaaS 层面的解决方案，从部署和运行两个阶段对云应用进行资源分配，采用预测和监控方法确定用户访问量和云资源负载；先期预测方法准确度很难保证，通过监控调整资源总是滞后。如果通过多配置资源来保证应用的 QoS 约束，又会导致云资源利用率下降，增加应用提供商的成本或者是减少 IaaS 提供商收益；如果云资源分配过少导致违反 QoS 约束情况频繁发生，则会导致云应用的用户体验变差，进而降低应用提供商的收益。

在 PaaS（platform as a service，平台即服务）层，通过刻画 SaaS 的资源开销、请求率，将其分类并且搭配部署到虚拟机上，以提高资源利用率；对于请求率较大的应用采取分批转发的方法，为保证 QoS 约束，将其请求分成多批分别部署到多个虚拟机上。多应用搭配部署，或者存在部分不可利用的闲置资源，或者存在部分应用违反 QoS 约束；请求分批部署，可以减少违反 QoS 约束，但是总是存在没有被充分利用的虚拟机；也缺少对 SaaS 提供商收益的考虑；更没有考虑服务器实例的负载是随机的，进而能支撑的虚拟机数量是随机的情形。

在 SaaS 层，目前尚未见有在 SaaS 层面进行资源分配的研究成果，大部分研究基于 QoS 的服务选择和组合[3]。在应用部署初期通过选择以往 QoS 质量优的若干服务进行编排；然而服务的 QoS 是不断变化的，导致违反 QoS 约束的情况经常发生，在服务运行期进一步对那些 QoS 质量降低的服务进行重新选择，然而重选滞后导致违反 QoS 约束还是会发生，也会带来服务切换的资源开销。

在满足 QoS 约束条件下，配置适量的虚拟资源使云应用提供商收益最大是一个重要指标，用户量、应用的服务价格、虚拟资源价格[4, 5]、硬件实例的负载是影响资源配置量的重要因素，而用户量（即虚拟资源需求量）又随着时间表现出随机特性，硬件实例的负载随时间不断变化导致其能够支撑的虚拟资源数量（即虚拟资源的供给量）具有随机特性。针对这种情形，本文提出随机供需云环境中应用提供商收益驱动的最优资源协同配置策略。

理论贡献主要有：①构建随机供需云环境下最优资源配置方法，能使应用提供商期望收益最大，是对经典报童模型在随机供需云环境下的进一步扩展。②首次提出云应用提供商协同配置资源策略，该思想也可应用于库存优化中。③与以往基于 IaaS/PaaS 视角不同，基于云应用提供商期望收益最大的思想提出云资源配置策略，在随机环境下充分考虑云资源租赁价格、服务价格、资源缺货价格和资源闲置价格对云资源配置量和期望收益的影响，丰富了云资源配置理论。实践贡献主要有：①建立云应用需求和资源模型，量化虚拟资源和云资源，将需求的虚拟资源量与物理资源量进行单位统一，为最优资源量的计算提供基础。②设计协同配置资源算法，将协同应用提供商中多余资源和短缺资源进行二次匹配，减少闲置成本和缺货成本，进而增加协同提供商的收益。③考虑随机需求确定供应、确定需求随机供应，以及随机供需三种应用场景，基于用户访问量和云资源负载量随机特性设计三种云资源配置策略：需求随机并且供应确定的最优资源协同配置策略；确定需求并且随机供应的最优资源协同配置策略；需求和供应都随机的最优资源协同配置策略。

本文第 2 节总结已有相关研究；第 3 节描述问题、介绍文中涉及的符号以及假设条件；第 4 节介绍模型化资源和需求；第 5 节详细介绍云资源协同配置算法、三种最优云资源协同配置策略；第 6 节通过实验评估文中提出的策略；第 7 节总结全文并介绍下一步研究方向。

2　相关研究

早在 2008 年，Buyya 等[6]率先提出了面向市场的云计算概念。在云服务市场中，涉及 IaaS 提供商、

PaaS 提供商和应用提供商（SaaS provider）主要参与者。从此之后，国内外学者开始针对云资源分配进行了大量的研究。其中，满足 QoS 约束且能有效提高资源利用率的云资源分配问题是一个难点。本节将分别从 IaaS 提供商、PaaS 提供商和应用提供商视角简略介绍与该问题相关的研究进展情况。

2.1 基于 IaaS 提供商视角的应用 QoS 约束的云资源配置

应用部署到虚拟机上，虚拟机放置到物理节点上（即资源配置），需要考虑满足不同应用的 QoS 约束，同时能够实现资源使用的最优化。以 IaaS 为视角解决云资源分配问题主要集中在启发式算法和图匹配算法等传统经典的方法，这些方法基于预先定义的规则和策略，通过静态的分析和调整来进行资源的分配和调度。然而，随着云市场的不断成熟、细分，研究人员逐渐意识到传统方法无法很好地适应动态变化的云计算环境。因此，近几年来的研究主流逐渐转向了利用历史数据和实时监测信息以数据驱动改进的机器学习方法。

（1）启发式算法。在 2011 年，李强等[7]通过对应用 QoS 需求、负载和云资源需求分布规律建模，将资源配置定义为多约束的多目标优化问题，提出基于遗传算法的带应用 QoS 约束的多目标优化的资源配置算法。2011 年，孙大为等[8]研究基于免疫克隆的算法。随后还有一些学者提出基于蚁群算法[9]、共生生物搜索[10]等启发式算法的资源分配方案。该类方法主要目标是追求满足应用 QoS 需求的资源搜索精度和速度，尽管已经开发出了几十种该类算法来提高应用的 QoS，但是由于存在应用 QoS 需求和资源负载的高度随机性，到目前为止仍然缺乏一种能够有效适应这种动态变化的启发式多目标优化算法。

（2）图匹配算法。2014 年，匡桂娟等[11]基于图理论的云资源分配做了一些探索。2018 年，郭伟等[12]在分析应用部署时发现，云资源节点的拓扑表现为一个复杂的异构网络图，不同租户提出的应用部署需求也可以表示为带有多维性能属性的异构网络图，因此将大型应用的虚拟机放置问题映射为云资源节点拓扑图的子图查询匹配问题，基于偏序关系异构图查询匹配方法得到一组满足需求的云资源节点集合。该方法虽然能够实现应用敏捷化交付部署，但在求解精度、云资源与应用 QoS 动态变化、云资源利用率等方面仍存在很大改进空间。

（3）机器学习算法。2014 年，孙佳佳等[13]提出基于神经网络的资源分配研究。为了能更好地适应云环境下服务系统的动态变化，2017 年，闫永明等[14]应用无模型的在线学习算法解决用户并发量变化导致的系统性能保障困难的问题，该方法通过不断重复"执行—积累—学习—决策"的过程，可以不断地积累经验数据并优化决策结果。之后还有部分学者提出基于马尔可夫预测[15, 16]、直觉模糊时间序列预测[17]、聚类[18]、监督学习[19]等算法的资源分配研究。2020 年，吴悦文等[20]基于云资源共享特点，获取作业运行时监测数据和云资源配置信息，建立作业分类与优化云资源配置的启发式规则，并将该规则应用到贝叶斯优化算法，进行资源配置。2021 年，苏命峰等[21]为解决边云协同计算中的资源配置问题，在云服务中心基于二维时间序列对用户任务进行预测，分类聚合用户任务类型，推送任务资源至边缘服务器，提高用户任务命中率的平均值，减少服务器资源占用开销；边缘服务器基于随机贪心近似算法，分别对用户服务质量和系统服务效应这两个目标进行帕累托改进，寻求两个目标曲线的相切点或相交点以优化任务调度。该类方法存在的关键问题是对用户 QoS 需求和资源运行情况的预测准确度难以保证，预测结果与实际结果总是存在一定偏差，因而违反 QoS 约束无法避免；另外，算法需要经过训练、调整，进而产生了系统开销增大问题。

此外，还有基于控制论[22]、博弈论[23, 24]等的资源分配方法。2013 年，Nallur 和 Bahsoon[25]发现云服务用户并发量的产生具有很强的随机性，一次性的资源配置无法使云服务一直保持不违反 QoS 约束的运行状态，因此需要在云服务运行时动态调整资源配置，自适应的资源调整能够更加有效地应对云环境的实时变化，如文献[26, 27]；这种方法对变化频率较高的云环境和应用 QoS 需求难以应对，并且会产生较大的额外系统开销。采用资源预留来保障 QoS 约束不失为一种有效的方法，在整个预留请求中只要有一个 QoS 指标的需求无法得到满足，整个预留请求就会被拒绝，从而导致误拒率的上升；针对该问题，在 2014 年，伍之昂等[28]改进了 QoS 偏差距离的计算方法，在资源预留协商阶段降低预留请求的误拒率。预留足够多的资源可以有效减少违反 QoS 约束的情况，但会造成资源的严重浪费。

2.2　基于 PaaS 提供商视角的应用 QoS 约束的云资源配置

云资源提供者主要任务是保证应用 QoS 需求同时有效提高资源的利用率。IaaS 层的资源配置是以虚拟机为基本对象，然而 PaaS 层主要以应用为对象，这导致其与 IaaS 层有着较大的区别。目前的资源配置机制主要集中在 IaaS 层，对 PaaS 层的应用特征考虑得不足。部署在 PaaS 平台上的应用使用资源情况差异较大，并且访问量在时间上表现出不同特性；针对这个问题，在 2016 年，魏豪等[29]通过对应用请求率变化及各项资源开销的预测，将不同类型的应用搭配部署，将请求量较大的应用划分给多个资源开销相对固定的单元处理，实现均衡、充分地使用服务器资源。该种方案中每个固定单元都会存在部分闲置资源，因此资源利用率不高。请求量较大的应用独占资源也存在资源的浪费，资源开销和应用请求率变化特征描述的精准度直接影响资源分配方案效果，而其精确度在目前的方法中难以保证。

在 PaaS 平台中，通常采用两种方式来获取资源需求量：实时获取和预测算法。第一种方式是通过监控应用的访问模式、请求频率以及资源的使用情况，估算当前应用对资源的需求程度。另一种方式是分析历史数据，构建预测模型推断应用未来可能的资源需求量。然而，由于获取实时数据调配具有一定的滞后性，因此资源需求预测成为 PaaS 平台资源分配研究的重点。在资源需求预测方法中，可以根据其时间阶段分为两类：传统的基于时间序列的预测模型和近年来兴起的基于机器学习方法的预测模型，如支持向量机和神经网络等。

（1）时间序列预测模型。在 2018 年，Jayathilaka 等[30]通过分析计算每个时间区段内回归因子的相对重要性指标变化点，提出云平台应用程序的性能异常的预测方法。在 2019 年，徐雅斌和彭宏恩[31]考虑了 PaaS 平台中应用对资源需求的多周期性特征，采用了基于时间序列的短期预测结合多元回归模型的周期性预测的综合预测模型。上述方法依赖时间序列的特征进行预测，并适用于一些稳定且周期性较强的资源需求。由于平台中应用业务类型的多样性以及服务时间的差异性，这类方法对应用资源需求预测时可能会产生较大误差，导致违反应用 QoS 约束。因此，研究学者开始探索机器学习方法来解决该问题。

（2）机器学习预测模型。传统的单值预测方法在处理并发量不确定性时存在局限性，在 2017 年，孟煜等[32]通过采用梯度下降粒子群优化的支持向量机提出了一种面向多种并发量类型（平稳型、趋势型和周期型）的云服务用户并发量区间预测模型。在 2019 年，谢晓兰等[33]针对容器云集群上应用资源供应不足和过度供应问题，提出了一种基于三次指数平滑法和时间卷积网络结合的云资源预测模型。这类方法对于不同应用负载类型和应用联合情况的考虑还存在一定的局限性。应用联合是指多个应用部署在同一台或多台服务器上共享资源。在这种情况下，应用之间的相互影响可能导致资源需求大幅度的变化。然而，现有的机器学习方法没有考虑到应用联合带来的影响，因此无法准确预测资源需求。

2.3　基于应用提供商视角的应用 QoS 约束的云资源配置

在云服务市场中，应用提供商从 IaaS 资源提供商处选择合适的资源为终端用户提供云服务，扮演着既是资源需求者又是服务提供者的双重角色, 与 IaaS 资源提供商本质是供求关系, 需要从不同的角度考虑资源配置问题。目前还未见有严格意义上以应用提供商视角进行云资源配置的相关研究。现有的大多数研究采用多属性决策方法[34]、推荐方法[35]、优化方法[36-38]聚焦于 QoS 的服务选择和服务组合[39, 40]。例如, 在 2014 年, Ghosh 等[34]结合可信度和 SLA 的透明度来评估交易风险帮助选择云应用服务。在 2018 年, Ding 等[35]考虑服务质量随时间变化的特性, 应用相似性增强协同过滤方法捕捉用户相似性的时间特征, 结合自回归综合移动平均模型提出了一种时间感知服务推荐方法。在 2019 年, Jain 和 Hazra[36]基于博弈论探讨资源需求者在选择私有云和公共云的计算能力组合时的决策问题, 以及需求的不确定性对组合决策的影响。在 2020 年, Hosseini 等[37]研究在完成计算任务有时间约束的情况下, 最小化总租用成本的计算资源选择问题。在 2024 年, 彭高贤等[38]基于 QoS 指标兼顾制造服务的能耗经济性为任务选择组合服务, 提出一种能耗感知的云制造服务选择与调度的多目标优化模型。该类问题不涉及云资源分配并且研究成果已经很多, 各种不确定因素导致备选服务 QoS 不确定甚至服务失效, 违反 QoS 约束的情况经常出现, 并且在应用提供商收益方面考虑也存在不足。

目前基于 IaaS 提供商和 PaaS 提供商的相关研究工作, 仍然不能有效解决应用 QoS 约束下的云资源利用率不高的问题, 尤其是在服务用户并发量具有很强的随机性和云资源负载高度随机的条件下。该问题仍然存在是因为应用提供商不能准确提供所需的云资源量, 应用提供商通常采用按量付费模式为云应用配置资源, 并且提出应用的 QoS 约束, 上述研究成果也都是针对此种场景进行设计。更重要的问题是以往研究较多考虑在满足 QoS 约束条件下尽可能充分利用云资源, 而缺乏对应用提供商收益的考虑 (更未涉及服务价格、云资源租赁价格、资源的缺货价格和资源的闲置价格对应用提供商收益的影响), 从而造成其成本的增加 (降低应用提供商的基础设施和平台建设成本是云平台追求的目标之一)。应用提供商可以采用节省计划付费模式配置云资源, 节省计划具有更低的资源租赁成本, 进而提高自身的收益。节省计划中的资源数量决定应用提供商成本, 而在随机资源需求环境中, 准确确定节省计划的资源量就成了一个亟须解决的问题。随机需求条件下, 虽然不能做到每次资源配置都做到应用提供商收益最大, 但是可以获得期望收益最大, 此时的资源配置量就是节省计划付费模式的资源量。在此基础上, 服务运行期间, 还可能存在应用提供商资源短缺或剩余情况, 可进行再调配, 进一步提高应用提供商收益。本文基于应用提供商视角提出一种使应用提供商期望收益最大的云资源协同配置策略, 考虑需求随机和供应随机条件下服务价格、云资源租赁价格、资源的缺货价格和资源的闲置价格对资源配置量的影响。

3 问题、假设与符号

3.1 问题描述

在云资源配置过程中 (图 1): SaaS 提供商根据用户的需求定制服务, 与 PaaS 提供商达成 SLA, 其中包括 QoS (如响应时间、可用性、可靠性、成功率等) 限制、资源需求等约定; PaaS 提供商提供服务的运行和管理环境, 将服务所需资源打包成虚拟资源, 并监测服务信息 (如用户访问量、QoS 等信息); IaaS 提供商根据 SLA 和公布的资源计费模式提供基础设施服务和计费, 将虚拟资源映射到相应的硬件上运行。为有效降低应用供应商在基础设施建设、运营和维护上的成本, 云应用提供商租赁 IaaS 资源运行其应用, 在满足用户 QoS 需求条件下向用户提供服务, 并负责应用的运维。由于应用的用户访问量不仅受用户的需求、偏好、忠诚度、服务口碑、QoS 期望等主观因素影响, 而且很大程度上受服务质量、自然环境、网络环境、计算环境等众多客观因素的影响, 实际用户访问量具有很高的随机性。IaaS 提供商在同时向多租户提供基础设施服务过程中，不仅受到硬件、网络、资源配置算法等因素影响，而且还很大程度受不可控因素（如用户资源需求随机、应用的资源消耗动态变化）的影响，导致其实际能够支撑的用户访问量是随机的（即在满足 QoS 约束条件下，资源量的供应随机）。

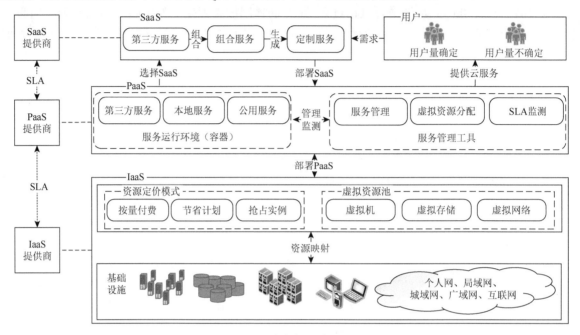

图 1　云服务架构及资源配置

根据 IaaS 资源定价模式（抢占式实例由于受到市场价格影响，IaaS 实例被释放时机不确定，不适合此状态应用场景，因此不考虑这种价格模式），应用提供商可选择按量付费、节省计划、节省计划 + 按量付费三种模式配置 IaaS 资源。①按量付费：应用提供商将 SaaS 应用部署到 IaaS 上，按照实际使用资源量付费；因为随机的用户量导致 IaaS 资源需求量是随机的，IaaS 提供商需要预留额外资源去满足应用的 QoS 约束；预留的资源多导致资源利用率降低，预留的资源少会进一步违反 QoS 约束；按量计费也是应用提供商成本最高的 IaaS 资源配置模式。②节省计划：云应用提供商预先估计应用所需 IaaS 资源量并向 IaaS 服务提供商提出资源配置量，IaaS 提供商只需按要求提供相应资源，不必考虑应用的 QoS 约束，也不用预留额外资源来保证应用 QoS，因为应用提供商在配置资源量时已经考虑了用户量随机和用户的 QoS 需求；节省计划是应用提供商成本最低的模式。③节省计划 + 按量付费：首先应用提供商根据应用的需求预订一部分资源，再根据实际情况对于不足部分按量付费；混合模式的应用提供商成本处于按量付费和节省计划之间。采用节省计划 + 按量付费混合模式可以在一定程度上提高应用提供商的收益和缓解随机的资源需求的影响，下面以某云提供商为例说明。实例 A 按量付费价格为 12 元/（台·小时）；"节省计划"折扣后价格为 4.75 元/（台·小时），用户每小时承诺消费 95 元（即每小时最多抵扣 95/4.75 = 20 台实例运行）；设应用第一小时需 25 台实例 A 运行，第二小时需 15 台实例 A 运行，计费比较见表 1。

表 1　资源计费比较

计费方式	第一个小时	第二个小时	汇总费用	节省
按量付费	25×12 = 300	12×15 = 180	480	
节省计划 + 按量付费	95 +（25-95/4.75）×12 = 155	95	250	约节省 48%

节省计划付费模式有两个优势：①有利于提高应用提供商收益；②IaaS/PaaS 提供商可以准确配置资源，可以充分利用资源并且降低 QoS 违反率。

目前基于 IaaS 和 PaaS 提供商视角的资源配置主要是针对按量付费模式，关键是基于用户量提出资源配置量，同时考虑 QoS 约束和资源利用率。节省计划资源配置模式，是由应用提供商预先提出资源需求量，相对按量付费模式以较低的折扣价获取资源，服务运行期间 IaaS 和 PaaS 提供商只需提供相应数量的资源，无 QoS 约束违反，资源利用率接近 100%。应用提供商视角配置资源是基于用户量、服务价格、IaaS 资源价格、资源供应情况等因素，本文针对应用的用户访问量随机和资源供应量随机导致 IaaS 资源配置量难确定问题，以实现应用提供商期望收益最大为目标，在不违反服务 QoS 约束条件下提出最优云资源配置策略。

3.2 假设与符号

在构建供需随机的应用提供商收益驱动的最优资源协同配置策略过程中，引入下述假设：①系统中只有一个 IaaS 提供商且面向多租户提供基础设施服务，租户间存在争抢资源情况；②系统中的应用为单一产品，且服务期时间固定不变，服务期内访问应用的用户量分布可用函数描述或可统计出概率分布表；③服务期内产出的虚拟资源量分布可用函数描述，且与用户量分布相互独立；④应用提供商是理性的并且风险偏好是中性的，参与协同配置资源的应用提供商处于相同的云计算环境中；⑤各用户实例所需虚拟资源量可以量化并且数量相同或相近；⑥云资源配置量不够时，可将超出配置量部分的用户转移到其他公共计算实例上提供服务，其 QoS 下降不影响用户对应用的黏性；⑦云资源配置过量导致资源非高效利用（即闲置），冗余资源不可退回但可以提升服务的 QoS，提升用户体验同时可增加 SaaS 提供商的隐性收益，且可度量，进而闲置成本可低于租赁成本。在建立数学模型过程中所涉及的符号如表 2 所示。

表 2　重要符号说明表

	符号	说明
基本变量	S_i	参与资源协同配置的第 i 个应用提供商，$1 \leq i \leq t$，t 为参与协同配置的应用提供商个数
	P_u^i	i 应用的服务价格（每用户收取的服务费）
	C_i	i 应用提供商租赁的云资源单价
	R_i	i 应用每个用户实例需要的虚拟资源量
	Q_i	i 应用实际资源需求
	k_i	i 应用单位虚拟资源收益
	L_i	i 应用虚拟资源缺货单价
	H_i	i 应用虚拟资源闲置单价
随机变量	$\tilde{D}_i$	i 应用的用户访问量，可能是随机变量或者确定变量，应用提供商统计其分布情况或数值
	u_i	i 应用虚拟资源需求量（即 $\tilde{D}_i \times R_i$），是随机变量，其概率密度函数为 $f_i(u_i)$
	y_i	i 应用的单位 IaaS 计算实例可支持的虚拟资源量，是随机变量，其概率密度函数和期望分别为 $f_i(y_i)$、Y_i

	符号	说明
决策变量	Q_i^*	i 应用最优虚拟资源需求量/配置量
	X_i^*	i 应用最优云资源配置量
	$\ddot{Q}_i$	i 应用最优虚拟资源协同配置量
	$\ddot{X}_i$	i 应用最优云资源协同配置量

4　资源和需求模型

应用运行所需的硬件资源主要有 CPU、内存和外存等计算资源，在满足 QoS 约束条件下为每个用户提供服务所需资源可用一个向量描述 $R_q = (r_1, r_2, \cdots, r_n)$，总的资源需求量与用户访问量呈线性关系[29]，这里需要确定向一个用户提供服务所需的资源需求量。为了满足 QoS 约束，$r_1, r_2, \cdots, r_n$ 之间存在一定依赖关系，因而只需将一类资源的需求量转化即可确定其他资源需求量。在云计算环境，应用打包在虚拟机中，再运行在具体的 IaaS 计算实例上，因此需要将需求、虚拟资源和计算资源进行量化，三者进行映射形成衔接关系，为后续的资源分配模型建立提供基础，下面是相关概念和映射关系的定义。

定义 1　IaaS 资源。IaaS 的资源主要包括硬件资源、软件资源和网络资源。其中，应用提供商租赁的主要为硬件资源和网络资源，如 CPU/GPU（graphics processing unit，图形处理单元）、内存、外存、I/O（input/output，输入/输出）设备、交换机、带宽。IaaS 资源是这些硬件资源和网络资源的抽象，如 CPU 资源、存储资源、网络资源等。

定义 2　IaaS 计算实例。IaaS 计算实例由计算资源组成，能够独立运行软件系统的硬件平台。根据应用提供商对性能和数量的需求，配置不同等级的实例。设定某一具有基本配置的实例为标准计算实例（即设其为衡量实例计算能力的度量单位，记为 calculation instance power unit，CIPU）。如一个标准计算实例由 1G 内存、200G 外存、100M 网络带宽、频率 0.5G 的 CPU 组成，则 2 个 CIPU 的计算实例包含 2G 内存、400G 外存、200M 网络带宽、频率为 1G 的 CPU。再如 1 个 CIPU 的外存可规定为 0G 内存、200G 外存、0M 网络带宽、频率为 0G 的 CPU。

定义 3　虚拟计算实例。虚拟计算实例包含了 IaaS 计算实例中的部分计算资源，通过软件模拟的具有完整 IaaS 计算实例功能的，并且能够独立运行应用的系统。虚拟计算实例运行在某特定的一个或多个 IaaS 计算实例上，其单位为 CIPU，其 QoS 受计算实例负载制约。

定义 4　虚拟资源。虚拟资源包含了 IaaS 资源中的部分计算资源，通过软件模拟的具有完整 IaaS 资源功能的，可被视为独立的 IaaS 资源。虚拟资源通过对 IaaS 资源采用时间和空间划分方法实现一变多，而采用分布式技术实现多变一，单位与 IaaS 资源单位相一致，其 QoS 受计算资源负载制约。

定义 5　虚拟资源量。在保证用户 QoS（如响应时间、吞吐量等）需求的条件下，应用向一个用户提供服务所需的虚拟资源（也可是虚拟计算实例）数量的度量，称为虚拟资源量。给定应用向一个用户提供服务，在满足 QoS 约束条件下，在一个服务期内一个用户实例需要配置的虚拟计算实例量是 R 个 CIPU，即虚拟资源量为 R。

本文将用户访问量转换成虚拟资源需求量，再将虚拟资源需求量转换为虚拟计算实例需求量，进而打包运行在具体计算实例上。文中虚拟资源配置量均指虚拟计算实例配置量，云资源配置量均指 IaaS 计算实例配置量。

5 最优资源协同配置策略

在租赁云资源运行应用向用户提供服务过程中，云应用提供商收益受用户访问量、服务销售收入、云资源租赁成本、缺货成本以及闲置成本等因素影响，以云应用提供商期望收益最大为目标函数，以虚拟资源需求量、云资源配置量为决策变量，建立用户访问量和虚拟资源供应量随机环境下的云资源最优配置策略。用户访问量是一段时间内云应用服务的用户数量（随机变量），通常由应用提供商进行多次统计，生成概率分布表或分布函数，其决定资源需求量（也是随机变量）；服务销售收入是云应用提供商向用户提供服务所获得的收益；云资源租赁成本是应用提供商租赁计算资源运行应用向 IaaS 提供商支出的费用，必须保证用户对应用的 QoS 要求；缺货成本是访问量到了极限，应用提供商不得不拒绝向后续用户提供服务导致的损失（通常情况将超出容量的用户请求转发到性能相对低的服务器上，从而导致 QoS 无法保证）；闲置成本是配置的云资源能够支撑的虚拟资源量超过了用户需求量，要低于租赁成本，原因有两个：①虚拟资源过量可提升 QoS 和用户体验，而某种程度上隐性地增加应用提供商收益，②IaaS 提供商以经济激励的形式回收利用租户空闲预留型资源[41]。在实际资源配置过程中，涉及的其他收入和成本可继续加入，不影响本文的云资源最优配置方法的核心思想。

在服务期内，访问应用的用户数量可能是随机变量；也存在应用的用户群体固定不变（尤其是企业用户，用户量长期保持不变），即需求确定。IaaS 基础设施服务的租户较少，有充足的计算实例，可以获得确定数量的满足 QoS 需求的虚拟资源量，即虚拟资源量供应确定；也存在 IaaS 基础设施服务的应用较多形成应用间的资源竞争，在满足 QoS 需求条件下，IaaS 提供商选择根据虚拟资源需求量和总的云资源量动态地为各应用分配资源，从而导致应用的虚拟资源量供应是随机的。下面针对存在的问题，设计三种云资源最优配置策略。

5.1 云资源协同配置算法（co-allocation algorithm for cloud resources，CA_CR）

随机的用户访问量导致资源需求量也是随机的，不可避免地出现服务期内实际的资源需求量 Q 与预定最优资源配置量 Q^* 之间存在偏差。如果 $Q > Q^*$，则配置量不能满足需求量而有收益损失；如果 $Q < Q^*$，则配置量多于需求量时退回部分资源产生收益损失。为缓解这种偏差造成的应用提供商的收益损失，在服务期内采取多应用提供商协同配置资源策略进行二次资源配置，设有 t 个应用提供商的集合 $\{S_1, S_2, \cdots, S_t\}$ 参与资源协同配置，$Q_j \in \{Q_1, Q_2, \cdots, Q_t\}$ 与 $Q_j^* \in \{Q_1^*, Q_2^*, \cdots, Q_t^*\}$ 分别为 j 提供商的资源实际需求量和最优配置量，$k_j \in \{k_1, k_2, \cdots, k_t\}$ 为 j 提供商的单位资源的收益（可用服务销售单价代替），具体的云资源协同配置算法内容如算法 1 所示。

算法 1　云资源协同配置算法（CA_CR）

输入：服务提供商集 $\{S_1, S_2, \cdots, S_t\}$，虚拟资源租赁价格集 $\{C_1, C_2, \cdots, C_t\}$，实际需求量集 $\{Q_1, Q_2, \cdots, Q_t\}$，最优配置量集 $\{Q_1^*, Q_2^*, \cdots, Q_t^*\}$，单位资源收益集 $\{k_1, k_2, \cdots, k_t\}$。

输出：协同配置量集 $\{\ddot{Q}_1, \ddot{Q}_2, \cdots, \ddot{Q}_t\}$。

步骤：

（1）建立列表-list l 包含 t 个元素，列表中元素是一个字典-dict，包含服务提供商 S、单位资源收益

k、虚拟资源租赁价格 C、资源需求量 Q、最优配置量 Q^*、协同配置量 $\ddot{Q}$ 等数据；

（2） $x = 0$ //记录 $Q > Q^*$ 的服务提供商个数，初始值为 0；

（3）　FOR $i = 1$ TO t

//使 $Q > Q^*$ 的元素集中在低地址端（即缺货应用提供商），并且按单位资源收益倒序排列

//使 $Q > Q^*$ 的元素集中在高地址端（即有剩余应用提供商），并且按资源租赁价格升序排列

（4）　　　 $j = i$；

（5）　　　IF （ $l[i].Q > l[i].Q^*$ ）THEN

（6）　　　　在 $l[1] \sim l[x+1]$ 中插入元素 $l[j]$，并且前 $x+1$ 个元素按 k 倒序排列；

（7）　　　　 $x = x + 1$；

（8）　　　ELSE

（9）　　　　在 $l[x+1] \sim l[t]$ 中插入元素 $l[j]$，并且后 $t-x$ 个元素按 C 升序排列；

（10）　　END IF

（11）END FOR

（12）FOR $i = 1$ TO x //计算协作配置数量

（13）　　FOR $j = x+1$ TO t

（14）　　　IF （ $l[j].Q < l[j].Q^*$ ）THEN//将 $l[j].S$ 的剩余资源量部分或者全部配置给 $l[i].S$

（15）　　　　IF （ $l[i].Q - l[i].Q^* - l[i].\ddot{Q} > l[j].Q^* - l[j].Q$ ）THEN

（16）　　　　　 $l[i].\ddot{Q} = l[j].Q^* - l[j].Q$；//全部配置

（17）　　　　　CONTINUE；

（18）　　　　ELSE

（19）　　　　　 $l[i].\ddot{Q} = l[i].Q - l[i].Q^*$；//部分配置

（20）　　　　　BREAK；

（21）　　　　END IF

（22）　　　END IF

（23）　　END FOR

（24）END FOR

5.2　随机需求确定供应的最优资源协同配置策略（optimal resource co-allocation strategy with random-demand and definite-supply，ORCS_RD）

固定价格云资源最优配置策略[42]在我们前期工作中做了详细介绍，下面在此基础上介绍需求随机时的最优云资源协同配置策略，此策略包括两部分，首先是随机需求确定供应的最优资源配置策略如算法 2 所示，其次是此场景下多应用提供商最优资源协同配置策略如算法 3 所示。应用提供商 i 在尽量满足市场需求的同时保证用户 QoS 约束，而获得自身期望收益最大的收益函数为

$$\max\left\{P_i \times E\left[\min(Q_i, u_i)\right] - C_i \times Q_i / Y_i - L_i \times E[(u_i - Q_i)^+] - H_i \times E[(Q_i - u_i)^+]\right\} \tag{1}$$

向用户提供服务价格为 P_u^i，虚拟资源出售价格则为 $P_i = P_u^i / R_i$；用户量 $\tilde{D}_i$ 随机导致虚拟资源需求量随机，因此，虚拟资源需求量 u_i 是一个随机变量，概率密度函数为 $f_i(u_i)$，在处理目标函数中的随机变量 u_i 时，将目标函数转化为期望目标函数，Y_i 为 IaaS 实例产生的虚拟资源量，如式（2）所示：

$$G_i(Q_i) = \int_0^{Q_i} \left[P_i \times u_i - H_i \times (Q_i - u_i) \right] f_i(u_i) \mathrm{d}u_i + \int_Q^{+\infty} \left[P_i \times Q_i - L_i \times (u_i - Q_i) \right] f_i(u_i) \mathrm{d}u_i - C_i \times Q_i / Y_i \quad (2)$$

可得下式（见文献[42]）：

$$\int_0^{Q_i^*} f_i(u_i) \mathrm{d}u_i = \frac{P_i + L_i - C_i / Y_i}{P_i + L_i + H_i} \quad (3)$$

由式（3）可得最优虚拟资源需求量 Q_i^*（这里也是最优虚拟资源配置量），由于供给确定则 Y_i 为确定值，所以云资源最优配置量

$$X_i = Q_i^* / Y_i \quad (4)$$

算法 2　随机需求确定供应的最优资源配置算法（optimal resource allocation algorithm with random-demand and definite-supply，ORAA_RD）

输入：云资源租赁单价 C_i，每个用户实例需要消耗虚拟资源 R_i CIPU，虚拟资源需求为随机变量 u_i，u_i 的概率分布表 T_i，服务收费单价 P_u^i，虚拟资源缺货单价 L_i，虚拟资源闲置单价 H_i，云资源产生虚拟资源量 Y_i。

输出：最优云资源配置量 X_i，最优虚拟资源配置量 Q_i^*。

步骤：

（1）根据公式 $P_i = P_u^i / R_i$ 得虚拟资源销售价格；

（2）根据式（3）并且查概率分布表 T_i，得最优虚拟资源需求量 Q_i^*；

（3）根据式（4）计算最优云资源配置量 X_i。

算法 3　随机需求确定供应的最优资源协同配置策略（ORCS_RD）

输入：服务提供商集 $\{S_1, S_2, \cdots, S_t\}$，实际虚拟资源需求量集 $\{Q_1, Q_2, \cdots, Q_t\}$，云资源租赁单价集 $\{C_1, C_2, \cdots, C_t\}$，每个用户实例需要的虚拟资源量集 $\{R_1, R_2, \cdots, R_t\}$，虚拟资源需求随机变量集 $\{u_1, u_2, \cdots, u_t\}$（其概率分布表集 $\{T_1, T_2, \cdots, T_t\}$），每个用户服务收费集 $\{P_u^1, P_u^2, \cdots, P_u^t\}$，云虚拟资源短缺单价集 $\{L_1, L_2, \cdots, L_t\}$，云虚拟资源闲置单价集 $\{H_1, H_2, \cdots, H_t\}$，云实例产生虚拟资源量集 $\{Y_1, Y_2, \cdots, Y_t\}$。

输出：虚拟资源协同配置数量集 $\{\ddot{Q}_1, \ddot{Q}_2, \cdots, \ddot{Q}_t\}$，云资源协同配置量集 $\{\ddot{X}_1, \ddot{X}_2, \cdots, \ddot{X}_t\}$。

变量：最优云资源配置量集 $\{X_1^*, X_2^*, \cdots, X_t^*\}$，最优虚拟资源需求量集 $\{Q_1^*, Q_2^*, \cdots, Q_t^*\}$。

步骤：

（1）FOR $i = 1$ TO t

（2）　　Call **ORAA_RD**（C_i，R_i，u_i，T_i，P_u^i，L_i，H_i，Y_i）to get X_i^* and Q_i^*；

（3）　　$k_i = P_u^i / R_i$ //单位虚拟资源的收益，这里设置为虚拟资源销售单价

（4）END FOR

（5）Call **CA_CR**（$\{S_1, S_2, \cdots, S_t\}$，$\{Q_1, Q_2, \cdots, Q_t\}$，$\{Q_1^*, Q_2^*, \cdots, Q_t^*\}$，$\{k_1, k_2, \cdots, k_t\}$）to get $\{\ddot{Q}_1, \ddot{Q}_2, \cdots, \ddot{Q}_t\}$；

（6）$\{\ddot{X}_1, \ddot{X}_2, \cdots, \ddot{X}_t\} = \{\ddot{Q}_1 / Y_1, \ddot{Q}_2 / Y_2, \cdots, \ddot{Q}_t / Y_t\}$；

5.3　确定需求随机供应的最优资源协同配置策略（optimal resource co-allocation strategy with definite-demand and random-supply，ORCS_DR）

下面计算供应随机并且用户访问量确定时的云资源配置量，用户访问量 $\tilde{D}_i$ 此时为确定变量，虚拟资源需求量 $Q_i^* = \tilde{D}_i \times R_i$ 也是确定的，单位虚拟资源出售价格 $P_i = P_u^i / R_i$，应用提供商租赁尽可能多

的云资源满足市场需求，同时自身期望收益最大，此时的决策变量为云资源配置量 X_i，单位云资源能够支持的虚拟资源量为随机变量 y_i，概率密度函数为 $f_i(y_i)$，即产出虚拟资源量 $Q_i = X_i \times y_i$，有下述公式：

$$\max \left\{ P_i \times E[\min(Q_i^*, Q_i)] - C_i \times X_i - L_i \times E[(Q_i^* - Q_i)^+] - H_i \times E[(Q_i - Q_i^*)^+] \right\} \tag{5}$$

由于虚拟资源供应量随机，在处理目标函数中的随机变量 X_i 时，将目标函数转化为期望目标函数，如式（6）所示：

$$G(X_i) = \int_0^{\frac{Q_i^*}{X_i}} [P_i \times Q_i - L_i \times (Q_i^* - Q_i)] f_i(y_i) \mathrm{d}y_i + \int_{\frac{Q_i^*}{X_i}}^{+\infty} [P_i \times Q_i^* - H_i \times (Q_i - Q_i^*)] f_i(y_i) \mathrm{d}y_i - C_i \times X_i \tag{6}$$

命题 1　在供应随机且需求确定条件下，单服务期的最优云资源配置策略 X_i 满足式（7）成立。

$$\int_0^{\frac{Q_i^*}{X_i}} y_i \times f_i(y_i) \mathrm{d}y_i = (C_i + 1)/(P_i + L_i + H_i) \tag{7}$$

证明： 展开 $G(X_i)$ 得

$$G(X_i) = \int_0^{\frac{Q_i^*}{X_i}} [P_i \times X_i \times y_i - L_i \times (Q_i^* - X_i \times y_i)] f_i(y_i) \mathrm{d}y_i + \int_{\frac{Q_i^*}{X_i}}^{+\infty} [P_i \times Q_i^* - H_i \times (X_i \times y_i - Q_i^*)] f_i(y_i) \mathrm{d}y_i - C_i \times X_i$$

$$= \int_0^{\frac{Q_i^*}{X_i}} P_i \times X_i \times y_i \times f_i(y_i) \mathrm{d}y_i - \int_0^{\frac{Q_i^*}{X_i}} L_i \times Q_i^* \times f_i(y_i) \mathrm{d}y_i + \int_0^{\frac{Q_i^*}{X_i}} L_i \times X_i \times y_i \times f_i(y_i) \mathrm{d}y_i + \int_{\frac{Q_i^*}{X_i}}^{+\infty} P_i \times Q_i^* \times f_i(y_i) \mathrm{d}y_i$$

$$- \int_{\frac{Q_i^*}{X_i}}^{+\infty} H_i \times X_i \times y_i \times f_i(y_i) \mathrm{d}y_i + \int_{\frac{Q_i^*}{X_i}}^{+\infty} H_i \times Q_i^* \times f_i(y_i) \mathrm{d}y_i - C_i \times X_i$$

求收益函数 $G(X_i)$ 关于 X_i 的一阶导数得

$$\frac{\partial G(X_i)}{\partial X_i} = \int_0^{\frac{Q_i^*}{X_i}} P_i \times y_i \times f_i(y_i) \mathrm{d}y_i + P_i \times X_i \times \frac{Q_i^*}{X_i} \times f_i\left(\frac{Q_i^*}{X_i}\right) \times \left(-\frac{Q_i^*}{X_i^2}\right) - L_i \times Q_i^* \times f_i\left(\frac{Q_i^*}{X_i}\right) \times \left(-\frac{Q_i^*}{X_i^2}\right) + \int_0^{\frac{Q_i^*}{X_i}} L_i \times y_i$$

$$\times f_i(y_i) \mathrm{d}y_i + L_i \times X_i \times \frac{Q_i^*}{X_i} \times f_i\left(\frac{Q_i^*}{X_i}\right) \times \left(-\frac{Q_i^*}{X_i^2}\right) - P_i \times Q_i^* \times f_i\left(\frac{Q_i^*}{X_i}\right) \times \left(-\frac{Q_i^*}{X_i^2}\right) - \int_{\frac{Q_i^*}{X_i}}^{+\infty} H_i \times y_i \times f_i(y_i) \mathrm{d}y_i + H_i \times X_i$$

$$\times \frac{Q_i^*}{X_i} \times f_i\left(\frac{Q_i^*}{X_i}\right) \times \left(-\frac{Q_i^*}{X_i^2}\right) - H_i \times Q_i^* \times f_i\left(\frac{Q_i^*}{X_i}\right) \times \left(-\frac{Q_i^*}{X_i^2}\right) - C_i$$

即有

$$\frac{\partial G(X_i)}{\partial X_i} = \int_0^{\frac{Q_i^*}{X_i}} P_i \times y_i \times f_i(y_i) \mathrm{d}y_i + \int_0^{\frac{Q_i^*}{X_i}} L_i \times y_i \times f_i(y_i) \mathrm{d}y_i - \int_{\frac{Q_i^*}{X_i}}^{+\infty} H_i \times y_i \times f_i(y_i) \mathrm{d}y_i - C_i$$

令其一阶导函数为 0，得最优解 X_i 满足：

$$\int_0^{\frac{Q_i^*}{X_i}} y_i \times f_i(y_i) \mathrm{d}y_i = (C_i + 1)/(P_i + L_i + H_i)$$

若证明所求的最优解 X_i 满足上式，通过求函数 $G(X_i)$ 关于 X_i 的二阶导数，证明 $G(X_i)$ 是关于 X_i 的凸函数即可，其二阶导数为：$\dfrac{\partial^2 G(X_i)}{\partial X_i^2} = (P_i + L_i + H_i) \times \dfrac{Q_i^*}{X_i} \times f\left(\dfrac{Q_i^*}{X_i}\right) \times \left(-\dfrac{Q_i^*}{X_i^2}\right) < 0$。得出函数是凸函数，极大值点取一阶导数为 0 的点。

公式（7）为递增函数，只存在一个根，非常适合采用效率高的二分搜索法求解，本节采用二分搜索法求解，见算法 4。

算法 4　二分搜索求函数解（finding function solution by binary search，FFS_BS）

输入：求解的函数 $g(x)=0$，虚拟资源需求量 Q_i^*。

输出：近似解 x^*。

步骤：

（1）确定目标函数 $g(x)$ 中 x 的初始区间为 (l,r)，其中 $g(l)<0$ 且 $g(r)>0$，终止条件 ε（即 $|l-r|<\varepsilon$）；

（2）计算 $g((l+r)/2)$；

（3）WHILE（$|l-r|\geqslant\varepsilon$）do

（4）　　如果 $g((l+r)/2)<0$，函数近似解在 $[(l+r)/2,r]$ 区间内，$l=(l+r)/2$；

（5）　　如果 $g((l+r)/2)>0$，说明极值点在 $[l,(l+r)/2]$ 区间内，$r=(l+r)/2$；

（6）END

（7）IF（$|l-r|<\varepsilon$）THEN　$x^*=2Q_i^*/(l+r)$；

在上述建模、求解和算法实现基础上，下面设计确定需求随机供应的最优资源配置算法，见算法 5，以及此场景下多应用提供商最优资源协同配置算法，参见算法 6。

算法 5　确定需求随机供应的最优资源配置算法（optimal resource allocation algorithm with definite-demand and random-supply，ORAA_DR）

输入：云资源租赁单价 C_i，每个用户实例需要消耗虚拟资源 R_i CIPU，用户访问量为 $\tilde{D}_i$，每个用户服务费 P_u^i，虚拟资源短缺成本 L_i，虚拟资源闲置成本 H_i，云资源支撑虚拟资源随机变量 y_i 的概率密度函数、期望分别为 $f_i(y_i)$、Y_i。

输出：云资源最优配置量 X_i，虚拟资源需求量 Q_i^*。

步骤：

（1）根据公式 $P_i=P_u^i/R_i$ 得虚拟资源销售价格；

（2）根据公式 $Q_i^*=\tilde{D}_i\times R_i$ 得虚拟资源需求量；

（3）CALL **FFS_BS**（式（7），Q_i^*），得最优 IaaS 资源配置量 X_i。

算法 6　确定需求随机供应的最优资源协同配置策略（ORCS_DR）

输入：应用提供商集 $\{S_1,S_2,\cdots,S_t\}$，云资源租赁单价集 $\{C_1,C_2,\cdots,C_t\}$，每个用户实例需要的虚拟资源量集 $\{R_1,R_2,\cdots,R_t\}$，用户访问量集 $\{\tilde{D}_1,\tilde{D}_2,\cdots,\tilde{D}_t\}$，每个用户服务收费集 $\{P_u^1,P_u^2,\cdots,P_u^t\}$，云虚拟资源短缺成本集 $\{L_1,L_2,\cdots,L_t\}$，云虚拟资源闲置成本集 $\{H_1,H_2,\cdots,H_t\}$，云资源能支撑的虚拟资源随机变量集 $\{y_1,y_2,\cdots,y_t\}$ 的概率密度函数集 $\{f_1(y_1),f_2(y_2),\cdots,f_t(y_t)\}$ 和期望集 $\{Y_1,Y_2,\cdots,Y_t\}$。

输出：虚拟资源协同配置量集 $\{\ddot{Q}_1,\ddot{Q}_2,\cdots,\ddot{Q}_t\}$，云资源协同配置量集 $\{\ddot{X}_1,\ddot{X}_2,\cdots,\ddot{X}_t\}$。

变量：最优云资源配置量集 $\{X_1^*,X_2^*,\cdots,X_t^*\}$，虚拟资源需求量集 $\{Q_1,Q_2,\cdots,Q_t\}$，最优虚拟资源配置量集 $\{Q_1^*,Q_2^*,\cdots,Q_t^*\}$

步骤：

（1）FOR　$i=1$　TO　t

（2）　　　　Call **ORAA_DR**（C_i，R_i，$\tilde{D}_i$，P_u^i，L_i，H_i，$f_i(y_i)$，Y_i）to get X_i^* and Q_i^*；

（3）　　　　$k_i=P_u^i/R_i$　//单位虚拟资源的收益，这里设置为虚拟资源销售单价

（4）END FOR

（5）Call **CA_CR**（$\{S_1,S_2,\cdots,S_t\}$，$\{Q_1,Q_2,\cdots,Q_t\}$，$\{Q_1^*,Q_2^*,\cdots,Q_t^*\}$，$\{k_1,k_2,\cdots,k_t\}$）to get $\{\ddot{Q}_1,\ddot{Q}_2,\cdots,\ddot{Q}_t\}$；

（6）$\{\ddot{X}_1,\ddot{X}_2,\cdots,\ddot{X}_t\}\approx\{\ddot{Q}_1/Y_1,\ddot{Q}_2/Y_2,\cdots,\ddot{Q}_t/Y_t\}$；　//估计值

5.4 随机供需的最优资源协同配置策略（optimal resource co-allocation strategy with random demand and supply，ORCS_RDS）

上述两节讨论了需求随机和供应随机两种场景下的云资源配置问题，然而在很多情况下存在虚拟资源的需求和供应皆为随机的云资源配置问题，下面采用两阶段计算方法实现应用提供商期望收益最大的云资源最优配置策略：第一阶段计算需求随机下的虚拟资源需求量；第二阶段计算供应随机下的云资源配置量，具体如算法 7 所示。此外，随机供需情景的多应用提供商最优资源协同配置策略如算法 8 所示。

算法 7 随机供需的最优资源配置策略（optimal resource allocation strategy with random demand and supply，ORAS_RDS）

输入：云资源租赁单价 C_i，每个用户实例需要消耗虚拟资源 R_i CIPU，每个用户服务费 P_u^i，用户量随机导致虚拟资源需求量随机，用户访问量 $\tilde{D}_i$ 随机得出虚拟资源需求量 u_i 是随机变量，其概率密度函数为 $f_i(u_i)$，概率分布表为 T_i；虚拟资源短缺成本为 L_i，虚拟资源闲置成本为 H_i，云资源支撑虚拟资源量 y_i 是随机变量，其概率密度函数和期望分别为 $f_i(y_i)$、Y_i。

输出：云资源最优配置量 X_i。

步骤：

（1）根据公式 $P_i = P_u^i / R_i$ 得虚拟资源销售价格；

（2）根据式（3）并且查概率分布表 T_i，得最优虚拟资源需求量 Q_i^*；

（3）CALL **FFS_BS**（式（7），Q_i^*），得最优云资源配置量 X_i。

算法 8 随机供需的最优资源协同配置策略（ORCS_RDS）

输入：服务提供商集 $\{S_1,S_2,\cdots,S_t\}$，云资源租赁单价集 $\{C_1,C_2,\cdots,C_t\}$，每个用户实例需要的虚拟资源量集 $\{R_1,R_2,\cdots,R_t\}$，用户访问随机变量集 $\{u_1,u_2,\cdots,u_t\}$ 的概率密度函数集 $\{f_1(y_1),f_2(y_2),\cdots,f_t(y_t)\}$ 和概率分布表集 $\{T_1,T_2,\cdots,T_t\}$，每个用户服务收费集 $\{P_u^1,P_u^2,\cdots,P_u^t\}$，虚拟资源短缺成本集 $\{L_1,L_2,\cdots,L_t\}$，虚拟资源闲置成本集 $\{H_1,H_2,\cdots,H_t\}$，云资源支撑虚拟资源随机变量集 $\{y_1,y_2,\cdots,y_t\}$ 的概率密度函数集 $\{f_1(y_1),f_2(y_2),\cdots,f_t(y_t)\}$ 和期望集 $\{Y_1,Y_2,\cdots,Y_t\}$。

输出：虚拟资源协同配置量集 $\{\ddot{Q}_1,\ddot{Q}_2,\cdots,\ddot{Q}_t\}$，云资源协同配置量集 $\{\ddot{X}_1,\ddot{X}_2,\cdots,\ddot{X}_t\}$。

变量：最优云资源配置量集 $\{X_1^*,X_2^*,\cdots,X_t^*\}$，虚拟资源需求量集 $\{Q_1,Q_2,\cdots,Q_t\}$，最优虚拟资源配置量集 $\{Q_1^*,Q_2^*,\cdots,Q_t^*\}$。

步骤：

（1）FOR $i=1$ TO t

（2）　　　Call **ORAS_RDS**（C_i，R_i，$f_i(u_i)$，P_u^i，T_i，L_i，H_i，$f_i(y_i)$，Y_i）to get X_i^* and Q_i^*；

（3）　　　$k_i = P_u^i / R_i$　//单位虚拟资源的收益，这里设置为虚拟资源销售单价

（4）END FOR

（5）Call **CA_CR**（$\{S_1,S_2,\cdots,S_t\}$，$\{Q_1,Q_2,\cdots,Q_t\}$，$\{Q_1^*,Q_2^*,\cdots,Q_t^*\}$，$\{k_1,k_2,\cdots,k_t\}$）to get $\{\ddot{Q}_1,\ddot{Q}_2,\cdots,\ddot{Q}_t\}$；

（6）$\{\ddot{X}_1,\ddot{X}_2,\cdots,\ddot{X}_t\} \approx \{\ddot{Q}_1/Y_1,\ddot{Q}_2/Y_2,\cdots,\ddot{Q}_t/Y_t\}$；　//估计值

6 实验分析

6.1 算法性能分析

硬件配置为 Intel（R）Core（TM）i7-10750H 且 2.60GHz 的 CPU、16.0GB 的 RAM（random access memory，随机存储器），操作系统为 Windows 10，算法用 Python 实现，设置协同应用提供商数为 3（通常该数量比较稳定，可视其为常数）。ORCS_RD 中最小最优资源配置量与用户访问量无关，所以实验中不必考虑用户量变化对算法执行时间的影响；ORCS_DR 和 ORCS_RDS 中需要采用二分搜索法获取最小最优配置量，与供应量有关，因此随机变量供应的均值变化对算法性能的影响见图 2。从图中可以看出三种算法的时间复杂度皆为常数。空间复杂度主要涉及需要临时空间建立概率分布表，所以空间复杂度为 $O(n)$，对于正态分布，其复杂度为 $O(320)$。

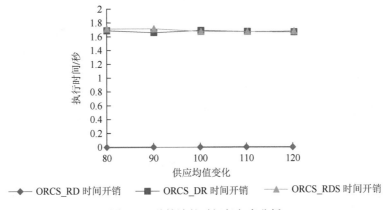

图 2　三种算法的时间复杂度分析

6.2 数值算例

6.2.1 算例基本参数设置

应用提供商 i 向用户提供服务，服务价格 $P_u^i = 4$ 元，每个用户访问服务消耗的虚拟资源量 $R_i = 10$ CIPU，虚拟资源价格 $P_i = 0.4$ 元，云资源单位租赁成本 $C_i = 10$ 元，虚拟资源单位缺货成本 $L_i = 0.3$ 元，虚拟资源单位资源闲置成本 $H_i = 0.1$ 元，用户访问量服从正态分布 $\tilde{D}_i \sim N(5000,500)$，则虚拟资源需求量服从正态分布 $u_i \sim N(50\,000,5000)$，单位云资源可获虚拟资源量服从正态分布 $y_i \sim N(100,9)$。三类不同算例基本参数设置如表 3 所示。

表 3　算例基本参数

R_i	P_u^i	P_i	C_i	L_i	H_i	u_i	y_i
10	4	0.4	10	0.3	0.1	$N(50\,000,5000)$	$N(100,9)$

6.2.2 ORCS_RD 算例计算

在该算例中只考虑需求随机情况，由式（3）得，$\int_0^X f(u)\mathrm{d}u = \dfrac{P+L-C/Y}{P+L+H} = \dfrac{0.4+0.3-0.1}{0.4+0.3+0.1} = 0.75$；

查正态分布表得，$\int_0^{0.67} f(u_1)\mathrm{d}u_1 = 0.7486 < 0.75 < \int_0^{0.68} f(u_1)\mathrm{d}u_1 = 0.7517$，即有 $(Q^*/10 - 5000)/500 \in$ $[0.67, 0.68]$，即 $Q^* \in [53\,350, 53\,400]$。由于本实例中供应确定，即 $Y = 100$，云资源最优配置量 $X \in [533.5, 534.0]$，取其平均值为 $533.75\,\mathrm{CIPU}$。

6.2.3 ORCS_DR 算例计算

在该算例中只考虑供应随机情况，需求确定即用户访问量为 5000，则虚拟资源需求量 $Q_i^* = 50\,000$，由式（7）得 $\int_0^{\frac{Q_i^*}{X_i}} y_i \times f_i(y_i)\mathrm{d}y_i = (C_i + 1)/(P_i + L_i + H_i) = 13.75$。使用 FFS_BS 算法计算等式的解，得 $X_i = 543.4783$。即需求确定供应随机下的云资源最优配置量为 $543.4783\,\mathrm{CIPU}$，二分搜索迭代过程见图 3。

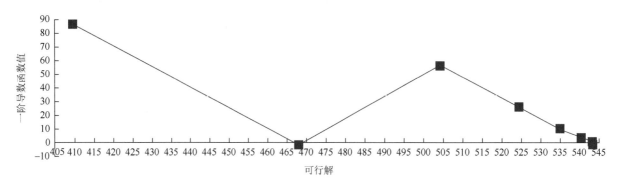

图 3　FFS_BS 算法迭代过程

6.2.4 ORCS_RDS 算例计算

在该算例中既需考虑需求随机，也需考虑供应随机。首先考虑用户访问量随机，由式（3）计算虚拟资源需求量 $Q_i^* = 53\,375$；接着考虑云计算实例能够支撑的虚拟资源数量随机，由式（7）和 FFS_BS 求解最优云资源配置量 $X_i = 580.1630\,\mathrm{CIPU}$。

6.3　算法比较

6.3.1　文中算法比较

为解决随机需求确定供应、确定需求随机供应、随机供需三种场景下的云应用的资源配置问题，文中设计了 8 个算法，其中云资源协同配置算法（CA_CR）和二分搜索求函数解（FFS_BS）被其他算法调用。因此，本文算法服务三种场景，可归为两类：基于统计信息的最优资源配置策略（ORAA_RD、ORAA_DR 和 ORAS_RDS）；资源再配置的最优资源协同配置策略（ORCS_RD、ORCS_DR 和 ORCS_RDS）。首先，分别比较三种场景下的最优资源配置策略和最优资源协同配置策略的应用提供商收益情况，即进行 ORAA_RD 与 ORCS_RD、ORAA_DR 与 ORCS_DR、ORAS_RDS 与 ORCS_RDS 的比较分析。选取 A、B、C 三个应用提供商，其服务价格分别是 3 元、4 元、5 元，供应确定时 $Y = 100$，需求确定时用户访问量为 5000，其他参数参照表 3。为了保证结果的稳健性，对实际需求和实际供应采样 10 000 次，取 10 000 次协同配置的平均收益与最优资源配置策略的期望收益进行对比，图 4、图 5、图 6 描述了协同配置资源后能更有效提升应用提供商的收益。

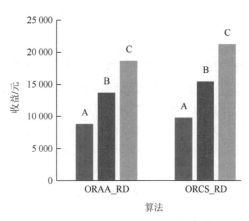

图 4　ORAA_RD 与 ORCS_RD 的收益比较

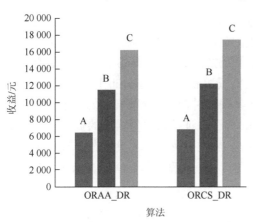

图 5　ORAA_DR 与 ORCS_DR 的收益比较

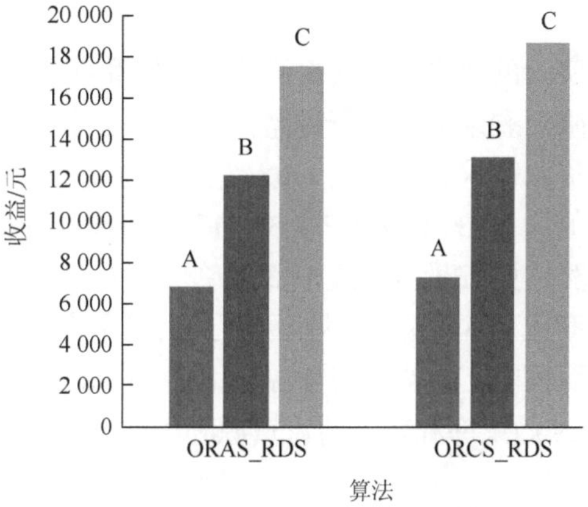

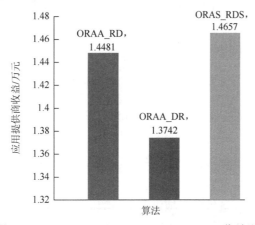

图 6　ORAS_RDS 与 ORCS_RDS 的收益比较

其次，供需随机环境下，比较三种最优资源配置策略（ORAA_RD、ORAA_DR 和 ORAS_RDS）的收益情况。同样在计算每种算法期望收益时，采用 10 000 次需求和供应数据，取其平均。图 7 描述了在供需皆随机条件下，分别采用 ORAA_RD、ORAA_DR、ORAS_RDS 三种算法的应用提供商收益情况比较（从图中可以得出，ORAS_RDS 的收益最高）。在供应确定时，ORAS_RDS 退化为 ORAA_RD；在需求确定时，ORAS_RDS 退化为 ORAA_DR；文中分别设计 ORAA_RD 和 ORAA_DR 的目的是实现 ORAS_RDS，进而实现供需随机条件下应用提供商收益最大的目标。

图 7　ORAA_RD、ORAA_DR、ORAS_RDS 收益比较

6.3.2　与已有算法比较

选择考虑云应用资源需求随机的有代表性的研究成果,以及能够使应用提供商有较高收益的资源租赁策略与本文算法进行比较。在文中算法比较部分已经得出协同配置策略优于最优资源配置策略和随机供需中 ORAS_RDS 的收益最高,因此只需验证 ORAA_RD 优于其他算法即可。

本实验将提出的方法 ORAA_RD 与基于云模型的 SaaS 选择算法——SS_MaCM[40] (service selection method based on Mahalanobias cloud model,基于马氏云模型的 SaaS 选择算法)、基于应用特征的 PaaS 弹性资源管理机制 (application feature based elastic resource management mechanism,AFERM) 进行比较[29]、节省计划 + 按量付费 (即 subscription + on-Demand,记为 Sub_Dem)。SS_MaCM 不考虑服务本身及环境动态变化对 QoS 违反率的影响,只将其描述 QoS 准确率最好情况作为 QoS 违反率的参考;SS_MaCM 没有考虑服务的用户访问量的影响,设置其云资源配置为满足 QoS 约束的最大用户访问量所需资源,实际资源使用量与用户访问量的期望成正比。AFERM 方法只参考在请求率规律相对较好的应用上实验的效果,因其权衡资源开销和部署灵活性,设定虚拟资源的开销上限为 80%,不考虑没达到开销上限而剩余的虚拟资源量。Sub_Dem 由 SaaS 提供商提出资源需求,并且 IaaS 提供商采取有效措施保证其资源需求,则违反 QoS 约束率为 0;按照表 3 中的虚拟资源需求量正态分布生成 50 万个随机数中最小值为 30 312.2903,取 30 312 作为预订资源量,不足部分按量付费 (按照节省计划为按量付费的 4.55 折计算,则按量付费虚拟资源单价为 $0.4/0.455 = 0.88$ 元);为了保证按量付费模式的资源需求,设 IaaS 提供商采用 AFERM 资源预留方法,其最高资源利用率为 80%,用虚拟资源需求量正态分布函数生成 5000 次资源需求,取其平均资源利用率。图 8 是违反 QoS 约束和资源利用率比较,ORAA_RD 具有较低的违反 QoS 约束率和较高的云资源利用率。

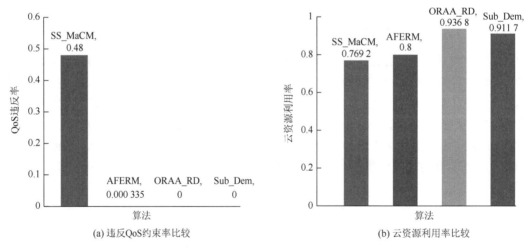

图 8　违反 QoS 约束和资源利用率比较

SS_MaCM 没有考虑用户访问量对资源和应用 QoS 的影响,假定用户访问量为均值,即取算例参数 (表 3) 中用户访问量 $\tilde{D}_i = 5000$。AFERM 考虑了用户访问量对资源需求和服务 QoS 的影响,其基本思想是满足所有用户并发请求并且尽量减少违反 QoS 约束,取其最大用户访问量 $\tilde{D}_i = 5000 + 3 \times 500 = 6500$。Sub_Dem 的收益为服务收入-租赁虚拟资源成本,其中服务收入为 $\tilde{D}_i \times 4$,租赁虚拟资源成本为 $30\ 312 \times 0.4 + \lambda \times 0.88$ (其中 λ 为按量付费虚拟资源量,随机生成 5000 次 $\tilde{D}_i$,$\lambda = 5000$ 次的平均虚拟资源需求量$-30\ 312$)。图 9 描述了四种算法的收益比较,图中只考虑需求随机的应用提供商收益情况。

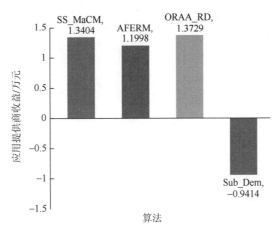

图 9　SS_MaCM、AFERM、ORAA_RD、Sub_Dem 收益比较

　　与已有算法的比较：针对用户访问量和云负载随机问题，已有的基于 IaaS 和 PaaS 层面的云资源配置方案，通常通过预测用户访问量和云资源负载进行配置，或者通过监测用户访问量和负载变化进行自适应调整，或者通过预留云资源来减少违反 QoS 约束次数。预测方法难以保证准确度，监测自适应方法不能做到及时响应，经常出现违反 QoS 约束的情况；预留云资源方法虽然可以降低违反 QoS 约束的频次，但是也降低了云系统资源利用率和提高了应用提供商的成本。本文提出的算法获得用户访问量和虚拟资源供应量随机情况下应用提供商期望收益最大的云资源最优配置数量，在 IaaS 和 PaaS 层面无违反 QoS 约束情况，按照最优配置量配置资源能够充分利用云系统资源，而不增加应用提供商成本。

6.4　参数分析

　　本节实验分析算法中 4 个重要参数对期望收益和最优配置量的影响。在表 3 算例参数的基础上，服务价格在 0.2~0.6 变化，云资源租赁价格在 8~12 变化，虚拟资源的缺货价格在 0.1~0.5 变化，虚拟资源的闲置价格在 0.08~0.12 变化。图 10 描述了 4 个参数的变化对期望收益的影响，从图中可以得出服务的销售价格变化对期望收益的影响最大，云资源租赁价格次之，虚拟资源缺货价格和虚拟资源闲置价格的期望收益的影响不大，总体上 ORAS_RDS 的期望收益略高于其他两种算法。图 11 描述了 4 个参数的变化对最优资源配置量的影响，从图中可以得出，最优配置量与服务价格和虚拟资源缺货价格呈正相关，而与云资源租赁价格和虚拟资源闲置价格呈负相关，总体上 ORAS_RDS 的最优资源配置量高于 ORAA_DR，ORAA_DR 高于 ORAA_RD。

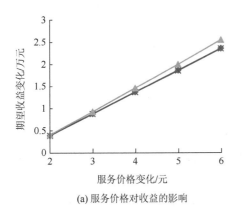

(a) 服务价格对收益的影响

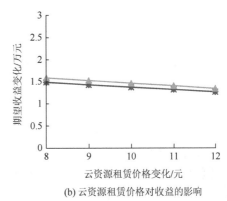

(b) 云资源租赁价格对收益的影响

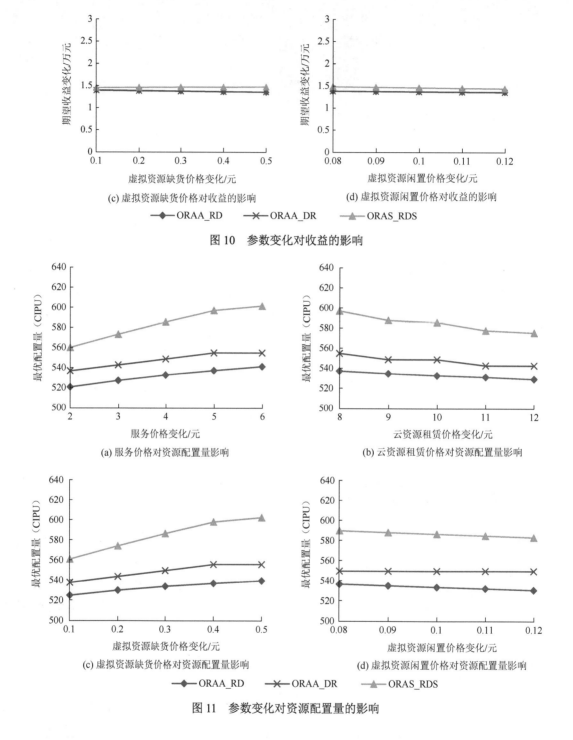

图 10　参数变化对收益的影响

图 11　参数变化对资源配置量的影响

7　结束语

已有基于 IaaS 和 PaaS 层面的服务 QoS 约束条件下的云资源配置研究中，在用户访问量和虚拟资源供应（即云资源负载）随机条件下，违反 QoS 约束和资源利用率低问题仍然凸显，并且欠缺对应用提供商的收益考虑。针对上述难点，本文提出随机供需云环境下应用提供商收益驱动的最优资源协同配置策略。与以往基于 IaaS/PaaS 视角不同，基于云应用提供商期望收益最大的思想提出云资源配置策略，在随机环境下充分考虑云资源租赁价格、服务价格、资源缺货价格和资源闲置价格对云资源配置量和期望收益的影响，丰富了云资源配置理论，同时也是经典报童模型在随机供需云环境下的进一步扩展。实验证明了本文的算法具有较高的运行效率，能够有效获取云资源最优配置量，服务的销售价格和资源租赁价格对收益影响较大，相比以往方法有以下优点：①能够有效确定使应用提供商期望收益最大的三种随机情况下的最优资源配置量，进而可采用节省计划付费模式配置资源，可有效提高应用提供商收益；②应用提供商确定资源配置量，在 IaaS 和 PaaS 提供商层面不存在违反 QoS 约束问题，也有利于其准确配置云资源，提升系统资源利用率；③能够有效应对用户访问量和云资源负载随机导致的资源配置不准确问题；④协同应用提供商的资源二次调配进一步提升其收益。实践中，本文提出的算法可普遍适用于初创期的中小 SaaS 提供商，面向在产品迭代或新客户市场磨合过程中不确定性用户访问量情景提供有效的决策支持，也可适用零售电商 SaaS（如淘宝、京东）在节假日面临的不确定性的资源需求等场景，有效降低云服务市场供求磨合期的运营成本，提高应用提供商的经济效益和市场竞争力。

由于本文对面向应用提供商收益的云资源配置研究目前还处于初始阶段，仍然存在很多不足需要不断完善。文中假设参与资源协同配置的应用提供商积极性高、在没有损失条件下能够接受算法的统一调配，但现实中存在一些应用提供商为了利益而选择不配合，进而出现缺货应用提供商和剩货应用提供商之间的博弈、缺货应用提供商之间竞争剩货的博弈、剩货应用提供商之间的竞价博弈，这是一个需要深入研究的问题。另外，还需进一步研究应用提供商收益驱动的价格影响需求的资源配置、多资源多期配置、云资源的统一量化，以及面向 IaaS、PaaS 和应用三级服务提供商收益的多期云资源配置策略。

参 考 文 献

[1] Zhou A，Wang S G，Zheng Z B，et al. On cloud service reliability enhancement with optimal resource usage[J]. IEEE Transactions on Cloud Computing，2016，4（4）：452-466.

[2] Zhu Q，Agrawal G. Resource provisioning with budget constraints for adaptive applications in cloud environments[J]. IEEE Transactions on Services Computing，2012，5（4）：497-511.

[3] Shi H M，Xu H C，Xu X F，et al. Service composition considering QoS fluctuations and anchoring cost[C]//2021 IEEE International Conference on Web Services. Chicago：IEEE，2021：370-380.

[4] Wu C，Toosi A N，Buyya R，et al. Hedonic pricing of cloud computing services[J]. IEEE Transactions on Cloud Computing，2021，9（1）：182-196.

[5] Alzhouri F，Agarwal A，Liu Y. Maximizing cloud revenue using dynamic pricing of multiple class virtual machines[J]. IEEE Transactions on Cloud Computing，2021，9（2）：682-695.

[6] Buyya R，Yeo C S，Venugopal S. Market-oriented cloud computing：vision，hype，and reality for delivering IT services as computing utilities[C]//2008 10th IEEE International Conference on High Performance Computing and Communications. Dalian：IEEE，2008：5-13.

[7] 李强,郝沁汾,肖利民,等. 云计算中虚拟机放置的自适应管理与多目标优化[J].计算机学报,2011,34(12):2253-2264.

[8] 孙大为,常桂然,李凤云,等. 一种基于免疫克隆的偏好多维 QoS 云资源调度优化算法[J].电子学报,2011,39(8):1824-1831.

[9] Addya S K，Satpathy A，Ghosh B C，et al. CoMCLOUD：virtual machine coalition for multi-tier applications over multi-cloud environments[J]. IEEE Transactions on Cloud Computing，2023，11（1）：956-970.

[10] Belgacem A，Beghdad-Bey K，Nacer H. Dynamic resource allocation method based on symbiotic organism search algorithm in cloud computing[J]. IEEE Transactions on Cloud Computing，2022，10（3）：1714-1725.

[11] 匡桂娟,曾国苏,曹洁,等. 基于图匹配理论的云任务与云资源满意"婚配"方法[J].电子学报,2014,42(8):1582-1586.

[12] 郭伟, 张凯强, 崔立真, 等. 支持 SaaS 应用多维异构性能需求的云资源放置方法[J].计算机学报, 2018, 41 (6): 1225-1237.

[13] 孙佳佳, 王兴伟, 高程希, 等. 云环境下基于神经网络和群搜索优化的资源分配机制[J].软件学报, 2014, 25 (8): 1858-1873.

[14] 闫永明, 张斌, 郭军, 等. 基于强化学习的 SBS 云应用自适应性能优化方法[J].计算机学报, 2017, 40 (2): 464-480.

[15] 周平, 殷波, 邱雪松, 等. 面向服务可靠性的云资源调度方法[J].电子学报, 2019, 47 (5): 1036-1043.

[16] Liu C B, Tang F, Hu Y K, et al. Distributed task migration optimization in MEC by extending multi-agent deep reinforcement learning approach[J]. IEEE Transactions on Parallel and Distributed Systems, 2021, 32 (7): 1603-1614.

[17] 任神河, 郑寇全, 关冬冬, 等. 基于 IFTS 的云计算网络动态负载均衡方法[J]. 系统工程理论与实践, 2019, 39 (5): 1298-1307.

[18] Denninnart C, Salehi M A. Harnessing the potential of function-reuse in multimedia cloud systems[J]. IEEE Transactions on Parallel and Distributed Systems, 2022, 33 (3): 617-629.

[19] Chen M S, Huang S J, Fu X, et al. Statistical model checking-based evaluation and optimization for cloud workflow resource allocation[J]. IEEE Transactions on Cloud Computing, 2020, 8 (2): 443-458.

[20] 吴悦文, 吴恒, 任杰, 等. 面向大数据分析作业的启发式云资源供给方法[J].软件学报, 2020, 31 (6): 1860-1874.

[21] 苏命峰, 王国军, 李仁发. 边云协同计算中基于预测的资源部署与任务调度优化[J].计算机研究与发展, 2021, 58(11): 2558-2570.

[22] 俞岭, 谢奕, 陈碧欢, 等. 基于前馈和反馈控制运行时虚拟资源动态分配[J]. 计算机研究与发展, 2015, 52 (4): 889-897.

[23] 苑迎, 王翠荣, 王聪, 等. 基于非完全信息博弈的云资源分配模型[J]. 计算机研究与发展, 2016, 53 (6): 1342-1351.

[24] Wang Y, Zhou J T, Song X Y. A utility game driven QoS optimization for cloud services[J]. IEEE Transactions on Services Computing, 2022, 15 (5): 2591-2603.

[25] Nallur V, Bahsoon R. A decentralized self-adaptation mechanism for service-based applications in the cloud[J]. IEEE Transactions on Software Engineering, 2013, 39 (5): 591-612.

[26] Haratian P, Safi-Esfahani F, Salimian L, et al. An adaptive and fuzzy resource management approach in cloud computing[J]. IEEE Transactions on Cloud Computing, 2019, 7 (4): 907-920.

[27] Alsarhan A, Itradat A, Al-Dubai A Y, et al. Adaptive resource allocation and provisioning in multi-service cloud environments[J]. IEEE Transactions on Parallel and Distributed Systems, 2018, 29 (1): 31-42.

[28] 伍之昂, 罗军舟, 宋爱波, 等. 跨数据中心的动态资源联合预留研究[J]. 计算机学报, 2014, 37 (11): 2317-2326.

[29] 魏豪, 周抒睿, 张锐, 等. 基于应用特征的 PaaS 弹性资源管理机制[J]. 计算机学报, 2016, 39 (2): 223-236.

[30] Jayathilaka H, Krintz C, Wolski R. Detecting performance anomalies in cloud platform applications[J]. IEEE Transactions on Cloud Computing, 2018, 8 (3): 764-777.

[31] 徐雅斌, 彭宏恩. 基于需求预测的 PaaS 平台资源分配方法[J]. 计算机应用, 2019, 39 (6): 1583-1588.

[32] 孟煜, 张斌, 郭军, 等. 云计算环境下云服务用户并发量的区间预测模型[J]. 计算机学报, 2017, 40 (2): 378-396.

[33] 谢晓兰, 张征征, 王建伟, 等.基于三次指数平滑法和时间卷积网络的云资源预测模型[J]. 通信学报, 2019, 40 (8): 143-150.

[34] Ghosh N, Ghosh S K, Das S K. SelCSP: a framework to facilitate selection of cloud service providers[J]. IEEE Transactions on Cloud Computing, 2014, 3 (1): 66-79.

[35] Ding S, Li Y Q, Wu D S, et al. Time-aware cloud service recommendation using similarity-enhanced collaborative filtering and ARIMA model[J]. Decision Support Systems, 2018, 107: 103-115.

[36] Jain T, Hazra J. Hybrid cloud computing investment strategies[J]. Production and Operations Management, 2019, 28 (5): 1272-1284.

[37] Hosseini L, Tang S J, Mookerjee V, et al. A switch in time saves the dime: a model to reduce rental cost in cloud computing[J]. Information Systems Research, 2020, 31 (3): 753-775.

[38] 彭高贤, 文一凭, 刘建勋, 等. 能耗感知的云制造服务选择与调度优化方法[J]. 计算机集成制造系统, 2024, 30 (8): 2697.

[39] Qi L Y，Dou W C，Hu C H，et al. A context-aware service evaluation approach over big data for cloud applications[J]. IEEE Transactions on Cloud Computing，2020，8（2）：338-348.

[40] Ma H，Zhu H B，Li K Q，et al. Collaborative optimization of service composition for data-intensive applications in a hybrid cloud[J]. IEEE Transactions on Parallel and Distributed Systems，2019，30（5）：1022-1035.

[41] 周知，刘方明. 面向多租户数据中心资源回收利用的能效激励机制[J].中国科学（信息科学），2021，51（5）：735-749.

[42] 白静，张龙昌. 云应用提供商收益驱动的最佳云资源配置策略[J].计算机集成制造系统，2024，30（7）：2495.

Optimal Resource Co-allocation Strategy Driven by Application Providers Revenue in Random Supply and Demand Cloud Environment

BAI Jing[1]，XU Jianjun[2]，ZHANG Longchang[3, 4]

（1. School of Management Science and Engineering，Dongbei University of Finance and Economics，Dalian 116025，China；

2. Institute of Supply Chain Analytics，Dongbei University of Finance and Economics，Dalian 116025，China；

3. College of Information Engineering，Suqian University，Suqian 223800，China；

4. Shenzhen Research Institute，Beijing University of Posts and Telecommunications，Shenzhen 518038，China）

Abstract For the existing cloud resource configuration schemes，the randomness of user access (resource demand) and resource supply of applications，as well as the revenue of application providers，are not considered enough，the optimal resource co-allocation strategy driven by application providers revenue in random supply and demand cloud environment is proposed. A quantitative model of resources and requirements was established. Based on the principle of maximizing revenue for cloud application providers，three optimal resource co-allocation strategies were designed：random-demand and definite-supply，definite-demand and random-supply，and random-supply and random-demand. When user access and resource supply are random，this strategy can effectively improve the revenue of cloud application providers，without violating QoS constraints，and cloud resources can be fully utilized.

Key words Cloud application providers，Cloud resources，Co-allocation，Revenue-driven，Random-supply and random-demand

作者简介

许建军（1969—），男，东北财经大学管理科学与工程学院教授、博士生导师，研究方向为库存优化、动态规划、随机优化等。E-mail：xujianjun@dufe.edu.cn。

白静（1987—），女，东北财经大学管理科学与工程学院 2021 级博士研究生，研究方向为信息系统、云计算、库存优化。E-mail：bj490367659@126.com。

张龙昌（1978—），男，宿迁学院信息工程学院教授、北京邮电大学深圳研究院客座教授、硕士生导师，研究方向包括信息系统、服务计算、云计算等。E-mail：zlc_041018@163.com。

游戏产品开发商的不同营销模式选择策略*

王述　刘盾　聂佳佳

（西南交通大学经济管理学院，四川 成都 610031）

摘　要　基于游戏产品的背景，本文构建了一个分析模型来研究游戏产品开发商的三种营销模式选择：在第二阶段只销售新产品，同时销售新产品和升级新产品，或者在销售新产品的同时还建立基于区块链技术的 C2C 二手游戏产品交易平台来吸引消费者，增加玩家的游戏体验。通过对不同供应链模型进行比较分析，得到了开发商的最优营销模式以及不同营销模式对消费者剩余的影响。研究表明：对新产品升级总是可以让开发商受益，但开发商需要权衡升级成本带来的负面效应，不能随意增加新产品升级比。不考虑区块链成本时，在不同条件下开发商的最优营销策略为升级新产品或建立 C2C 平台。当考虑区块链成本时，不会改变上述主要结论，但是会减少开发商建立 C2C 平台的动机。具体而言，只有当区块链成本较小且二手游戏产品升级比较大时，开发商开通 C2C 平台才能增加收益。此外，开发商升级新产品或者建立 C2C 平台总会增加消费者剩余，在一定条件下开发商与消费者能够实现双赢。

关键词　游戏产品，升级新产品，C2C 平台，区块链技术

中图分类号：F274

1　引言

首次销售原则是指合法获得作品复制件的权利人可以未经版权人许可，对该复制件进行转售、出租或其他方式的处分①。美国最高法院在 1908 年立法认可的"首次销售原则"，保护了消费者转售所购实体产品的权利。近年来，越来越多的消费者开始从其他玩家那里购买二手游戏产品，这使得"首次销售原则"对虚拟产品的适用性变得模糊。虚拟产品在 2020 年的市场规模已接近 320 亿美元②，且研究数据显示，到 2025 年，全球虚拟产品市场价值有望达到 1897.6 亿美元③。伴随着新技术的发展，处于网络环境下的虚拟产品（如游戏产品）能否适用"首次销售原则"？法律界没有给出明确答案。两个主要的挑战导致了"首次销售原则"在数字时代的不确定性：一方面，缺乏适当的技术阻止二手虚拟产品交易时出现盗版情形，因为非法复制的虚拟产品很难与经开发商同意进入流通的复制品区分开来[1]；另一方面，将"首次销售原则"适用于虚拟产品时会对开发商的经济以及消费者福利产生什么影响仍不明朗。

区块链的出现解决了技术挑战难题，因为它可以跟踪来源并建立监护链，防止消费者遭遇欺骗④。

---

* 基金项目：国家自然科学基金面上项目（61876157，71571148）、"服务科学与创新"四川省重点实验室项目（KL2305）。

通信作者：刘盾，西南交通大学经济管理学院教授，博士生导师，E-mail：newton83@163.com。

① http://stlaw.pku.edu.cn/hd/4820.htm。

② https://news.trust.org/item/20191126003008-l8tot。

③ https://www.adroitmarketresearch.com/press-release/virtual-goods-market。

④ http://www.ce.cn/culture/gd/202009/11/t20200911_35724117.shtml。

基于区块链的游戏可以使消费者拥有所有权和对其数字资产的完全控制[①]。越来越多的游戏开发商开始接受并采用区块链技术。例如，澳大利亚区块链公司 Immutable 获得 Naspers Ventures 和 Galaxy Digital 的 1500 万美元投资，为游戏玩家开发基于区块链的视频游戏，并为游戏开发商提供去中心化平台[②]。微软和区块链游戏平台 Enjin 合作创建了一个奖励计划，以推广基于区块链的游戏[③]。基于区块链的游戏《外星世界》描述了元宇宙之外的生活[④]。Crypto Dozer 和 DozerBird 游戏的玩家可以在基于区块链的去中心化游戏服务平台 PlayDapp 上进行游戏装备等的交易，增加了消费者福利[⑤]。因此，采用区块链技术可以解决"首次销售原则"在游戏产品中的适用难题。但是开发商建立基于区块链技术的 C2C（consumer-to-consumer，消费者对消费者）二手游戏产品交易平台是否能够增加开发商利益，增加消费者福利还有待研究。基于此，本文旨在探讨游戏产品开发商是否要引入区块链技术建立 C2C 平台来促进前期玩家数量的增长，从而增加潜在收益。此外，开发商还可以选择后期自己对产品进行升级来吸引消费者，增加玩家的游戏体验。因此，我们在第二阶段还考虑了开发商自己升级新产品这一营销模式。

与本文相关的研究包括两类。一是关于信息产品的研究。当代信息产业的快速发展促使企业采用不同的营销模式来推广和销售它们的产品。例如，一些企业采用产品策略来增加潜在收益。Bakos 和 Brynjolfsson[2]研究了信息产品的捆绑策略，发现捆绑不相关的信息产品是一种有利可图的策略。Pang 和 Etzion[3]研究了具有网络外部性的游戏产品捆绑定价策略。研究表明，与捆绑销售文献中的常见结果相反，尽管捆绑销售会增加消费者剩余和社会福利，但垄断者往往选择不提供捆绑销售。此外，还有一些企业采用价格策略来吸引消费者。Huang 和 Sundararajan[4]研究了变动成本为零、固定成本为正的信息产品定价问题。Balasubramanian 等[5]比较了信息产品的销售定价和按使用付费定价两种模式。他们证明，在垄断环境下，按使用付费更优，而在双寡头环境下，销售定价策略更加有利可图。王天宇等[6]研究了考虑消费者异质偏好情况下的网络游戏厂商利润最大化问题。研究表明，对于低成本、高质量的游戏产品，厂商应制定高价；而对于强网络外部性的游戏产品，厂商应先制定低价后缓慢降价。刘志勇和叶飞[7]探讨了基于网络外部性的网络游戏定价模式选择。研究发现，当游戏玩家对付费游戏和游戏过程中的付费道具支付意愿差别不大时，游戏商可以选择付费运营模式；当网络外部性较强时，应优先选择免费游戏模式。Wang 等[8]通过多人在线竞技游戏的实证研究探讨了基于平台的市场如何将消费者从免费转向收费。与之不同的是，我们考虑开发商的营销模式为：开发商对产品进行升级来吸引消费者，或者让玩家去升级产品然后在 C2C 二手平台上交易从而吸引其他玩家。虽然 Tan[9]探讨了游戏产品开发商是否要建立基于区块链技术的 C2C 二手产品交易平台，但我们还考虑了区块链成本因素，丰富了模型。此外，我们还在第二阶段考虑了开发商自己对游戏产品进行升级的情形，如《王者荣耀》游戏开发商在游戏后期销售碎星锤等装备，极大地提升了刺客英雄的收割能力。我们这一考量丰富了开发商的营销模式策略。

二是我们的研究还与区块链技术在运营管理中的应用有关。在食品行业，Dong 等[10]、Yang 等[11]和 Wu 等[12]发现应用区块链的可追踪性可以对食品污染责任方进行快速准确追击，降低了食品污染发生的概率，减少了食品浪费。在医药行业，Niu 等[13]将区块链技术应用于 OTC（over the counter，非处方药）药品供应链中，使消费者能够跟踪从原料采购到成品配送的整个过程。研究发现，采用区块链总是有利于消费者和社会。Shen 等[14]以新冠疫情为背景，研究了假冒口罩问题，并表明了区块链技术是有

---

① https://www.wired.com/story/blockchain-turning-in-app-virtual-goods-assets/。

② https://www.ledgerinsights.com/blockchain-gaming-immutable-naspers-galaxy/。

③ https://zhuanlan.zhihu.com/p/95708179?utm_id=0。

④ https://forkast.news/blockchain-video-games-voxels-crypto-tokenized-virtual-real-estate/。

⑤ http://cen.ce.cn/more/201912/05/t20191205_33781264.shtml。

效的防伪措施。在电子商务行业，Niu 等[15]在全球环境下探讨了跨国公司的区块链技术采用策略。他们发现，对于跨国企业来说，区块链是一把双刃剑。Wang 等[16]在建立新的在线渠道时，面对在线渠道中的仿冒品问题，获得了采用区块链技术进行防伪的条件。Choi 等[17]建立了双寡头模型，探究了平台采用区块链技术披露信息的条件。Li 等[18]分别在垄断和竞争环境下探讨了奢侈品电子商务平台的区块链技术选择策略。他们表明，区块链的成本主导了平台的区块链技术选择。此外，还有大量学者采用区块链技术来进行防伪，如 Shen 等[19]、Li 等[20]和 Pun 等[21]运用区块链链上信息不可篡改的特征，探讨了引入区块链技术对打击供应链中假冒产品问题的影响。相似的是，本文也运用了区块链技术的不可篡改性来打击假冒产品，使消费者在开发商建立的 C2C 二手游戏产品交易平台上购买到的是经开发商同意进入流通的产品，而不是非法复制的虚拟产品。与之不同的是，我们还考虑了区块链的去中心化特性，即消费者可以通过一个基于区块链的 C2C 网络平台彼此自由交易，二手产品价格不受开发商控制，由该平台上的买家与卖家自行商议决定。

综上，尽管游戏产品开发商在后期对产品进行升级以及二手游戏产品在玩家之间的交易行为越来越普遍，但关于这种新商业模式及其对消费者影响的正式研究非常有限。本文旨在通过分析游戏产品开发商是否要对新产品进行升级或者开通 C2C 平台来填补这一空白。此外，我们还在模型拓展部分考虑了区块链成本以进一步探究区块链成本对开发商营销模式选择的影响。本文不仅对游戏产品开发商的营销模式选择有一定的实践指导意义，也在理解区块链技术的引入如何影响开发商利润和消费者剩余方面迈出了重要的一步，为新兴数字世界中立法者关于"首次销售原则"的争论提供了重要的政策启示。

2　问题描述

本文考虑了一个两阶段模型，如图 1 所示。在第一阶段，游戏产品开发商（S）通过自己的平台销售游戏产品，消费者只能购买新产品。在第二阶段，开发商有三种营销模式：在自己的平台上只销售与第一阶段同质的新产品（模型 GN）；在自己的平台上同时销售与第一阶段同质的新产品和升级的新产品（模型 GS）；除了在自己的平台上销售与第一阶段同质的新产品，还建立基于区块链技术的 C2C 二手游戏产品交易平台使得消费者可以从其他玩家那里购买二手游戏产品（模型 GC）。

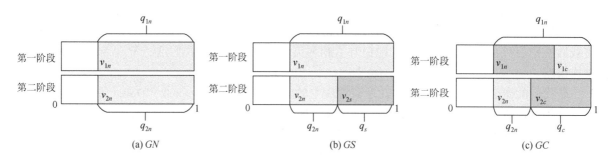

图 1　开发商的营销模式

2.1　消费者需求

本文假设开发商和消费者都是理性的，开发商是策略性企业，在第一阶段以两阶段总利润最大化为目标来决策第一阶段的新产品销售价格。消费者在每一阶段最多购买一单位产品，假设消费者具有前瞻性，他们在第一阶段可以理性地预测自己在第二阶段出售二手游戏产品的可能性及其出售价格，以两阶段总效用最大化为目标来决策第一阶段末对产品的处理方式：在第二阶段继续使用或者在 C2C 平台进行出售。接下来，我们通过比较在开发商不同营销模式下的消费者净效用，从而计算出相应的消费者需求。

设开发商在第一阶段的新产品销售价格为 p_{1n}，在第二阶段的新产品价格、升级新产品价格和二手产品价格分别为：p_{2n}、p_s 和 p_c。其中，下标 n、s 和 c 分别表示新产品、升级新产品和二手产品。在模型 i $(i = GN, GS, GC)$ 中，消费者在第 t $(t = 1, 2)$ 阶段购买产品 j $(j = n, s, c)$ 的净效用 U_{tj}^i 如下所示。

（1）在模型 GN 中，开发商没有建立 C2C 二手游戏产品交易平台。因此，消费者在第一阶段购买的新产品在第二阶段只能保留，不能出售。消费者在第二阶段也只能购买开发商发行的新产品。两个阶段的消费者效用分别为

$$U_{1n}^{GN} = v - p_{1n}^{GN} + \theta v, \quad U_{2n}^{GN} = v - p_{2n}^{GN} \tag{1}$$

其中，v 表示消费者对新产品的估值，均匀分布在 $[0, 1]$ 上；θ 表示二手产品相比新产品的升级比，$\theta > 1$ 反映了游戏产品相比于实体产品的独特特性。在现有文献中，消费者对实体二手产品（如汽车、家具、服饰等）的估值总是会小于新产品，因为实体产品在使用后总是会变质或贬值。相比之下，游戏产品会随着使用次数的增加而增值，因为游戏玩家在第一阶段会升级游戏产品，二手游戏装备比新装备更值钱。因此，与 Tan 的假设相似[9]，在本文中我们假设二手产品的升级比 $\theta > 1$。

分别求解 $U_{1n}^{GN} = 0$，$U_{2n}^{GN} = 0$，可得 $v_{1n}^{GN} = \dfrac{p_{1n}^{GN}}{\theta + 1}$，$v_{2n}^{GN} = p_{2n}^{GN}$。当且仅当 $U_{tj}^i > 0$ 时，消费者才会购买产品。因此，在模型 GN 中，消费者需求为

$$q_{1n}^{GN} = 1 - v_{1n}^{GN}, \quad q_{2n}^{GN} = 1 - v_{2n}^{GN} \tag{2}$$

（2）在模型 GS 中，开发商在第二阶段销售新产品的同时，还会销售价格更高的升级新产品，设升级比为 λ。由于升级新产品中包括了新产品中没有的稀有道具、皮肤和其他游戏商品，这可能会吸引玩家为它们付费。因此，我们假设消费者对升级新产品的估值大于新产品，即 $\lambda > 1$。由于消费者对升级新产品和二手产品的估值大小无法判别，因此，$1 < \lambda < \theta$ 或 $1 < \theta \leqslant \lambda$。在模型 GS 中，消费者在第一阶段购买的新产品在第二阶段仍然只能保留，消费者在第二阶段可以选择购买新产品或升级新产品。因此，两个阶段的消费者效用分别为

$$U_{1n}^{GS} = v - p_{1n}^{GS} + \theta v, \quad U_{2n}^{GS} = v - p_{2n}^{GS}, \quad U_{2s}^{GS} = \lambda v - p_s^{GS} \tag{3}$$

分别求解 $U_{1n}^{GS} = 0$，$U_{2n}^{GS} = 0$，$U_{2n}^{GS} = U_{2s}^{GS}$，可得 $v_{1n}^{GS} = \dfrac{p_{1n}^{GS}}{\theta + 1}$，$v_{2n}^{GS} = p_{2n}^{GS}$，$v_{2s}^{GS} = \dfrac{p_s^{GS} - p_{2n}^{GS}}{\lambda - 1}$。因此，在模型 GS 中，消费者需求为

$$q_{1n}^{GS} = 1 - v_{1n}^{GS}, \quad q_{2n}^{GS} = v_{2s}^{GS} - v_{2n}^{GS}, \quad q_s^{GS} = 1 - v_{2s}^{GS} \tag{4}$$

（3）在模型 GC 中，开发商在第二阶段建立基于区块链技术的 C2C 二手游戏产品交易平台。因此，消费者在第一阶段购买的新产品在第二阶段可以选择继续保留，也可以选择在 C2C 平台上进行出售。消费者在第二阶段可以选择购买新产品或二手产品。两个阶段的消费者效用分别为

$$U_{1n}^{GC} = v - p_{1n}^{GC} + \theta v, \quad U_{1c}^{GC} = v - p_{1n}^{GC} + p_c^{GC}, \quad U_{2n}^{GC} = v - p_{2n}^{GC}, \quad U_{2c}^{GC} = \theta v - p_c^{GC} \tag{5}$$

分别求解 $U_{1c}^{GC} = 0$，$U_{1n}^{GC} = U_{1c}^{GC}$，$U_{2n}^{GC} = 0$，$U_{2n}^{GC} = U_{2c}^{GC}$，可得 $v_{1n}^{GC} = p_{1n}^{GC} - p_c^{GC}$，$v_{1c}^{GC} = \dfrac{p_c^{GC}}{\theta}$，$v_{2n}^{GC} = p_{2n}^{GC}$，$v_{2c}^{GC} = \dfrac{p_c^{GC} - p_{2n}^{GC}}{\theta - 1}$。因此，在模型 GC 中，消费者需求为

$$q_{1n}^{GC} = 1 - v_{1n}^{GC}, \quad q_{1c}^{GC} = v_{1c}^{GC} - v_{1n}^{GC}, \quad q_{2n}^{GC} = v_{2c}^{GC} - v_{2n}^{GC}, \quad q_c^{GC} = 1 - v_{2c}^{GC} \tag{6}$$

2.2　博弈顺序

本文博弈顺序如图 2 所示，首先，开发商决策营销模式：在第二阶段只销售新产品（ GN ），或者同时销售新产品和升级新产品（ GS ），或者销售新产品和建立基于区块链技术的 C2C 二手游戏产品交易平台（ GC ）。接着，开发商决策第一阶段的新产品销售价格。然后，根据先前决策的营销模式，开发商决策第二阶段的产品价格。具体而言，若选择的是 GN 策略，则在第二阶段开发商只需要决策新产品价格；若选择的是 GS 策略，则在第二阶段开发商同时决策新产品销售价格与升级新产品销售价格；若选择的是 GC 策略，则在第二阶段开发商先决策新产品价格，接着消费者在 C2C 平台上自行协商决策二手产品交易价格。

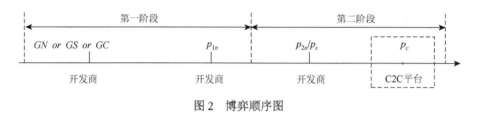

图 2　博弈顺序图

3　建立模型

3.1　开发商只销售新产品（ GN ）

以子博弈模型 GN 为基准模型，在该模型中，开发商在两个阶段都只销售同质新产品。则开发商的利润函数表达式为

$$\pi^{GN} = p_{1n}^{GN} q_{1n}^{GN} + \pi_2^{GN}, \quad \pi_2^{GN} = p_{2n}^{GN} q_{2n}^{GN} \tag{7}$$

用逆推归纳法求解，可求得模型 GN 的均衡解如引理 1 所示。

引理 1　若开发商只销售新产品，可求得子博弈 GN 的最优均衡如下所示：

（1）开发商的均衡销售价格、销售数量分别为

$$p_{1n}^{GN} = \frac{\theta+1}{2}, \quad p_{2n}^{GN} = \frac{1}{2}, \quad q_{1n}^{GN} = \frac{1}{2}, \quad q_{2n}^{GN} = \frac{1}{2}$$

（2）开发商的利润为

$$\pi_1^{GN} = \frac{\theta+1}{4}, \quad \pi_2^{GN} = \frac{1}{4}, \quad \pi^{GN} = \frac{\theta+2}{4}$$

（3）消费者剩余为

$$CS_1^{GN} = \frac{\theta+1}{8}, \quad CS_2^{GN} = \frac{1}{8}, \quad CS^{GN} = \frac{\theta+2}{8}$$

当开发商只销售新产品时，引理 1 表明第一阶段的销售价格和利润都随着二手游戏产品升级比 θ 的增加而增加。这个结果较为直观，因为消费者具有前瞻性，当 θ 增加时，消费者在第一阶段就能预期到他们在第二阶段继续使用二手游戏产品时能够获得更高的消费者效用，增加了他们在第一阶段的支付意愿，开发商可以收取更高的销售价格，从而获得更高的利润。

3.2 开发商销售升级新产品（*GS*）

在子博弈模型 *GS* 中，开发商在第二阶段同时销售新产品和升级新产品。假设开发商生产新产品的单位成本为 c_1，生产升级新产品的单位成本为 $c_1 + c_2$。其中，c_2 表示对新产品进行升级时产生的额外的单位成本。不失一般性，令 $c_1 = 0$，$c_2 = c\ (c > 0)$。开发商的利润函数表达式为

$$\pi^{GS} = p_{1n}^{GS} q_{1n}^{GS} + \pi_2^{GS}, \quad \pi_2^{GS} = p_{2n}^{GS} q_{2n}^{GS} + \left(p_s^{GS} - c\right) q_s^{GS} \tag{8}$$
$$\text{s.t.} \quad c < p_s^{GS}$$

用逆推归纳法求得子博弈模型 *GS* 的均衡解如引理 2 所示。

引理 2 当开发商同时销售新产品和升级新产品时，为了保证开发商升级新产品是有利可图的，需使得条件 $c < \lambda$ 恒满足，可求得子博弈 *GS* 的最优均衡如下所示：

（1）开发商的均衡销售价格、销售数量分别为

$$p_{1n}^{GS} = \frac{\theta + 1}{2}, \quad p_{2n}^{GS} = \frac{1}{2}, \quad p_s^{GS} = \frac{\lambda + c}{2}, \quad q_{1n}^{GS} = \frac{1}{2}, \quad q_{2n}^{GS} = \frac{c}{2(\lambda - 1)}, \quad q_s^{GS} = \frac{1}{2} - \frac{c}{2(\lambda - 1)}$$

（2）开发商的利润为

$$\pi_1^{GS} = \frac{\theta + 1}{4}, \quad \pi_2^{GS} = \frac{(\lambda - c)^2 + 2c - \lambda}{4(\lambda - 1)}, \quad \pi^{GS} = \frac{(\lambda - c)^2 + \theta(\lambda - 1) + 2c - 1}{4(\lambda - 1)}$$

（3）消费者剩余为

$$\text{CS}_1^{GS} = \frac{\theta + 1}{8}, \quad \text{CS}_2^{GS} = \frac{(\lambda - c)^2 + 2c - \lambda}{8(\lambda - 1)}, \quad \text{CS}^{GS} = \frac{(\lambda - c)^2 + \theta(\lambda - 1) + 2c - 1}{8(\lambda - 1)}$$

命题 1 在模型 *GS* 中，新产品升级比 λ 对开发商的均衡销售价格、销售量和利润分别产生如下影响：

（1）$\frac{\partial p_{1n}^{GS}}{\partial \lambda} = 0$，$\frac{\partial p_{2n}^{GS}}{\partial \lambda} = 0$，$\frac{\partial p_s^{GS}}{\partial \lambda} > 0$。

（2）$\frac{\partial q_{1n}^{GS}}{\partial \lambda} = 0$，$\frac{\partial q_{2n}^{GS}}{\partial \lambda} < 0$，$\frac{\partial q_s^{GS}}{\partial \lambda} > 0$。

（3）$\frac{\partial \pi_1^{GS}}{\partial \lambda} = 0$。当 $c \leq \lambda - 1$ 时，$\frac{\partial \pi_2^{GS}}{\partial \lambda} = \frac{\partial \pi^{GS}}{\partial \lambda} \geq 0$；当 $\lambda - 1 < c < \lambda$ 时，$\frac{\partial \pi_2^{GS}}{\partial \lambda} = \frac{\partial \pi^{GS}}{\partial \lambda} < 0$。

在模型 *GS* 中，开发商在第二阶段销售升级比为 λ 的升级新产品，如对游戏内的装备等进行升级，从而增加玩家的游戏体验，增加消费者对该产品的估值。因此，如果对产品进行更高的升级，开发商就能对升级新产品制定更高的销售价格。在第二阶段，虽然升级新产品的销售价格高于新产品，但 λ 增加时，消费者对升级新产品的支付意愿增加，升级新产品的消费者需求随之增加。因此，为了缓解第二阶段的新产品与升级新产品之间的产品竞争，与第一阶段的新产品价格相比，开发商不得已只能在第二阶段降低新产品的销售价格来吸引消费者。值得注意的是，虽然较高的升级比对开发商有利，但升级产品会产生额外的成本。因此，开发商还需权衡成本带来的负面效应，不能一味地随意增加产品升级比。具体而言，当升级产品的成本较小时，开发商在第二阶段的利润和总利润都会随着产品升级比的增加而增加。当产品升级比较大时，开发商因升级比增加而增加的潜在收益不足以弥补因较大的成本而损失的利益，此时开发商不应再增加产品升级比。

3.3　开发商建立 C2C 平台（GC）

游戏产品不同于传统的实体商品，其性质是许可而不是销售。因此，游戏产品的转售行为必然受到许可合同条款的限制。与实体商品不同的是，在实物市场中，制造商无法阻止二手产品的交易，而游戏产品开发商可以很容易地通过强制授权而不是在转让协议中出售产品所有权来阻止二手产品的交易。在这种情况下，消费者可以使用授权产品，但不能交易二手产品[22]。如果开发商建立 C2C 二手游戏产品交易平台，玩家拥有产品所有权，则可以在 C2C 平台上互相交易二手产品。然而，由于非法复制的虚拟产品很难与经开发商同意进入流通的复制品区分开来[1]，消费者面临着二手产品交易时的盗版问题。基于此，本文假设开发商引入区块链技术，建立基于区块链技术的 C2C 二手游戏产品交易平台，以保证二手产品的真实性。因此，在子博弈模型 GC 中，开发商在第二阶段除了通过自己的平台销售新产品，还需要引入区块链技术来建立 C2C 二手游戏产品交易平台。消费者自由地在该平台上进行交易，二手游戏产品交易价格由消费者自行决策。将 $q_{1c}^{GC} = q_c^{GC}$ 代入式（6）计算可得二手游戏产品交易价格表达式

为 $p_c^{GC} = \dfrac{\theta\big((\theta-1)(p_{1n}^{GC}+1)+p_{2n}^{GC}\big)}{\theta^2+\theta-1}$。开发商的利润函数表达式为

$$\pi^{GC} = p_{1n}^{GC} q_{1n}^{GC} + \pi_2^{GC}, \quad \pi_2^{GC} = p_{2n}^{GC} q_{2n}^{GC} \tag{9}$$

用逆推归纳法求得子博弈模型 GC 的均衡解如引理 3 所示。

引理 3　若开发商建立基于区块链技术的 C2C 二手游戏产品交易平台，可求得子博弈 GC 的最优均衡如下所示：

（1）开发商的均衡销售价格、销售数量分别为

$$p_{1n}^{GC} = \frac{4(\theta+1)(\theta^2+\theta-1)}{8\theta^2+9\theta-8}, \quad p_{2n}^{GC} = \frac{4\theta^3+16\theta^2+9\theta-12}{2(\theta+2)(8\theta^2+9\theta-8)},$$

$$p_c^{GC} = \frac{\theta(2\theta^2+2\theta-3)(4\theta^3+16\theta^2+9\theta-12)}{2H_1}, \quad q_{1n}^{GC} = \frac{16\theta^5+48\theta^4+8\theta^3-57\theta^2-8\theta+16}{2H_1},$$

$$q_{2n}^{GC} = \frac{\theta(4\theta^3+16\theta^2+9\theta-12)}{2(\theta^2+\theta-1)(8\theta^2+9\theta-8)}, \quad q_c^{GC} = \frac{(\theta+1)(8\theta^4+14\theta^3-22\theta^2-27\theta+16)}{2H_1}$$

（2）开发商的利润为

$$\pi_1^{GC} = \frac{2(\theta+1)(16\theta^5+48\theta^4+8\theta^3-57\theta^2-8\theta+16)}{(\theta+2)(8\theta^2+9\theta-8)^2}, \quad \pi_2^{GC} = \frac{\theta(4\theta^3+16\theta^2+9\theta-12)^2}{4(8\theta^2+9\theta-8)H_1},$$

$$\pi^{GC} = \frac{16\theta^6+64\theta^5+64\theta^4-24\theta^3-55\theta^2-8\theta+16}{4H_1}$$

（3）消费者剩余为

$$\mathrm{CS}_1^{GC} = \frac{(\theta+1)H_2}{8H_1^2}, \quad \mathrm{CS}_2^{GC} = \frac{\theta H_3}{8H_1^2}, \quad \mathrm{CS}^{GC} = \frac{16\theta^6+72\theta^5+96\theta^4+8\theta^3-63\theta^2-24\theta+16}{8H_1}$$

命题 2　在模型 GC 中，二手产品升级比 θ 对开发商的均衡销售价格、销售量和利润分别产生如下影响：

（1）$\dfrac{\partial p_{1n}^{GC}}{\partial \theta} > 0$，$\dfrac{\partial p_c^{GC}}{\partial \theta} > 0$。当 $1 < \theta < \theta_1$ 时，$\dfrac{\partial p_{2n}^{GC}}{\partial \theta} > 0$；当 $\theta \geqslant \theta_1$ 时，$\dfrac{\partial p_{2n}^{GC}}{\partial \theta} \leqslant 0$。

（2）$\dfrac{\partial q_{1n}^{GC}}{\partial \theta} > 0$，$\dfrac{\partial q_{2n}^{GC}}{\partial \theta} < 0$，$\dfrac{\partial q_c^{GC}}{\partial \theta} > 0$。

（3）$\dfrac{\partial \pi_1^{GC}}{\partial \theta} > 0$，$\dfrac{\partial \pi_2^{GC}}{\partial \theta} < 0$，$\dfrac{\partial \pi^{GC}}{\partial \theta} > 0$。

消费者在第一阶段购买游戏新产品，使用一段时间后产品价值增加，这是游戏产品的独特之处。因为实体产品在使用后总是会变质，而游戏产品却能够增加消费者的估值。当玩家花时间玩游戏产品后，游戏角色或游戏装备的等级就会升级。因此，消费者对二手游戏产品的估值总是高于新产品。随着二手产品升级比 θ 增加，消费者对二手产品的估值也增加，进而二手产品的需求增大，消费者在 C2C 平台上交易时能够制定更高的二手产品交易价格。由于二手产品都来自消费者在第一阶段购买的新产品，且消费者是前瞻性的，能够预测到第二阶段的产品决策，所以消费者在第一阶段的需求随着 θ 的增加而增加，消费者支付意愿也增加，开发商能够策略性地提高第一阶段的新产品销售价格，增加了开发商第一阶段的潜在收益。

值得一提的是，C2C 平台的存在侵蚀了新产品市场，致使第二阶段新产品需求下降。若 θ 较小，随着 θ 增加，开发商反而会增加新产品销售价格。因为此时二手产品增值较小，但交易价格较高，二手产品对新产品的威胁较小，开发商通过增加新产品销售价格的方式来弥补需求下降造成的利益损失。若 θ 较大，二手产品市场与新产品市场竞争激烈，开发商只能降低新产品销售价格来增加新产品的吸引力。随着 θ 的增加，开发商建立 C2C 平台总是会侵蚀开发商第二阶段的利益，但是二手产品的存在会增加开发商第一阶段的利益，弥补第二阶段的损失，致使开发商总利益增加。

4 模型分析

本节将探讨开发商将采取何种营销模式以及采取该模式的条件。此外，我们还进一步分析了开发商的不同营销模式选择对消费者剩余产生的影响。

4.1 开发商的营销模式选择

命题 3 比较不同营销模式下开发商的利润：

（1）当 $1 < \theta < \theta_2$ 时，$\pi_1^{GC} < \pi_1^{GN} = \pi_1^{GS}$；当 $\theta \geq \theta_2$ 时，$\pi_1^{GN} = \pi_1^{GS} \leq \pi_1^{GC}$。

（2）当 $1 < \theta < \theta_3$ 时，$\pi_2^{GC} < \pi_2^{GN} < \pi_2^{GS}$。当 $\theta \geq \theta_3$ 且 $c_1 \leq c < \lambda$ 时，或 $\theta \geq \theta_3$ 且 $c < c_1$，$1 < \lambda \leq \lambda_1$ 或 $\lambda \geq \lambda_2$ 时，$\pi_2^{GN} < \pi_2^{GC} \leq \pi_2^{GS}$。当 $\theta \geq \theta_3$ 且 $c < c_1$，$\lambda_1 < \lambda < \lambda_2$ 时，$\pi_2^{GN} < \pi_2^{GS} < \pi_2^{GC}$。

（3）当 $1 < \theta < \theta_4$ 时，$\pi^{GC} < \pi^{GN} < \pi^{GS}$。当 $\theta \geq \theta_4$ 且 $1 < \lambda \leq \lambda_3$ 或 $\lambda \geq \lambda_4$ 时，$\pi^{GN} < \pi^{GC} \leq \pi^{GS}$。当 $\theta \geq \theta_4$ 且 $\lambda_3 < \lambda < \lambda_4$ 时，$\pi^{GN} < \pi^{GS} < \pi^{GC}$。

命题 3 表明，与基准模型 GN 相比，在第二阶段对产品进行升级总是可以让开发商受益。在模型 GS 中，消费者第一阶段购买的产品只能继续保留，不能出售。因此，即使消费者是前瞻性的，他们在第二阶段的购买决策也不会对第一阶段产生任何影响，第一阶段的需求不变，开发商在第一阶段制定与基准模型 GN 相同的新产品价格，得到与模型 GN 相同的利润。在第二阶段，虽然新产品与升级新产品之间会产生竞争，但开发商可以对升级新产品制定更高的销售价格，获得更高的利润，弥补了新产品市场的利润损失。因此，开发商两阶段的总利益增加。

上述结果对模型 GC 并不总是成立。开发商只有在二手产品升级比较大时开通 C2C 平台才能受益。否则，开发商建立 C2C 平台在侵蚀开发商第二阶段新产品市场利益的同时，也并不能较大程度地增加第一阶段消费者的购买意愿，给开发商造成了不利影响，开发商会放弃建立基于区块链技术的 C2C 二手游戏产品交易平台这一想法。

推论 1　开发商的营销模式为

（1）若 $1 < \theta < \theta_4$，或 $\theta \geqslant \theta_4$ 且 $1 < \lambda \leqslant \lambda_3$ 或 $\lambda \geqslant \lambda_4$，开发商的营销模式为 GS，即开发商在第二阶段会销售升级新产品。

（2）若 $\theta \geqslant \theta_4$ 且 $\lambda_3 < \lambda < \lambda_4$，开发商的营销模式为 GC，即开发商在第二阶段会建立基于区块链技术的 C2C 二手游戏产品交易平台。

由推论 1 可得，在不同条件下开发商的最优营销模式为 GS 或 GC，即开发商在第二阶段不会只销售新产品，要么会选择销售升级新产品，要么会建立 C2C 二手游戏产品交易平台。该现象与实际相符，如《王者荣耀》游戏开发商在游戏后期销售碎星锤等装备，极大地提升了刺客英雄的收割能力。虽然"首次销售原则"在法律界只针对实体商品成立，并没有明确表明适用于游戏商品，但是我们的研究展示了在一定条件下开发商建立 C2C 二手平台具有积极作用，该结果对于法律界关于"首次销售原则"是否适用于虚拟商品的争论具有重要指导意义。得到上述结果的主要原因是二级市场的存在可以增加第一阶段消费者的购买意愿，进而增加开发商利益。

此外，由图 3 可知，当二手产品升级比 θ 较小时，即使建立 C2C 平台能够受益，开发商仍然会放弃建立 C2C 平台，转而对新产品进行升级，从而获得更大的收益。有趣的是，当 θ 较大时，随着升级产品的成本 c 逐渐增加，开发商的部分 GC 策略向 GS 策略转移。因为随着 c 值增加，开发商能够制定更高的升级新产品销售价格（$\frac{\partial p_s^{GS}}{\partial c} > 0$），虽然减少了升级新产品市场的消费者需求，但间接促进了新产品市场需求的增加（$\frac{\partial q_{2n}^{GS}}{\partial c} > 0$），开发商在 GS 策略下受益更大。

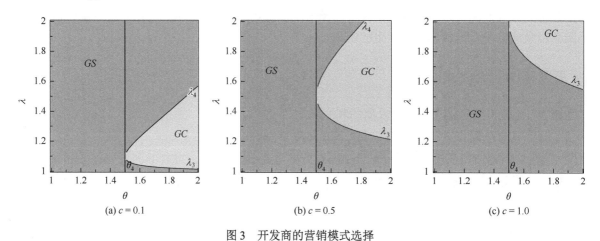

图 3　开发商的营销模式选择

4.2　开发商的不同营销模式对消费者剩余的影响

命题 4　比较开发商的不同营销模式对消费者剩余的影响：

（1）$CS_1^{GN} = CS_1^{GS} < CS_1^{GC}$。

（2）若 $1 < \lambda \leqslant \lambda_5$ 或 $\lambda \geqslant \lambda_6$，$CS_2^{GN} \leqslant CS_2^{GC} \leqslant CS_2^{GS}$。若 $\lambda_5 < \lambda < \lambda_6$，$CS_2^{GN} < CS_2^{GS} < CS_2^{GC}$。

（3）若 $1 < \lambda \leqslant \lambda_7$ 或 $\lambda \geqslant \lambda_8$，$CS^{GN} \leqslant CS^{GC} \leqslant CS^{GS}$。若 $\lambda_7 < \lambda < \lambda_8$，$CS^{GN} < CS^{GS} < CS^{GC}$。

我们从推论 1 可知开发商在第二阶段升级新产品或者在一定条件下建立 C2C 平台会使开发商受益。同样地，该结论适用于开发商的不同营销模式对消费者剩余的影响，如命题 4 所示。具体而言，与基准模型 GN 相比，开发商升级新产品或建立 C2C 平台总会增加消费者剩余。在 GS 策略下，虽然消费者在第一阶段的消费者剩余不会增加，但第二阶段开发商对产品进行升级总是对消费者有利。在 GC 策略下，消费者在每个阶段都受益于 C2C 二手平台的建立。究其原因，一方面，消费者在第二阶段有更多的选择，他们可以选择从开发商那里购买新产品，或者在 C2C 平台上从另一个消费者那里购买二手产品。另一方面，正如命题 2 所描述的那样，二级市场的引入会在第二阶段挤压新产品市场，开发商降低新产品价格，这对消费者是有利的。

上述结果对于在数字时代游戏产品是否能采用"首次销售原则"具有重要意义。我们的研究结果表明，建立基于区块链技术的 C2C 二手平台总是能让消费者受益，但只有在二手产品升级比较大时才能提高开发商的盈利能力。如果法律界将"首次销售原则"无条件地应用到游戏产品中，会改善消费者剩余，但可能不会受到游戏产品开发商的广泛欢迎，因为有些开发商可能会变得更糟。然而，如果法律界完全禁止游戏产品应用"首次销售原则"，消费者的利益将受到损害，开发商的利益可能会增加或下降。综上所述，法律界可以将决定权下放给个体开发商，以更好地权衡消费者剩余和开发商利益的得失。

4.3 算例分析

本节采用算例分析的方式探讨新产品升级的单位成本 c、新产品升级比 λ 以及二手产品升级比 θ 分别对开发商利益和消费者剩余产生的影响。具体而言，令新产品升级的单位成本分别为 $c=0.1$，$c=0.5$，$c=1.0$，在不同成本情形下探讨 λ 和 θ 的大小对开发商利益和消费者剩余产生的影响，结果如图 4 和图 5 所示。

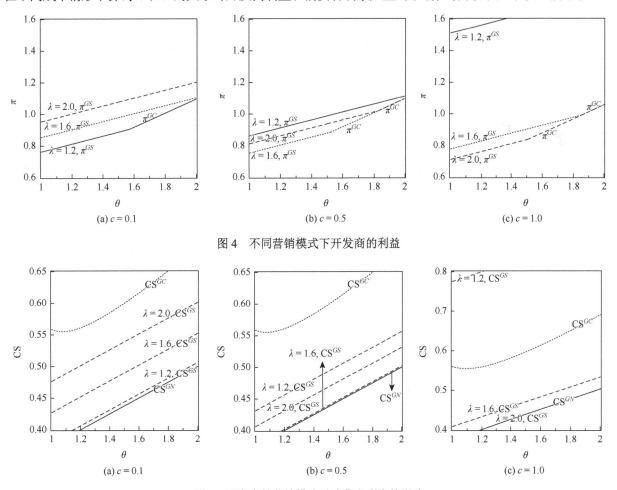

图 4　不同营销模式下开发商的利益

图 5　开发商的营销模式对消费者剩余的影响

由图 4 可知，随着二手产品升级比 θ 增加，开发商的利益总是呈增长的趋势。当 c 值较小时，新产品升级比 λ 对开发商利益产生积极效应。反直觉的是，如图 4（b）和图 4（c）所示，当 c 值适中或较大时，在 λ 取最小值时开发商反而获得最大收益，且 c 值越大开发商利益越大。一方面，这是因为开发商因 λ 增加而增加的潜在收益不足以弥补因较大的 c 值而损失的利益，且由命题 1 可知，新产品在第二阶段的销售量随着 λ 增加而减小，开发商受益于较小的新产品升级比。另一方面，由于 $\frac{\partial p_s^{GS}}{\partial c}>0$ 且 $\frac{\partial q_{2n}^{GS}}{\partial c}>0$，随着 c 值增加，开发商能够制定更高的升级新产品销售价格，同时促进了新产品市场需求的增加，开发商利益增加。

图 5 表明二手产品升级比 θ 总会对消费者剩余产生正效应。由图 5（c）可知，当 λ 值较小时，在 GS 营销模式下消费者剩余最大，且由图 4（c）可得在该营销模式下开发商利益最大，因此，开发商与消费者能够达到双赢的目的。由图 5（a）和图 5（b）可知，在 GC 营销模式下消费者剩余最大。然而，该营销模式并非总是开发商的最优选择。由图 4（a）可得，当 c 和 λ 值较小，θ 值较大时，开发商的最优营销模式为 GC；由图 4（b）可得，当 c 值适中，λ 值适中或较大，θ 值较大时，开发商的最优营销模式为 GC。因此，开发商与消费者并不总是能够达到双赢的目的。

5 模型拓展

在 3.3 节的 GC 模型中，我们假设在建立基于区块链技术的 C2C 二手游戏产品交易平台时不考虑区块链成本。本节将在考虑存在区块链成本的情形下，探讨开发商的营销模式选择。假设采用区块链技术的固定成本为 F，则开发商的利润函数如下所示：

$$\pi^{GC}=p_{1n}^{GC}q_{1n}^{GC}+\pi_2^{GC},\quad \pi_2^{GC}=p_{2n}^{GC}q_{2n}^{GC}-F \tag{10}$$

当建立基于区块链技术的 C2C 二手平台存在区块链成本时，开发商在建立 C2C 平台时不仅要考虑二手产品升级比，还要考虑区块链成本大小给开发商带来的负效应。此时，区块链成本对开发商利润的影响以及开发商的营销模式选择分别如命题 5 和推论 2 所示。

命题 5 考虑区块链成本对开发商利润的影响为

（1）当 $1<\theta<\theta_2$ 时，$\pi_1^{GC}<\pi_1^{GN}=\pi_1^{GS}$；当 $\theta\geqslant\theta_2$ 时，$\pi_1^{GN}=\pi_1^{GS}\leqslant\pi_1^{GC}$。

（2）当 $1<\theta<\theta_3$ 且 $F>F_1$，或 $\theta\geqslant\theta_3$ 时，$\pi_2^{GC}<\pi_2^{GN}<\pi_2^{GS}$。当 $1<\theta<\theta_3$ 且 $\max\{F_2,0\}<F\leqslant F_1$，$c<\lambda$ 时，$\pi_2^{GN}<\pi_2^{GC}<\pi_2^{GS}$。当 $1<\theta<\theta_3$ 且 $0<F\leqslant F_2$，$c<c_1$，$\lambda_1<\lambda<\lambda_2$ 时，$\pi_2^{GN}<\pi_2^{GS}<\pi_2^{GC}$。

（3）当 $1<\theta<\theta_4$，或 $\theta\geqslant\theta_4$ 且 $F>F_3$ 时，$\pi^{GC}<\pi^{GN}<\pi^{GS}$。当 $\theta\geqslant\theta_4$ 且 $\max\{F_4,0\}<F\leqslant F_3$ 时，$\pi^{GN}<\pi^{GC}\leqslant\pi^{GS}$。当 $\theta\geqslant\theta_4$ 且 $0<F\leqslant F_4$，$\lambda_3<\lambda<\lambda_4$ 时，$\pi^{GN}<\pi^{GS}\leqslant\pi^{GC}$。

由命题 5 可得，考虑区块链成本时，不改变基准模型的主要结论。开发商不会在两个阶段都只销售新产品，要么在第二阶段自己升级新产品，要么建立基于区块链技术的 C2C 二手游戏产品交易平台。与之不同的是，若建立 C2C 二手游戏产品交易平台存在区块链成本，会减少开发商建立 C2C 二手平台的动机。如图 6 所示，只有当区块链成本较小且二手游戏产品升级比较大时（$0<F\leqslant F_4$ 且 $\theta\geqslant\theta_4$，$\lambda_3<\lambda<\lambda_4$），开发商才有动机建立 C2C 二手平台。否则，较大的区块链成本给开发商带来较大的负效应，致使开发商利益严重受损，即使对新产品升级会产生较大的单位成本，开发商仍然会选择 GS 营销模式，对新产品进行升级。由此可见，区块链的成本负担远远超过了升级新产品的成本负效应，在较大的区块链成本下，开发商升级新产品更加有利可图。

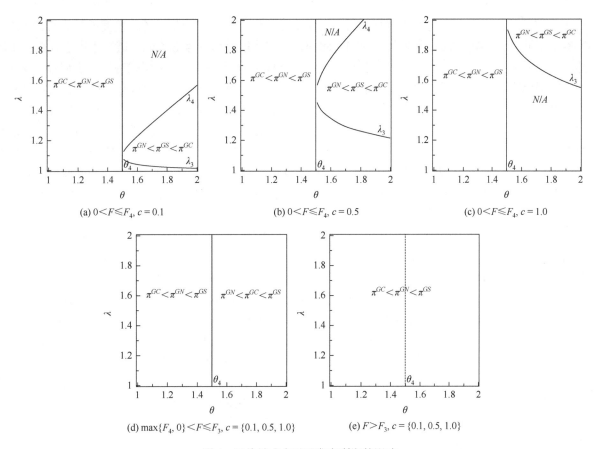

图 6　区块链成本对开发商利润的影响

推论 2　考虑区块链成本时，开发商的营销模式为

（1）若 $1<\theta<\theta_4$，或 $\theta\geqslant\theta_4$ 且 $F>\max\{F_4,0\}$，开发商的营销模式为 GS，即开发商在第二阶段会销售升级新产品。

（2）若 $\theta\geqslant\theta_4$ 且 $0<F\leqslant F_4$，$\lambda_3<\lambda<\lambda_4$，开发商的营销模式为 GC，即开发商在第二阶段建立基于区块链技术的 C2C 二手游戏产品交易平台。

由推论 2 可得，只有在区块链成本较小且二手产品升级比较大的情形下，开发商才会建立 C2C 二手平台。否则，开发商会选择自己对产品进行升级，增加潜在收益。特别地，综合分析图 6，我们注意到当区块链成本较小或适中时，若二手产品升级比较小（$1<\theta<\theta_4$），开发商建立 C2C 平台会致使自身利益严重受损，低于基准模型 GN 下的利润（$\pi^{GC}<\pi^{GN}$）。若二手产品升级比较大（$\theta\geqslant\theta_4$），开发商建立 C2C 平台增加的收益可以弥补区块链成本造成的损失，开发商利润增加（$\pi^{GC}>\pi^{GN}$）。然而，当区块链成本足够大时（$F>F_3$），较大的二手产品升级比给开发商带来的利益仍然不能弥补因高额区块链成本而损失的利益，如图 6（e）所示。

6　结论

本文构建了一个分析模型来研究游戏产品开发商的营销模式选择。具体而言，我们考虑了在第二阶段开发商有三种营销模式选择：只销售新产品、对新产品进行升级、建立基于区块链技术的 C2C 二手游戏产品交易平台。我们建立了开发商不同营销模式下的供应链模型，分析了开发商的最优营销模式，并考察了不同营销模式对消费者剩余的影响。此外，我们在拓展部分考虑了区块链成本因素，探究了区块链成本对开发商营销模式选择的影响以及存在区块链成本时开发商的营销模式选择发生何种变化。我们的研究揭示了几个重要而有趣的理论结果：①如果对产品升级，开发商就能对升级新产品制定更高的销售价格，但开发商需要以降低新产品销售价格为代价，且还要权衡升级成本带来的负面效应，不能一味地随意增加产品升级比。②C2C 平台的存在侵蚀了新产品市场，致使第二阶段新产品需求下降，但开发商能够策略性地提高第一阶段的新产品销售价格，增加了开发商第一阶段的潜在收益。③与基准模型 GN 相比，在第二阶段对产品进行升级总是可以让开发商受益。但该结果对模型 GC 并不总是成立，开发商只有在二手产品升级比较大时开通 C2C 平台才能受益。④考虑区块链成本时，不改变基准模型的主要结论，即开发商的最优营销策略为升级新产品或建立 C2C 平台。但区块链成本的存在会减少开发商建立 C2C 平台的动机，只有当区块链成本较小且二手游戏产品升级比较大时，开发商才有动机建立 C2C 平台；否则，开发商会选择自己对产品进行升级。⑤开发商在第二阶段升级新产品或者建立 C2C 平台总会增加消费者剩余。在一定条件下开发商与消费者能够达到双赢的目的。

通过本文的主要研究结论，可以得出以下管理启示：对于开发商而言，若他选择自己对新产品进行升级，并非升级比越高盈利越多，要综合考量多个产品之间的整体收益，减小产品之间的横向竞争才是明智的决定。此外，若开发商选择建立基于区块链技术的 C2C 二手平台，要衡量第一阶段增加的收益与第二阶段损失的收益大小，还要衡量区块链成本大小，从而做出最优 C2C 平台开通策略。对于消费者而言，对产品进行升级（开发商进行升级或者玩家进行升级后在 C2C 平台上转售）总是对他们有利的。本文对游戏产品开发商的营销模式选择有一定的实践指导意义，也在理解区块链技术的引入如何影响开发商利润和消费者剩余方面迈出了重要的一步，为新兴数字世界中立法者关于"首次销售原则"的争论提供了重要的政策启示。

后续研究可以在目前研究的基础上进一步考虑网络外部性对游戏产品开发商营销模式选择的影响。另外，探究新产品升级比的内生性问题对开发商利益和消费者剩余的影响也是一个有趣的方向。

参 考 文 献

[1] Jütte B J. Reconstructing European Copyright Law for the Digital Single Market: Between Old Paradigms and Digital Challenges[M]. Baden-Baden: Nomos Publishing, 2017.

[2] Bakos Y, Brynjolfsson E. Bundling information goods: pricing, profits, and efficiency[J]. Management Science, 1999, 45 (12): 1613-1630.

[3] Pang M S, Etzion H. Research note—analyzing pricing strategies for online services with network effects[J]. Information Systems Research, 2012, 23 (4): 1364-1377.

[4] Huang K W, Sundararajan A. Pricing digital goods: discontinuous costs and shared infrastructure[J]. Information Systems Research, 2011, 22 (4): 721-738.

[5] Balasubramanian S, Bhattacharya S, Krishnan V V. Pricing information goods: a strategic analysis of the selling and pay-per-use mechanisms[J]. Marketing Science, 2015, 34 (2): 218-234.

[6] 王天宇，南国芳，陈林. 考虑消费者偏好的网络游戏产品动态定价策略[J]. 系统工程学报，2019，34 (1): 1-11.

[7] 刘志勇，叶飞. 基于网络外部性的网络游戏定价模式选择[J]. 系统管理学报，2018，27 (6): 1074-1080.

[8] Wang L, Lowry P B, Luo X R, et al. Moving consumers from free to fee in platform-based markets: an empirical study of multiplayer online battle arena games[J]. Information Systems Research, 2023, 34 (1): 275-296.

[9] Tan Y L. Implications of blockchain-powered marketplace of preowned virtual goods[J]. Production and Operations

Management，2022，33（1）：1-16.

[10] Dong L X，Jiang P P，Xu F S. Impact of traceability technology adoption in food supply chain networks[J]. Management Science，2023，69（3）：1518-1535.

[11] Yang L，Zhang J，Shi X T. Can blockchain help food supply chains with platform operations during the COVID-19 outbreak?[J]. Electronic Commerce Research and Applications，2021，49：101093.

[12] Wu X Y，Fan Z P，Cao B B. An analysis of strategies for adopting blockchain technology in the fresh product supply chain[J]. International Journal of Production Research，2023，61（11）：3717-3734.

[13] Niu B Z，Dong J，Liu Y Q. Incentive alignment for blockchain adoption in medicine supply chains[J]. Transportation Research Part E：Logistics and Transportation Review，2021，152：102276.

[14] Shen B，Cheng M，Dong C W，et al. Battling counterfeit masks during the COVID-19 outbreak：quality inspection vs. blockchain adoption[J]. International Journal of Production Research，2023，61（11）：3634-3650.

[15] Niu B Z，Mu Z H，Cao B，et al. Should multinational firms implement blockchain to provide quality verification?[J]. Transportation Research Part E：Logistics and Transportation Review，2021，145：102121.

[16] Wang J，Zhang Q，Hou P W，et al. Effects of platform's blockchain strategy on brand manufacturer's distribution strategy in the presence of counterfeits[J]. Computers & Industrial Engineering，2023，177：109028.

[17] Choi T M，Feng L P，Li R. Information disclosure structure in supply chains with rental service platforms in the blockchain technology era[J]. International Journal of Production Economics，2020，221：107473.

[18] Li G M，Fan Z P，Wu X Y. The choice strategy of authentication technology for luxury E-commerce platforms in the blockchain era[J]. IEEE Transactions on Engineering Management，2023，70（3）：1239-1252.

[19] Shen B，Dong C W，Minner S. Combating copycats in the supply chain with permissioned blockchain technology[J]. Production and Operations Management，2022，31（1）：138-154.

[20] Li Z W，Xu X H，Bai Q G，et al. The interplay between blockchain adoption and channel selection in combating counterfeits[J]. Transportation Research Part E：Logistics and Transportation Review，2021，155：102451.

[21] Pun H，Swaminathan J M，Hou P W. Blockchain adoption for combating deceptive counterfeits[J]. Production and Operations Management，2021，30（4）：864-882.

[22] Reis S. Toward a "digital transfer doctrine"？The first sale doctrine in the digital era[J]. Northwestern University Law Review，2015，109（1）：173-208.

Different Marketing Model Selection Strategies for Game Product Developers

WANG Shu，LIU Dun，NIE Jiajia

（School of Economics and Management，Southwest Jiaotong University，Chengdu 610031，China）

Abstract Based on the background of game products，this paper constructs an analysis model to study the three marketing strategies of game product developers：only selling new product in the second period，selling new product and upgrading new product at the same time，or establishing a C2C pre-owned game product trading platform based on blockchain technology to attract consumers，increase game players' game experience. Through the comparative analysis of different supply chain models，the optimal marketing strategy of developer and the impact of different marketing on consumer surplus are obtained. Our study shows that upgrading new product can always benefit developers，but developers need to weigh the negative effects of upgrade cost and cannot arbitrarily increase the upgrade ratio of new product. When blockchain cost is not considered，the developer's marketing strategy is to upgrade new product or establish C2C platform under different conditions. When considering the blockchain cost, it does not change the main conclusion above, but it reduces the developer's motivation to establish C2C platform. Specifically, only when the blockchain cost is small and the second-hand game product upgrade ratio is relatively large, can the developer open C2C platform to increase revenue. Moreover, developer upgrading new product or establishing C2C platform can always increase consumer surplus, developer and consumers can achieve a win-win goal under certain conditions.

Key words Game product, Upgraded new product, C2C platform, Blockchain technology

附　　录

定义以下阈值：

$H_1 = (\theta+2)(\theta^2+\theta-1)(8\theta^2+9\theta-8)$，

$H_2 = 64\theta^{10}+608\theta^9+1860\theta^8+1404\theta^7-2636\theta^6-3400\theta^5+2056\theta^4+2489\theta^3-1256\theta^2-496\theta+256$，

$H_3 = 64\theta^{10}+432\theta^9+1108\theta^8+1416\theta^7+936\theta^6-611\theta^5-2613\theta^4-1384\theta^3+1709\theta^2+872\theta-560$，

$H_4 = 48\theta^6+160\theta^5-39\theta^4-422\theta^3+22\theta^2+336\theta-128$，

$H_5 = 80\theta^7+464\theta^6+777\theta^5-77\theta^4-1006\theta^3-74\theta^2+496\theta-128$，

$H_6 = -4(\theta+1)(8\theta^2+9\theta-8)H_1H_4c+(\theta+1)^2H_4^2$，　$H_7 = 8\theta^6+31\theta^5+37\theta^4+7\theta^3-29\theta^2-24\theta+16$，

$H_8 = 8\theta^5+7\theta^4-36\theta^3-11\theta^2+44\theta-16$，　$H_9 = 4(\theta+1)H_1H_8c+(\theta+1)^2H_8^2$，

$H_{10} = \left((\theta+1)(\theta(16\theta^4+48\theta^3+15\theta^2-34\theta+2)H_1-H_2)+2H_1^2c\right)^2-4H_1^4c^2$，

$H_{11} = 8\theta^6+39\theta^5+69\theta^4+39\theta^3-37\theta^2-40\theta+16$，　$H_{12} = 4H_1(H_{11}-2H_1)c+(H_{11}-2H_1)^2$，

$28\theta_1^4+64\theta_1^3-31\theta_1^2-88\theta_1+24=0$，　$64\theta_2^4+112\theta_2^3-177\theta_2^2-218\theta_2+160=0$，　$H_4(\theta=\theta_3)=0$，

$H_8(\theta=\theta_4)=0$，　$c_1 = \dfrac{(\theta+1)H_4}{4(8\theta^2+9\theta-8)H_1}$，

$\lambda_1 = c+\dfrac{H_5-\sqrt{H_6}}{2(8\theta^2+9\theta-8)H_1}$，　$\lambda_2 = c+\dfrac{H_5+\sqrt{H_6}}{2(8\theta^2+9\theta-8)H_1}$，　$\lambda_3 = c+\dfrac{H_7-\sqrt{H_9}}{2H_1}$，　$\lambda_4 = c+\dfrac{H_7+\sqrt{H_9}}{2H_1}$，

$\lambda_5 = c+\dfrac{(\theta+1)\left(\theta(16\theta^4+48\theta^3+15\theta^2-34\theta+2)H_1-H_2\right)+2H_1^2-\sqrt{H_{10}}}{2H_1^2}$，

$\lambda_6 = c+\dfrac{(\theta+1)\left(\theta(16\theta^4+48\theta^3+15\theta^2-34\theta+2)H_1-H_2\right)+2H_1^2+\sqrt{H_{10}}}{2H_1^2}$，

$\lambda_7 = c+\dfrac{H_{11}-\sqrt{H_{12}}}{2H_1}$，　$\lambda_8 = c+\dfrac{H_{11}+\sqrt{H_{12}}}{2H_1}$，

$F_1 = -\dfrac{(\theta+1)H_4}{4(8\theta^2+9\theta-8)H_1}$，　$F_2 = -\dfrac{(\lambda-c)^2+2c-1}{4(\lambda-1)}+\dfrac{H_5}{4(8\theta^2+9\theta-8)H_1}$，

$F_3 = \dfrac{(\theta+1)H_8}{4H_1}$，　$F_4 = -\dfrac{(\lambda-c)^2+2c-1}{4(\lambda-1)}+\dfrac{H_7}{4H_1}$。

正文模型推导过程：

1）在子博弈模型 GN 中

由式（2）可得 $q_{1n}^{GN}\left(p_{1n}^{GN}\right)=1-\dfrac{p_{1n}^{GN}}{\theta+1}$，　$q_{2n}^{GN}\left(p_{2n}^{GN}\right)=1-p_{2n}^{GN}$，将其代入式（7）中的开发商第二阶段的

利润函数表达式中，得到 $\pi_2^{GN}\left(p_{2n}^{GN}\right)=p_{2n}^{GN}\left(1-p_{2n}^{GN}\right)$。因此，可得第二阶段的新产品最优定价为：$p_{2n}^{GN}=\dfrac{1}{2}$。

相应地，第二阶段的销售量和开发商的利润为：$q_{2n}^{GN}=\dfrac{1}{2}$，$\pi_2^{GN}=\dfrac{1}{4}$。

　　将 $q_{1n}^{GN}\left(p_{1n}^{GN}\right)=1-\dfrac{p_{1n}^{GN}}{\theta+1}$，$\pi_2^{GN}=\dfrac{1}{4}$ 代入式（7）中的开发商的总利润函数表达式中，得到

$\pi^{GN}\left(p_{1n}^{GN}\right)=p_{1n}^{GN}\left(1-\dfrac{p_{1n}^{GN}}{\theta+1}\right)+\dfrac{1}{4}$。因此，可得第一阶段的新产品最优定价为：$p_{1n}^{GN}=\dfrac{\theta+1}{2}$。相应地，第一

阶段的销售量和开发商的利润为：$q_{1n}^{GN}=\dfrac{1}{2}$，$\pi_1^{GN}=\dfrac{\theta+1}{4}$。开发商两个阶段的总利润为：$\pi^{GN}=\dfrac{\theta+2}{4}$。

　　将上述求得的最优结果分别代入消费者剩余函数表达式 $\mathrm{CS}_1^{GN}=\displaystyle\int_{v_{1n}^{GN}}^{1}U_{1n}^{GN}\mathrm{d}v$，$\mathrm{CS}_2^{GN}=\displaystyle\int_{v_{2n}^{GN}}^{1}U_{2n}^{GN}\mathrm{d}v$，

$\mathrm{CS}^{GN}=\mathrm{CS}_1^{GN}+\mathrm{CS}_2^{GN}$ 中，可求得：$\mathrm{CS}_1^{GN}=\dfrac{\theta+1}{8}$，$\mathrm{CS}_2^{GN}=\dfrac{1}{8}$，$\mathrm{CS}^{GN}=\dfrac{\theta+2}{8}$。

　　总结上述结果，得到子博弈模型 GN 的最优均衡解如引理1所示。

　　2）在子博弈模型 GS 中

　　由式（4）可得 $q_{1n}^{GS}\left(p_{1n}^{GS}\right)=1-\dfrac{p_{1n}^{GS}}{\theta+1}$，$q_{2n}^{GS}\left(p_{2n}^{GS},p_s^{GS}\right)=\dfrac{p_s^{GS}-p_{2n}^{GS}}{\lambda-1}-p_{2n}^{GS}$，$q_s^{GS}\left(p_{2n}^{GS},p_s^{GS}\right)=1-\dfrac{p_s^{GS}-p_{2n}^{GS}}{\lambda-1}$，

将其代入式（8）中的开发商第二阶段的利润函数表达式中，得到 $\pi_2^{GS}\left(p_{2n}^{GS},p_s^{GS}\right)=p_{2n}^{GS}\left(\dfrac{p_s^{GS}-p_{2n}^{GS}}{\lambda-1}-p_{2n}^{GS}\right)+$

$\left(p_s^{GS}-c\right)\left(1-\dfrac{p_s^{GS}-p_{2n}^{GS}}{\lambda-1}\right)$，s.t. $c<p_s^{GS}$。因此，可得第二阶段的新产品和升级新产品的最优定价分别为：

$p_{2n}^{GS}=\dfrac{1}{2}$，$p_s^{GS}=\dfrac{\lambda+c}{2}$。为了保证开发商升级新产品是有利可图的，需满足约束条件 $c<p_s^{GS}$，即 $c<\lambda$ 恒

成立。相应地，第二阶段的销售量和开发商的利润分别为：$q_{2n}^{GS}=\dfrac{c}{2(\lambda-1)}$，$q_s^{GS}=\dfrac{1}{2}-\dfrac{c}{2(\lambda-1)}$，

$\pi_2^{GS}=\dfrac{(\lambda-c)^2+2c-\lambda}{4(\lambda-1)}$。

　　将 $q_{1n}^{GS}\left(p_{1n}^{GS}\right)=1-\dfrac{p_{1n}^{GS}}{\theta+1}$，$\pi_2^{GS}=\dfrac{(\lambda-c)^2+2c-\lambda}{4(\lambda-1)}$ 代入式（7）中的开发商的总利润函数表达式中，得

到 $\pi^{GS}\left(p_{1n}^{GS}\right)=p_{1n}^{GS}\left(1-\dfrac{p_{1n}^{GS}}{\theta+1}\right)+\dfrac{(\lambda-c)^2+2c-\lambda}{4(\lambda-1)}$。因此，可得第一阶段的新产品最优定价为：$p_{1n}^{GS}=\dfrac{\theta+1}{2}$。

相应地，第一阶段的销售量和开发商的利润为：$q_{1n}^{GS}=\dfrac{1}{2}$，$\pi_1^{GS}=\dfrac{\theta+1}{4}$。开发商两个阶段的总利润为：

$\pi^{GS}=\dfrac{(\lambda-c)^2+\theta(\lambda-1)+2c-1}{4(\lambda-1)}$。

　　将上述求得的最优结果分别代入消费者剩余函数表达式 $\mathrm{CS}_1^{GS}=\displaystyle\int_{v_{1n}^{GS}}^{1}U_{1n}^{GS}\mathrm{d}v$，$\mathrm{CS}_2^{GS}=\displaystyle\int_{v_{2n}^{GS}}^{v_{2s}^{GS}}U_{2n}^{GS}\mathrm{d}v+$

$\displaystyle\int_{v_{2s}^{GS}}^{1}U_{2s}^{GS}\mathrm{d}v$，$\mathrm{CS}^{GS}=\mathrm{CS}_1^{GS}+\mathrm{CS}_2^{GS}$ 中，可求得：$\mathrm{CS}_1^{GS}=\dfrac{\theta+1}{8}$，$\mathrm{CS}_2^{GS}=\dfrac{(\lambda-c)^2+2c-\lambda}{8(\lambda-1)}$，$\mathrm{CS}^{GS}=$

$\dfrac{(\lambda-c)^2+\theta(\lambda-1)+2c-1}{8(\lambda-1)}$。

总结上述结果，得到子博弈模型 GS 的最优均衡解如引理 2 所示。

3）在子博弈模型 GC 中

消费者自由在 C2C 二手平台上进行交易，二手游戏产品交易价格由消费者自行决策，由式（6）可得 $q_{1n}^{GC}\left(p_{1n}^{GC}, p_c^{GC}\right) = 1 - \left(p_{1n}^{GC} - p_c^{GC}\right)$，$q_{1c}^{GC}\left(p_{1n}^{GC}, p_c^{GC}\right) = \dfrac{p_c^{GC}}{\theta} - \left(p_{1n}^{GC} - p_c^{GC}\right)$，$q_{2n}^{GC}\left(p_{2n}^{GC}, p_c^{GC}\right) = \dfrac{p_c^{GC} - p_{2n}^{GC}}{\theta - 1} - p_{2n}^{GC}$，

$q_c^{GC}\left(p_{2n}^{GC}, p_c^{GC}\right) = 1 - \dfrac{p_c^{GC} - p_{2n}^{GC}}{\theta - 1}$。由 $q_{1c}^{GC} = q_c^{GC}$ 可得 $p_c^{GC}\left(p_{1n}^{GC}, p_{2n}^{GC}\right) = \dfrac{\theta\left((\theta-1)\left(p_{1n}^{GC}+1\right) + p_{2n}^{GC}\right)}{\theta^2 + \theta - 1}$，将其代入需求

函数表达式中得到：$q_{1n}^{GC}\left(p_{1n}^{GC}, p_{2n}^{GC}\right) = -\dfrac{(2\theta-1)p_{1n}^{GC} - \theta p_{2n}^{GC} - 2\theta^2 + 1}{\theta^2 + \theta - 1}$，$q_{2n}^{GC}\left(p_{1n}^{GC}, p_{2n}^{GC}\right) = \dfrac{\theta\left(p_{1n}^{GC} - (\theta+2)p_{2n}^{GC} + 1\right)}{\theta^2 + \theta - 1}$，

$q_c^{GC}\left(p_{1n}^{GC}, p_{2n}^{GC}\right) = -\dfrac{\theta p_{1n}^{GC} - (\theta+1)p_{2n}^{GC} - \theta^2 + 1}{\theta^2 + \theta - 1}$。将 $q_{2n}^{GC}\left(p_{1n}^{GC}, p_{2n}^{GC}\right)$ 的表达式代入式（9）中的开发商第二阶

段的利润函数表达式中，得到 $\pi_2^{GC}\left(p_{1n}^{GC}, p_{2n}^{GC}\right) = p_{2n}^{GC}\dfrac{\theta\left(p_{1n}^{GC} - (\theta+2)p_{2n}^{GC} + 1\right)}{\theta^2 + \theta - 1}$。因此，求得第二阶段的新产

品的最优价格反应函数为：$p_{2n}^{GC}\left(p_{1n}^{GC}\right) = \dfrac{p_{1n}^{GC} + 1}{2(\theta + 2)}$。

将 $p_{2n}^{GC}\left(p_{1n}^{GC}\right) = \dfrac{p_{1n}^{GC} + 1}{2(\theta + 2)}$ 代入式（9）中的开发商总利润函数表达式中，得到 $\pi^{GC}\left(p_{1n}^{GC}\right) =$

$-\dfrac{(8\theta^2 + 9\theta - 8)p_{1n}^{GC^2} - 8(\theta+1)(\theta^2 + \theta - 1)p_{1n}^{GC} - \theta}{4(\theta+2)(\theta^2 + \theta - 1)}$。因此，可得第一阶段的新产品最优定价为：

$p_{1n}^{GC} = \dfrac{4(\theta+1)(\theta^2 + \theta - 1)}{8\theta^2 + 9\theta - 8}$。

将 $p_{1n}^{GC} = \dfrac{4(\theta+1)(\theta^2 + \theta - 1)}{8\theta^2 + 9\theta - 8}$ 代入 $p_{2n}^{GS}\left(p_{1n}^{GS}\right)$ 中，求得第二阶段的新产品最优定价为：

$p_{2n}^{GC} = \dfrac{4\theta^3 + 16\theta^2 + 9\theta - 12}{2(\theta+2)(8\theta^2 + 9\theta - 8)}$。因此，第二阶段的二手产品最优交易价格为：

$p_c^{GC} = \dfrac{\theta\left(2\theta^2 + 2\theta - 3\right)\left(4\theta^3 + 16\theta^2 + 9\theta - 12\right)}{2H_1}$。

相应地，两个阶段的销售量和开发商的利润分别为：$q_{1n}^{GC} = \dfrac{16\theta^5 + 48\theta^4 + 8\theta^3 - 57\theta^2 - 8\theta + 16}{2H_1}$，

$q_{2n}^{GC} = \dfrac{\theta(4\theta^3 + 16\theta^2 + 9\theta - 12)}{2(\theta^2 + \theta - 1)(8\theta^2 + 9\theta - 8)}$，$q_c^{GC} = \dfrac{(\theta+1)(8\theta^4 + 14\theta^3 - 22\theta^2 - 27\theta + 16)}{2H_1}$，

$\pi_1^{GC} = \dfrac{2(\theta+1)(16\theta^5 + 48\theta^4 + 8\theta^3 - 57\theta^2 - 8\theta + 16)}{(\theta+2)(8\theta^2 + 9\theta - 8)^2}$，$\pi_2^{GC} = \dfrac{\theta(4\theta^3 + 16\theta^2 + 9\theta - 12)^2}{4(8\theta^2 + 9\theta - 8)H_1}$，

$\pi^{GC} = \dfrac{16\theta^6 + 64\theta^5 + 64\theta^4 - 24\theta^3 - 55\theta^2 - 8\theta + 16}{4H_1}$。

将上述求得的最优结果分别代入消费者剩余函数表达式 $\mathrm{CS}_1^{GC} = \int_{v_{1n}^{GC}}^{v_{1c}^{GC}} U_{1c}^{GC}\mathrm{d}v + \int_{v_{1c}^{GC}}^{1} U_{1n}^{GC}\mathrm{d}v$，

$\mathrm{CS}_2^{GC} = \int_{v_{2n}^{GC}}^{v_{2c}^{GC}} U_{2n}^{GC}\mathrm{d}v + \int_{v_{2c}^{GC}}^{1} U_{2c}^{GC}\mathrm{d}v$，$\mathrm{CS}^{GC} = \mathrm{CS}_1^{GC} + \mathrm{CS}_2^{GC}$ 中，可求得：$\mathrm{CS}_1^{GC} = \dfrac{(\theta+1)H_2}{8H_1^2}$，$\mathrm{CS}_2^{GC} = \dfrac{\theta H_3}{8H_1^2}$，

$$\text{CS}^{GC} = \frac{16\theta^6 + 72\theta^5 + 96\theta^4 + 8\theta^3 - 63\theta^2 - 24\theta + 16}{8H_1}。$$

总结上述结果，得到子博弈模型 GC 的最优均衡解如引理 3 所示。

拓展模型推导过程：

子博弈模型 GN 和 GS 的均衡解与正文模型相同，此处省去推导过程。

在子博弈模型 GC 中，消费者自由在 C2C 二手平台上进行交易，二手游戏产品交易价格由消费者自行决策，由式（6）可得 $q_{1n}^{GC}\left(p_{1n}^{GC}, p_c^{GC}\right) = 1 - \left(p_{1n}^{GC} - p_c^{GC}\right)$，$q_{1c}^{GC}\left(p_{1n}^{GC}, p_c^{GC}\right) = \frac{p_c^{GC}}{\theta} - \left(p_{1n}^{GC} - p_c^{GC}\right)$，$q_{2n}^{GC}\left(p_{2n}^{GC}, p_c^{GC}\right) = \frac{p_c^{GC} - p_{2n}^{GC}}{\theta - 1} - p_{2n}^{GC}$，$q_c^{GC}\left(p_{2n}^{GC}, p_c^{GC}\right) = 1 - \frac{p_c^{GC} - p_{2n}^{GC}}{\theta - 1}$。由 $q_{1c}^{GC} = q_c^{GC}$ 求得 $p_c^{GC}\left(p_{1n}^{GC}, p_{2n}^{GC}\right) = \frac{\theta\left((\theta-1)\left(p_{1n}^{GC}+1\right) + p_{2n}^{GC}\right)}{\theta^2 + \theta - 1}$，将其代入需求函数表达式中可得：$q_{1n}^{GC}\left(p_{1n}^{GC}, p_{2n}^{GC}\right) = -\frac{(2\theta-1)p_{1n}^{GC} - \theta p_{2n}^{GC} - 2\theta^2 + 1}{\theta^2 + \theta - 1}$，$q_{2n}^{GC}\left(p_{1n}^{GC}, p_{2n}^{GC}\right) = \frac{\theta\left(p_{1n}^{GC} - (\theta+2)p_{2n}^{GC} + 1\right)}{\theta^2 + \theta - 1}$，$q_c^{GC}\left(p_{1n}^{GC}, p_{2n}^{GC}\right) = -\frac{\theta p_{1n}^{GC} - (\theta+1)p_{2n}^{GC} - \theta^2 + 1}{\theta^2 + \theta - 1}$。将 $q_{2n}^{GC}\left(p_{1n}^{GC}, p_{2n}^{GC}\right)$ 的表达式代入式（10）中的开发商第二阶段的利润函数表达式中，得到 $\pi_2^{GC}\left(p_{1n}^{GC}, p_{2n}^{GC}\right) = p_{2n}^{GC}\frac{\theta\left(p_{1n}^{GC} - (\theta+2)p_{2n}^{GC} + 1\right)}{\theta^2 + \theta - 1} - F$。

因此，求得第二阶段的新产品的最优价格反应函数为：$p_{2n}^{GC}\left(p_{1n}^{GC}\right) = \frac{p_{1n}^{GC} + 1}{2(\theta + 2)}$。

将 $p_{2n}^{GC}\left(p_{1n}^{GC}\right)$ 代入式（10）中的开发商总利润函数表达式中，得到 $\pi^{GC}\left(p_{1n}^{GC}\right) = -\frac{(8\theta^2 + 9\theta - 8)p_{1n}^{GC} - 8(\theta+1)(\theta^2 + \theta - 1)p_{1n}^{GC} - \theta}{4(\theta+2)(\theta^2 + \theta - 1)} - F$。因此，可得第一阶段的新产品最优定价为：$p_{1n}^{GC} = \frac{4(\theta+1)(\theta^2 + \theta - 1)}{8\theta^2 + 9\theta - 8}$。

将 $p_{1n}^{GC} = \frac{4(\theta+1)(\theta^2 + \theta - 1)}{8\theta^2 + 9\theta - 8}$ 代入 $p_{2n}^{GC}\left(p_{1n}^{GC}\right)$ 中，求得第二阶段的新产品最优定价为：$p_{2n}^{GC} = \frac{4\theta^3 + 16\theta^2 + 9\theta - 12}{2(\theta+2)(8\theta^2 + 9\theta - 8)}$。因此，第二阶段的二手产品最优交易价格为：$p_c^{GC} = \frac{\theta(2\theta^2 + 2\theta - 3)(4\theta^3 + 16\theta^2 + 9\theta - 12)}{2H_1}$。

相应地，两个阶段的销售量和开发商的利润分别为：$q_{1n}^{GC} = \frac{16\theta^5 + 48\theta^4 + 8\theta^3 - 57\theta^2 - 8\theta + 16}{2H_1}$，$q_{2n}^{GC} = \frac{\theta(4\theta^3 + 16\theta^2 + 9\theta - 12)}{2(\theta^2 + \theta - 1)(8\theta^2 + 9\theta - 8)}$，$q_c^{GC} = \frac{(\theta+1)(8\theta^4 + 14\theta^3 - 22\theta^2 - 27\theta + 16)}{2H_1}$，$\pi_1^{GC} = \frac{2(\theta+1)(16\theta^5 + 48\theta^4 + 8\theta^3 - 57\theta^2 - 8\theta + 16)}{(\theta+2)(8\theta^2 + 9\theta - 8)^2}$，$\pi_2^{GC} = \frac{\theta(4\theta^3 + 16\theta^2 + 9\theta - 12)^2}{4(8\theta^2 + 9\theta - 8)H_1} - F$，$\pi^{GC} = \frac{16\theta^6 + 64\theta^5 + 64\theta^4 - 24\theta^3 - 55\theta^2 - 8\theta + 16}{4H_1} - F$。

将上述求得的最优结果分别代入消费者剩余函数表达式 $\text{CS}_1^{GC} = \int_{v_{1n}^{GC}}^{v_{1c}^{GC}} U_{1c}^{GC}\mathrm{d}v + \int_{v_{1c}^{GC}}^{1} U_{1n}^{GC}\mathrm{d}v$，

$$\mathrm{CS}_2^{GC} = \int_{v_{2n}^{GC}}^{v_{2c}^{GC}} U_{2n}^{GC} \mathrm{d}v + \int_{v_{2c}^{GC}}^{1} U_{2c}^{GC} \mathrm{d}v \ , \quad \mathrm{CS}^{GC} = \mathrm{CS}_1^{GC} + \mathrm{CS}_2^{GC} \ \text{中，可求得：} \quad \mathrm{CS}_1^{GC} = \frac{(\theta+1)H_2}{8H_1^2} \ , \quad \mathrm{CS}_2^{GC} = \frac{\theta H_3}{8H_1^2} \ ,$$

$$\mathrm{CS}^{GC} = \frac{16\theta^6 + 72\theta^5 + 96\theta^4 + 8\theta^3 - 63\theta^2 - 24\theta + 16}{8H_1} \ 。$$

命题证明过程：

命题 1　在模型 *GS* 中，

（1）$\dfrac{\partial p_{1n}^{GS}}{\partial \lambda} = 0$，$\dfrac{\partial p_{2n}^{GS}}{\partial \lambda} = 0$，$\dfrac{\partial p_s^{GS}}{\partial \lambda} = \dfrac{1}{2} > 0$。

（2）$\dfrac{\partial q_{1n}^{GS}}{\partial \lambda} = 0$，$\dfrac{\partial q_{2n}^{GS}}{\partial \lambda} = -\dfrac{c}{2(\lambda-1)^2} < 0$，$\dfrac{\partial q_s^{GS}}{\partial \lambda} = \dfrac{c}{2(\lambda-1)^2} > 0$。

（3）$\dfrac{\partial \pi_1^{GS}}{\partial \lambda} = 0$，$\dfrac{\partial \pi_2^{GS}}{\partial \lambda} = \dfrac{\partial \pi^{GS}}{\partial \lambda} = -\dfrac{(c-1+\lambda)(c+1-\lambda)}{4(\lambda-1)^2}$。由于 $c-1+\lambda > 0$，因此，当 $c \leqslant \lambda - 1$ 时，

$\dfrac{\partial \pi_2^{GS}}{\partial \lambda} = \dfrac{\partial \pi^{GS}}{\partial \lambda} \geqslant 0$；当 $\lambda - 1 < c < \lambda$ 时，$\dfrac{\partial \pi_2^{GS}}{\partial \lambda} = \dfrac{\partial \pi^{GS}}{\partial \lambda} < 0$。

命题 2　在模型 *GC* 中，

（1）$\dfrac{\partial p_{1n}^{GC}}{\partial \theta} = \dfrac{4(4\theta^4 + 18\theta^3 - 6\theta^2 - 16\theta + 9)}{(8\theta^2 + 9\theta - 8)^2} > 0$，$\dfrac{\partial p_{2n}^{GC}}{\partial \theta} = -\dfrac{28\theta^4 + 64\theta^3 - 31\theta^2 - 88\theta + 24}{2(\theta+2)^2(8\theta^2 + 9\theta - 8)^2}$，

$\dfrac{\partial p_c^{GC}}{\partial \theta} = \dfrac{64\theta^{10} + 528\theta^9 + 1664\theta^8 + 2032\theta^7 - 728\theta^6 - 3534\theta^5 - 277\theta^4 + 3296\theta^3 - 150\theta^2 - 1632\theta + 576}{2H_1^2} > 0$。令

$28\theta^4 + 64\theta^3 - 31\theta^2 - 88\theta + 24 = 0$，得到解 $\theta = \theta_1$。因此，当 $1 < \theta < \theta_1$ 时，$\dfrac{\partial p_{2n}^{GC}}{\partial \theta} > 0$；当 $\theta \geqslant \theta_1$ 时，$\dfrac{\partial p_{2n}^{GC}}{\partial \theta} \leqslant 0$。

（2）$\dfrac{\partial q_{1n}^{GC}}{\partial \theta} = \dfrac{144\theta^8 + 736\theta^7 + 912\theta^6 - 622\theta^5 - 1021\theta^4 + 976\theta^3 + 322\theta^2 - 832\theta + 288}{2H_1^2} > 0$，

$\dfrac{\partial q_{2n}^{GC}}{\partial \theta} = -\dfrac{60\theta^6 + 200\theta^5 + 181\theta^4 + 8\theta^3 - 147\theta^2 - 144\theta + 96}{2(\theta^2 + \theta - 1)^2(8\theta^2 + 9\theta - 8)^2} < 0$，

$\dfrac{\partial q_c^{GC}}{\partial \theta} = \dfrac{88\theta^8 + 560\theta^7 + 1290\theta^6 + 1262\theta^5 + 388\theta^4 - 438\theta^3 - 947\theta^2 - 328\theta + 408}{2H_1^2} > 0$。

（3）$\dfrac{\partial \pi_1^{GC}}{\partial \theta} = \dfrac{2(4\theta^3 + 16\theta^2 + 9\theta - 12)(32\theta^5 + 108\theta^4 + 56\theta^3 - 81\theta^2 - 4\theta + 48)}{(\theta+2)^2(8\theta^2 + 9\theta - 8)^3} > 0$，

$\dfrac{\partial \pi_2^{GC}}{\partial \theta} = -\dfrac{(4\theta^3 + 16\theta^2 + 9\theta - 12)(88\theta^7 + 412\theta^6 + 586\theta^5 + 187\theta^4 - 164\theta^3 - 326\theta^2 - 216\theta + 192)}{4H_1^2(8\theta^2 + 9\theta - 8)} < 0$，

$\dfrac{\partial \pi^{GC}}{\partial \theta} = \dfrac{(4\theta^3 + 16\theta^2 + 9\theta - 12)(32\theta^7 + 136\theta^6 + 108\theta^5 - 178\theta^4 - 171\theta^3 + 108\theta^2 + 46\theta - 24)}{4H_1^2} > 0$。

命题 3　比较不同营销模式下开发商的利润：

（1）第一阶段：$\pi_1^{GS} - \pi_1^{GN} = 0$，$\pi_1^{GC} - \pi_1^{GN} = \dfrac{\theta(\theta+1)(64\theta^4 + 112\theta^3 - 177\theta^2 - 218\theta + 160)}{4(\theta+2)(8\theta^2 + 9\theta - 8)^2}$。令

$64\theta^4 + 112\theta^3 - 177\theta^2 - 218\theta + 160 = 0$，得到唯一的根为 $\theta = \theta_2$。因此，当 $1 < \theta < \theta_2$ 时，$\pi_1^{GC} < \pi_1^{GN} = \pi_1^{GS}$；当 $\theta \geqslant \theta_2$ 时，$\pi_1^{GN} = \pi_1^{GS} \leqslant \pi_1^{GC}$。

（2）第二阶段：$\pi_2^{GS} - \pi_2^{GN} = \dfrac{(c - \lambda + 1)^2}{4(\lambda - 1)} > 0$，$\pi_2^{GC} - \pi_2^{GN} = -\dfrac{(\theta+1)(48\theta^6 + 160\theta^5 - 39\theta^4 - 422\theta^3 + 22\theta^2 + 336\theta - 128)}{4H_1(8\theta^2 + 9\theta - 8)}$。

令 $48\theta^6 + 160\theta^5 - 39\theta^4 - 422\theta^3 + 22\theta^2 + 336\theta - 128 = 0$ ，得到唯一的根为 $\theta = \theta_3$。因此，当 $1 < \theta < \theta_3$ 时，$\pi_2^{GC} < \pi_2^{GN} < \pi_2^{GS}$；当 $\theta \geqslant \theta_3$ 时，$\pi_2^{GN} < \pi_2^{GC}$，$\pi_2^{GN} < \pi_2^{GS}$。

接下来，我们将在 $\theta \geqslant \theta_3$ 的范围内比较 π_2^{GC} 与 π_2^{GS} 的大小。由于 $\pi_2^{GC} - \pi_2^{GS} =$

$$-\frac{\left\{ H_1(8\theta^2 + 9\theta - 8)\lambda^2 - \left(2H_1(8\theta^2 + 9\theta - 8)c + H_5\right)\lambda + H_1(8\theta^2 + 9\theta - 8)c(c+2) + \theta(4\theta^3 + 16\theta^2 + 9\theta - 12)^2 \right\}}{4H_1(8\theta^2 + 9\theta - 8)(\lambda - 1)}$$ 是关

于 λ 的二次函数，且根的判别式为 H_6。令 $H_6 = 0$，我们得到一个唯一的实根为 $c = c_1$。因此，当 $c_1 \leqslant c < \lambda$ 时，$H_6 \leqslant 0$，$\pi_2^{GC} \leqslant \pi_2^{GS}$。当 $c < c_1$ 时，$H_6 > 0$，$\pi_2^{GC} - \pi_2^{GS}$ 有两个实根分别为 λ_1 和 λ_2，则有 $1 < \lambda \leqslant \lambda_1$ 或 $\lambda \geqslant \lambda_2$ 时，$\pi_2^{GC} \leqslant \pi_2^{GS}$；当 $\lambda_1 < \lambda < \lambda_2$ 时，$\pi_2^{GS} < \pi_2^{GC}$。

综上可得，当 $1 < \theta < \theta_3$ 时，$\pi_2^{GC} < \pi_2^{GN} < \pi_2^{GS}$。当 $\theta \geqslant \theta_3$ 且 $c_1 \leqslant c < \lambda$ 时，或 $\theta \geqslant \theta_3$ 且 $c < c_1$，$1 < \lambda \leqslant \lambda_1$ 或 $\lambda \geqslant \lambda_2$ 时，$\pi_2^{GN} < \pi_2^{GC} \leqslant \pi_2^{GS}$。当 $\theta \geqslant \theta_3$ 且 $c < c_1$，$\lambda_1 < \lambda < \lambda_2$ 时，$\pi_2^{GN} < \pi_2^{GS} < \pi_2^{GC}$。

（3）在三种营销模式下，比较开发商两个阶段的总利益大小：$\pi^{GS} - \pi^{GN} = \dfrac{(c - \lambda + 1)^2}{4(\lambda - 1)} > 0$，

$\pi^{GC} - \pi^{GN} = \dfrac{(\theta + 1)H_8}{4H_1}$，令 $H_8 = 0$，得到唯一的根为 $\theta = \theta_4$。因此，当 $1 < \theta < \theta_4$ 时，$\pi^{GC} < \pi^{GN} < \pi^{GS}$；当 $\theta \geqslant \theta_4$ 时，$\pi^{GN} < \pi^{GC}$，$\pi^{GN} < \pi^{GS}$。

接下来，我们将在 $\theta \geqslant \theta_4$ 的范围内比较 π^{GC} 与 π^{GS} 的大小。由于 $\pi^{GC} - \pi^{GS} =$

$$-\frac{H_1\lambda^2 - (2H_1c + H_7)\lambda + H_1c(c+2) + \theta(8\theta^5 + 23\theta^4 + 4\theta^3 - 20\theta^2 + 2\theta + 2)}{4H_1(\lambda - 1)}$$ 是关于 λ 的二次函数，且根的判别

式为 H_9。当 $\theta \geqslant \theta_4$ 时，$H_9 > 0$ 恒成立，$\pi^{GC} - \pi^{GS}$ 有两个实根分别为 λ_3 和 λ_4。因此，当 $1 < \lambda \leqslant \lambda_3$ 或 $\lambda \geqslant \lambda_4$ 时，$\pi^{GC} \leqslant \pi^{GS}$；当 $\lambda_3 < \lambda < \lambda_4$ 时，$\pi^{GS} < \pi^{GC}$。

综上可得，当 $1 < \theta < \theta_4$ 时，$\pi^{GC} < \pi^{GN} < \pi^{GS}$。当 $\theta \geqslant \theta_4$ 且 $1 < \lambda \leqslant \lambda_3$ 或 $\lambda \geqslant \lambda_4$ 时，$\pi^{GN} < \pi^{GC} \leqslant \pi^{GS}$。当 $\theta \geqslant \theta_4$ 且 $\lambda_3 < \lambda < \lambda_4$ 时，$\pi^{GN} < \pi^{GS} < \pi^{GC}$。

推论 1 由命题 3 可推导得出。

命题 4 比较开发商的不同营销模式下消费者剩余大小：

（1）第一阶段：$\mathrm{CS}_1^{GS} - \mathrm{CS}_1^{GN} = 0$，

$\mathrm{CS}_1^{GC} - \mathrm{CS}_1^{GN} = \dfrac{\theta(\theta + 1)(80\theta^8 + 339\theta^7 + 118\theta^6 - 903\theta^5 - 266\theta^4 + 1443\theta^3 + 13\theta^2 - 940\theta + 336)}{8H_1^2} > 0$。因此，

$\mathrm{CS}_1^{GN} = \mathrm{CS}_1^{GS} < \mathrm{CS}_1^{GC}$。

（2）第二阶段：$\mathrm{CS}_2^{GS} - \mathrm{CS}_2^{GN} = \dfrac{(c - \lambda + 1)^2}{8(\lambda - 1)} > 0$，$\mathrm{CS}_2^{GC} - \mathrm{CS}_2^{GN} = \dfrac{(\theta + 1)\left(\theta(16\theta^4 + 48\theta^3 + 15\theta^2 - 34\theta + 2)H_1 - H_2\right)}{8H_1^2} > 0$，

$\mathrm{CS}_2^{GC} - \mathrm{CS}_2^{GS} = -\dfrac{H_1^2\lambda^2 - \left(2H_1^2(c+1) + (\theta+1)\left(\theta(16\theta^4 + 48\theta^3 + 15\theta^2 - 34\theta + 2)H_1 - H_2\right)\right)\lambda + H_1^2 c(c+2) + \theta H_3}{8H_1^2(\lambda - 1)}$。

由于 $\mathrm{CS}_2^{GC} - \mathrm{CS}_2^{GS}$ 是关于 λ 的二次函数，且根的判别式为 $H_{10} > 0$，则 $\mathrm{CS}_2^{GC} - \mathrm{CS}_2^{GS}$ 有两个实根分别为 λ_5 和 λ_6。因此，若 $1 < \lambda \leqslant \lambda_5$ 或 $\lambda \geqslant \lambda_6$，$\mathrm{CS}_2^{GN} \leqslant \mathrm{CS}_2^{GC} \leqslant \mathrm{CS}_2^{GS}$。若 $\lambda_5 < \lambda < \lambda_6$，$\mathrm{CS}_2^{GN} < \mathrm{CS}_2^{GS} < \mathrm{CS}_2^{GC}$。

（3）比较两个阶段总的消费者剩余大小：$\mathrm{CS}^{GS} - \mathrm{CS}^{GN} = \dfrac{(c - \lambda + 1)^2}{8(\lambda - 1)} > 0$，$\mathrm{CS}^{GC} - \mathrm{CS}^{GN} = \dfrac{H_{11} - 2H_1}{8H_1} > 0$，

$$\mathrm{CS}^{GC} - \mathrm{CS}^{GS} = -\frac{H_1\lambda^2 - 2(H_1 c + H_{11})\lambda + H_1 c(c+2) + \theta(8\theta^5 + 31\theta^4 + 36\theta^3 + 12\theta^2 - 6\theta - 14)}{8H_1(\lambda - 1)}$$。由于 $\mathrm{CS}^{GC} - \mathrm{CS}^{GS}$

是关于 λ 的二次函数，且根的判别式为 $H_{12} > 0$，则 $\mathrm{CS}^{GC} - \mathrm{CS}^{GS}$ 有两个实根分别为 λ_7 和 λ_8。因此，若 $1 < \lambda \leqslant \lambda_7$ 或 $\lambda \geqslant \lambda_8$，$\mathrm{CS}^{GN} \leqslant \mathrm{CS}^{GC} \leqslant \mathrm{CS}^{GS}$。若 $\lambda_7 < \lambda < \lambda_8$，$\mathrm{CS}^{GN} < \mathrm{CS}^{GS} < \mathrm{CS}^{GC}$。

命题 5　证明过程与命题 3 相似，此处省去证明过程。

推论 2　由命题 5 可推导得出。

作者简介：

王述（1995—），女，西南交通大学经济管理学院博士研究生，研究方向为供应链与运营管理。Email：18782412283@163.com。

刘盾（1983—），男，西南交通大学经济管理学院教授、博士生导师，研究方向为系统决策与分析。Email：newton83@163.com。

聂佳佳（1981—），男，西南交通大学经济管理学院教授、博士生导师，研究方向为物流与供应链管理。Email：nie_jia@126.com。

制造商产品回收再制造对电商平台运营
决策的影响[*]

蒋昙飞　　石纯来　　郝娜　　谢永平

（西安电子科技大学经济与管理学院，陕西 西安 710126）

摘　要　随着平台经济的发展，电商平台开通平台渠道，使得入驻的制造商可以直接向消费者销售产品，电商平台从中获取佣金收入，同时也加剧了与零售渠道间的竞争，可能侵蚀电商的零售利润。在产品再制造的背景下，制造商能够节约生产成本，有助于弱化零售渠道的双重边际效应。基于此，本文探究制造商回收旧产品以再制造对电商平台运营决策的影响。研究发现：①若佣金比例较低，电商平台开通平台卖场会降低其利润，没有动机开通平台卖场；②若佣金比例较高，电商平台开通平台卖场能够增加其利润，电商平台倾向于开通平台卖场；③若佣金比例适中，电商平台是否开通平台卖场取决于制造商回收旧产品以再制造的效率。具体而言，当制造商回收旧产品以再制造的效率较高时，电商平台开通平台卖场增加其利润。反之，当制造商回收旧产品以再制造的效率较低时，电商平台开通平台卖场降低其利润。此外，研究表明制造商入驻平台卖场不仅增加其利润，而且有利于提升整个供应链利润。

关键词　产品再制造，渠道竞争，收入效应，侵蚀效应，平台卖场

中图分类号　C931.6

1　引言

近年来，随着信息技术的快速发展，电商不仅作为零售商转售制造商产品，而且引入平台卖场，允许制造商直接向消费者销售其产品。例如，亚马逊、京东以及 Flipkart 等电商平台不仅充当传统的零售商，而且开通了平台卖场[1]。在平台卖场中，虽然电商从中收取一定比例的佣金费用，但制造商能够获得平台卖场中产品的定价权，避免了与电商间的双重边际效应[2-3]。据统计，2018 年亚马逊所销售的产品中，近一半来自其平台卖场的入驻企业[1]。同年，京东平台卖场所收取的佣金收入为 459 亿元，同比增长 50.5%[3]。例如，苹果（Apple）、小米（MI）、惠普（HP）、施乐（Xerox）等众多制造商纷纷入驻京东、亚马逊等电商的平台卖场。然而，现实中也有部分电商未开通平台卖场，仅作为零售商向消费者转售制造商产品，比如埃韦兰斯（Everlane）、凡客诚品（VANCL）以及聚美优品（JMEI）等[3-4]。其原因是，电商开通平台卖场使得制造商直接向消费者销售其产品，强化了平台渠道和零售渠道间的竞争，可能侵蚀零售渠道的市场份额，进而侵蚀电商的零售利润，即侵蚀效应。但电商开通平台卖场拓展了销售渠道，提升了产品总需求量，能够增加佣金收益，即收入效应。

---

*　基金项目：国家自然科学基金青年科学基金项目（72201202）；陕西省自然科学基础研究计划项目（2022JQ-744，2022JQ-742）；广东省基础与应用基础研究基金（2021A1515110865）；陕西省社会科学基金年度项目（2022R007）；西安市科技计划软科学研究项目（22RKYJ0036）；四川矿产资源研究中心一般项目（SCKCZY2023-YB013）；教育部人文社会科学研究规划基金项目（22XJA630007）。

通信作者：石纯来，西安电子科技大学经济与管理学院副教授，E-mail：S_Chunlai@163.com。

鉴于此，大量学者分析了侵蚀效应和收入效应间的权衡关系，以探究电商平台的渠道运营策略。例如，Yan 等[1]探究了线上和线下渠道的溢出效应，发现溢出效应不仅影响制造商决策，也影响电商平台的渠道选择。当溢出效应适中时，能够实现电商平台和制造商的帕累托改进；Hagiu 和 Wright[5]研究发现电商平台的运营决策取决于销售产品的类型和零售渠道营销成本。若作为零售商具有灵活成本优势，则电商平台应选择引入长尾型产品（long-tail products）的制造商，反之，应选择引入短尾型（short-tail products）制造商；Abhishek 等[6]研究表明代理销售模式比传统零售模式更有效率，能够降低产品零售价格。此外，学者们还探究了制造商风险规避[7]、电商平台与制造商需求信息共享[8]、渠道接受和权力结构差异[9]等因素对电商平台运营决策的影响。但上述研究均未考虑制造商产品再制造对电商平台运营决策的影响，产品再制造能够降低制造商生产成本[10-11]，弱化零售渠道的双重边际效应，降低对零售渠道的侵蚀，在电商平台引入平台卖场的情况下，有可能改变侵蚀效应和收入效应的权衡关系，进而影响电商有关利润的运营决策。

制造商回收旧产品以再制造受到世界各国政府的关注，这些国家纷纷制定相应的激励政策，如美国、德国、英国以及日本等将产品再制造纳入企业生产条例[12, 13]，我国也发布了《中国废弃电器电子产品回收处理及综合利用行业白皮书 2016》[14]。大量制造商实施了回收旧产品以再制造策略，并取得了极大的成功[15-17]，如惠普、施乐等。诸多学者比较了产品再制造优势[18]，研究了产品回收模式[17, 19, 20]及链与链竞争[15, 21]对供应链决策的影响，分析了产品再制造和制造商渠道入侵决策之间的内在关系[22]，探讨了奖惩机制及规模不经济对制造商合作策略的影响[23-25]等。此外，袁开福等[26]考虑了质量升级的再制造供应链定价决策，研究发现制造商提高质量升级效率和废旧品质量水平能够获取更多利润。虽然上述研究考虑了制造商产品再制造情形，但均未探究其对电商平台运营决策的影响，已有研究表明引入平台卖场导致渠道竞争，能够提升产品需求量[6]，摊薄制造商回收再制造投入成本，进一步降低单位产品成本，缓解零售渠道的双重边际效应，降低对零售渠道的侵蚀，进而改变侵蚀效应和收入效应间的权衡关系，提升电商平台的利润。

综上所述，尽管已有学者，如 Ha 等[4]、Hagiu 和 Wright[5]、Abhishek 等[6]以及赖雪梅和聂佳佳[7]等从不同视角探究了电商平台渠道结构的选择策略，但没有考虑制造商产品再制造对运营决策的影响；虽然 Wu 和 Zhou[15]、Savaskan 等[19]、郑本荣等[22]、黄宗盛等[20]以及石纯来等[23-25]和聂佳佳[17]分析了制造商产品再制造情形下的回收策略问题，但均未探究其对电商平台运营决策的影响。和已有研究不同，本文探究产品再制造情形下电商平台的最优决策，主要研究以下几个问题：①电商平台是否倾向于开通平台卖场；②制造商是否入驻电商的平台卖场；③电商开通平台卖场对整个供应链是否有利。

2　问题描述

该部分对供应链中电商平台和制造商的需求函数进行说明，对制造商回收旧产品以再制造的成本结构进行分析，然后对全文的假设进行描述。

2.1　需求函数

由一个电商平台（r）和一个制造商（m）构成的两级闭环供应链中，制造商不仅经电商平台向消费者销售其产品，即正向物流，而且从消费者处回收旧产品以再制造，即逆向物流。在正向物流中，制造商以批发价格 w 将产品批发给电商平台，电商再以零售价格 p_r 将产品转售给消费者，其逆需求函数为

$p_r = 1 - q_r$，其中，q_r 为零售渠道中的产品需求量，如图 1（a）所示。在逆向物流中，当制造商以新材料生产产品时，其单位生产成本为 c；当制造商回收旧产品以再制造产品时，其单位成本为 c'，其中 $c > c'$，为便于计算令 $\Delta = c - c'$，表示制造商产品再制造所节约的单位成本。假设制造商产品再制造的旧产品回收率为 $\tau(0 < \tau < 1)$，若产品销售量为 q，制造商节约的成本为 $cq - (c - c')\tau q$，即 $(c - \Delta\tau)q$。借助已有研究[22-25]，制造商产品回收成本为 $C = k\tau^2$，其中，k 表示产品再制造效率，k 越大表示回收旧产品的成本越高，说明产品再制造的效率越低。同时，假定消费者对新产品和再制造产品的接受程度相同，即产品偏好相同，市场零售价格亦相等，为保证海塞矩阵负定，令 $k > k_0$，其中 $k_0 = \Delta^2$，大量学者如 Savaskan 等[19]、郑本荣等[22]、石纯来等[23]均有类似假设。

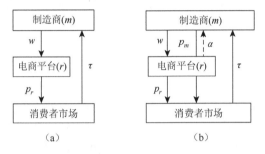

图 1 产品再制造情形下电商平台渠道结构

若电商引入平台卖场，制造商不仅经电商平台向消费者转售其产品，即零售渠道，还入驻平台卖场，直接向消费者销售其产品，即平台渠道，如图 1（b）所示。根据郑本荣等[22]以及石纯来等[23]、Arya 等[27]的研究，平台渠道和零售渠道的逆需求函数如下：

$$p_m = 1 - q_m - \beta q_r \text{ 和 } p_r = 1 - q_r - \beta q_m \tag{1}$$

其中，$\beta \in (0,1)$ 表示渠道间竞争强度；p_m 表示平台渠道制造商的销售价格；q_m 表示平台渠道中的产品需求量。结合 Tian 等[3]、Yan 等[1]的研究，在平台渠道中，制造商每销售一件产品，电商收取一定比例的佣金，为计算方便，双方约定从每件产品的利润中收取相应比例的佣金，即佣金费用为 $\alpha(p_m - (c - \Delta\tau))q_m$，其中 α 表示电商平台收取的佣金比例。在实际运营中，双方也会约定从每件产品直销价格中收取相应比例的佣金，即佣金为 $\alpha p_m q_m$，不失一般性，文章算例部分对此情形进行了拓展，验证了文中结论的稳健性。同时，电商平台收取的佣金比例不能太高，否则平台渠道的利润被电商侵占过多，制造商失去入驻电商平台的动机。例如，亚马逊、京东、阿里巴巴等平台收取的佣金比例一般在 5%～25%[1]，文中令 $0 < \alpha < 1/2$，同时令 $0 < c < 1$。以上假设不仅保证了价格和需求非负，也保证了各模型均衡解存在极大值，类似的假设已被大量运营管理和市场营销文献所采用，如 Yan 等[1]，Zha 等[28]及黄宗盛等[20]。文中详细的符号说明见表 1。

表 1 符号说明

符号	符号解释
β	平台渠道和零售渠道间的竞争强度，其中 $\beta \in \{0,1\}$
α	电商从平台渠道中收取的佣金比例，其中 $\alpha \in \{0,1/2\}$
c	制造商生产新产品的单位成本
c'	制造商回收再制造产品的单位生产成本
Δ	制造商回收再制造单位产品的节约成本

符号	符号解释
k	制造商产品再制造效率
τ	制造商旧产品回收率
p_i	供应链主体 i 的零售价格，$i \in \{m,r\}$ 分别表示制造商和电商平台
w	制造商的批发价格
q_i	供应链主体 i 的产品需求量
Π_i^j	供应链主体 i 模式 j 的利润，$j \in \{S,M\}$ 分别表示电商平台未开通及开通平台卖场

2.2　博弈顺序

在 Stackelberg（斯塔克尔伯格）博弈中，借助已有研究，如 Huang 和 Wang[13]、Saha 等[16]、郑本荣等[22]以及聂佳佳等[17]，制造商为市场领导者，电商平台为市场追随者，且均为风险中性。其博弈顺序由两个阶段构成，第一阶段为策略阶段，即电商平台是否引入平台卖场，制造商是否入驻平台卖场。具体而言，若制造商和电商平台接受平台卖场，其利润均高于不接受平台卖场的情形，则电商平台开通平台卖场，而且制造商也倾向于入驻平台卖场，第二阶段为运营阶段，在制造商通过平台卖场直接向消费者销售产品的情形下，制造商首先决策产品的批发价格、直销价格和旧产品回收率，然后电商平台决策产品的零售价格。通过逆向归纳法，分别得到电商平台和制造商的最优决策。供应链博弈顺序如图 2 所示。

图 2　博弈顺序

3　模型分析

在制造商产品再制造的情形下，首先分析电商未开通平台卖场的情况，制造商仅通过电商平台转售其产品，即单渠道模型 S；然后探究电商平台开通平台卖场的情形，制造商不仅经电商转售其产品，也通过平台卖场直接向消费者销售产品，即双渠道模型 M。

3.1　电商平台未开通平台卖场——模型 S

在该模型中，制造商仅经电商向消费者转售产品，决策顺序为制造商首先确定产品批发价格和旧产品回收率，然后电商平台确定零售价格，制造商和电商平台的目标函数为

$$\operatorname*{Max}_{w,\tau} \Pi_m^S = \left(w - (c - \Delta\tau)\right)q_r - k\tau^2 \text{ 和 } \operatorname*{Max}_{q_r} \Pi_r^S = (p_r - w)q_r \tag{2}$$

通过逆向归纳法，易得制造商和电商平台的最优决策分别为

$$w^{S*} = \frac{4(1+c)k - \Delta^2}{8k - \Delta^2}, \quad \tau^{S*} = \frac{\Delta(1-c)}{8k - \Delta^2} \text{ 和 } q_r^{S*} = \frac{2(1-c)k}{8k - \Delta^2}$$

相应地,制造商和电商平台的最优决策利润分别为

$$\Pi_m^{S*} = \frac{(1-c)^2 k}{8k - \Delta^2} \text{ 和 } \Pi_r^{S*} = \frac{4(1-c)^2 k^2}{(8k - \Delta^2)^2}$$

分别对制造商产品批发价格、旧产品回收率和零售渠道产品销售量等关于 k 求导,可知产品批发价格与制造商产品再制造的效率 k 呈正相关,而旧产品回收率和零售渠道销售量与 k 呈负相关,即 $\partial w^{S*}/\partial k > 0$, $\partial \tau^{S*}/\partial k < 0$ 以及 $\partial q_r^{S*}/\partial k < 0$。这是因为 k 越大,制造商回收旧产品以再制造的效率越低,在给定的回收投入下,制造商回收旧产品以再制造所节约的成本降低,因此旧产品回收率降低,回收再制造所节约的成本减少,导致单位产品的平均成本升高,制造商抬高产品批发价格;相应地,电商平台策略性地选择提高零售价格,导致零售渠道中的产品销售量降低。

3.2 电商平台开通平台卖场——模型 M

该模型中,制造商不仅经电商平台向消费者转售其产品,而且入驻平台卖场,借助平台渠道直接向消费者销售其产品。此时,决策顺序是制造商首先确定零售渠道批发价格、平台渠道直销价格及旧产品回收率,然后电商平台确定零售价格。制造商和电商平台的目标函数分别如下:

$$\begin{cases} \max_{w,q_m,\tau} \Pi_m^M = \left(w - (c - \Delta\tau)\right)q_r + (1-\alpha)\left(p_m - (c - \Delta\tau)\right)q_m - k\tau^2 \\ \max_{q_r} \Pi_r^M = (p_r - w)q_r + \alpha\left(p_m - (c - \Delta\tau)\right)q_m \end{cases} \quad (3)$$

同理,可得制造商和电商平台的最优决策分别为

$$\begin{cases} w^{M*} = \dfrac{2\left((1-c)(2-2\alpha-\beta)\beta\alpha - (1+c)(2-2\alpha-\beta^2)\right)k + \Delta^2(1-\alpha)(3-2\alpha-2\beta)}{4(2\alpha+\beta^2-2)k + \Delta^2(1-\alpha)(3-2\alpha-2\beta)} \\[2mm] q_m^{M*} = \dfrac{-2(1-c)(2-2\alpha-\beta)k}{4(2\alpha+\beta^2-2)k + \Delta^2(1-\alpha)(3-2\alpha-2\beta)} \\[2mm] \tau^{M*} = \dfrac{-\Delta(1-c)(1-\alpha)(3-2\alpha-2\beta)}{4(2\alpha+\beta^2-2)k + \Delta^2(1-\alpha)(3-2\alpha-2\beta)} \\[2mm] q_r^{M*} = \dfrac{-2(1-c)(1-\alpha)(1-\beta)k}{4(2\alpha+\beta^2-2)k + \Delta^2(1-\alpha)(3-2\alpha-2\beta)} \end{cases}$$

相应地,制造商和电商平台的最优决策利润分别为

$$\begin{cases} \Pi_m^{M*} = \dfrac{-(1-c)^2(1-\alpha)(3-2\alpha-2\beta)k}{4(2\alpha+\beta^2-2)k + \Delta^2(1-\alpha)(3-2\alpha-2\beta)} \\[3mm] \Pi_r^{M*} = \dfrac{4(1-c)^2\left(4\alpha^3 + (5\beta^2-2\beta-7)\alpha^2 + (2\beta^3-7\beta^2+4\beta+2)\alpha + (1-\beta)^2\right)k^2}{\left(4(2\alpha+\beta^2-2)k + \Delta^2(1-\alpha)(3-2\alpha-2\beta)\right)^2} \end{cases}$$

对制造商产品批发价格、旧产品回收率、零售渠道产品销售量及平台渠道产品销售量等关于产品再制造效率 k 求导,可得在电商开通平台卖场的情形下,制造商产品批发价格与产品再制造效率 k 正相关,而旧产品回收率、零售渠道销售量与 k 负相关,即 $\partial w^{M*}/\partial k > 0$, $\partial \tau^{M*}/\partial k < 0$ 和 $\partial q_r^{M*}/\partial k < 0$,这与电商未开通平台卖场情形下结论一致。在平台渠道中,平台渠道的产品销售量与 k 呈负相关,即 $\partial q_m^{M*}/\partial k < 0$,这是因为随着回收旧产品以再制造的效率 k 增加,单位产品的平均成本升高,因此制造商提高产品销售价格,降低了平台渠道中的产品销售量。

4　均衡分析

在制造商产品再制造情形下，分析电商引入平台卖场对电商平台及制造商利润的影响，探究电商平台和制造商的运营决策，最后分析供应链整体利润的变化。

命题 1：制造商产品再制造情形下，电商平台不同运营决策对产品销售量的影响：

（1）对零售渠道产品销售量而言，若佣金比例较低，即 $0 < \alpha < \min\{\alpha_1, \alpha_0\}$，其中，$\alpha_1 = \max\{0, 1-4\beta\}$[①]，当制造商产品再制造效率较高时，即 $k_0 < k \leqslant k_1$，其中，$k_1 = \Delta^2(1-\alpha)/4\beta$，电商平台开通平台卖场提升零售渠道销售量，即 $q_r^{M*} \geqslant q_r^{S*}$；当制造商产品再制造的效率较低时，即 $k > k_1$，电商平台开通平台卖场侵蚀零售渠道销售量，即 $q_r^{M*} < q_r^{S*}$。若佣金比例较高，即 $\alpha_1 < \alpha < \max\{\alpha_0, \alpha_1\}$，电商平台开通平台卖场总是侵蚀零售渠道销售量，即 $q_r^{M*} < q_r^{S*}$；

（2）制造商入驻平台卖场总是提高产品销售总量，即 $q_m^{M*} + q_r^{M*} > q_r^{S*}$。

证明：对零售渠道产品销售量做差可得

$$q_r^{M*} - q_r^{S*} = \frac{2k(1-c)(2-2\alpha-\beta)f_1(k)}{\left(4(2\alpha+\beta^2-2)k + \Delta^2(1-\alpha)(3-2\alpha-2\beta)\right)\left(\Delta^2-8k\right)} \tag{4}$$

其中，$f_1(k) = -4\beta k + \Delta^2(1-\alpha)$，式（4）的大小关系取决于函数 $f_1(k)$，易知 $f_1(k)$ 为变量 k 的减函数，且方程 $f_1(k)=0$ 有一正根 $k_1 = \Delta^2(1-\alpha)/4\beta$。对 k_0 和 k_1 做差可得

$$k_0 - k_1 = \frac{1}{4\beta}(\alpha+4\beta-1) \tag{5}$$

式（5）的大小关系取决于函数 $f_1(\alpha) = \alpha+4\beta-1$，可知函数 $f_1(\alpha)$ 为 α 的增函数，方程 $f_1(\alpha)=0$ 的根为 $\alpha_1 = 1-4\beta$。因此，当佣金比例较低时，即 $0 < \alpha < \min\{\alpha_1, \alpha_0\}$ 时，$f_1(\alpha)<0$，则 $k_0<k_1$，若 $k_0<k\leqslant k_1$，$f_1(k)\geqslant 0$，即 $q_r^{M*}\geqslant q_r^{S*}$；若 $k>k_1$，$f_1(k)<0$，即 $q_r^{M*}<q_r^{S*}$。当佣金比例较高时，即 $\alpha_1 < \alpha < \max\{\alpha_0,\alpha_1\}$ 时，$f_1(\alpha)>0$，则 $k_0>k_1$，所以在约束条件下，$f_1(k)<0$，即 $q_r^{M*}<q_r^{S*}$。对两种运营模式下产品销售总量做差得

$$q_m^{M*} + q_r^{M*} - q_r^{S*} = \frac{2k(1-c)(2-2\alpha-\beta)\left((8-4\beta)k - \Delta^2\alpha\right)}{\left(4(2\alpha+\beta^2-2)k + \Delta^2(1-\alpha)(3-2\alpha-2\beta)\right)\left(\Delta^2-8k\right)} \tag{6}$$

可知式（6）大小为正，即 $q_m^{M*} + q_r^{M*} > q_r^{S*}$。命题得证。

命题 1 表明，制造商产品再制造情形下，电商平台开通平台卖场是否对零售渠道产品销售量造成侵蚀取决于电商平台收取的佣金比例以及制造商产品再制造的效率。具体而言，当电商平台收取的佣金比例较低且制造商产品再制造效率较高时，制造商入驻平台卖场不会对零售渠道销售量造成侵蚀，反而提升零售渠道销售量；反之，制造商入驻平台卖场侵蚀零售渠道的产品销售量。但制造商入驻平台卖场总是有助于增加产品销售总量。

已有研究，如 Yan 等[1]、郑本荣等[22]的研究表明，若未考虑制造商回收旧产品以再制造的情形，制

---

① 零售渠道产品销售量与渠道间竞争强度 β 相关，当 $1/4 < \beta < 1$ 时，渠道间竞争强度太大，无论佣金比例 α 大小，电商平台开通平台卖场总是侵蚀零售渠道的产品销售量，即 $q_r^{M*} < q_r^{S*}$。

造商经平台渠道直接向消费者销售其产品，导致了渠道竞争，总是会侵蚀零售渠道。但在制造商产品再制造的情形下，制造商入驻平台卖场是否侵蚀零售渠道，取决于电商收取的佣金比例以及制造商回收旧产品以再制造效率。究其原因，当平台渠道的佣金比例较低且制造商产品再制造的效率较高时，制造商的成本优势明显，产品销售总量的提升，有效地摊薄了制造商回收旧产品以再制造成本，产品批发价格的降低进一步降低了零售渠道双重边际效应，因此，开通平台卖场提升零售渠道销售总量；反之，当制造商产品再制造效率较低时，制造商的成本优势降低，产品需求量的提升不能有效摊薄产品再制造成本，对零售渠道双重边际效应的缓解有限，而在平台渠道中，制造商对直销价格有自主掌控权，完全避免了与电商平台的双重边际效应，制造商更愿意通过平台渠道销售产品，因此开通平台卖场对零售渠道造成侵蚀。当佣金比例较高时，电商平台从平台渠道中通过收取佣金获得的利润较大，其通过平台渠道获利的动机大大增强，制造商在平台渠道中又完全避免了与电商的双重边际效应，开通平台卖场增加了平台渠道的产品销售量，势必对零售渠道造成侵蚀。对供应链而言，虽然零售渠道销售量并不总是增加，但开通平台卖场拓展了产品销售渠道，平台渠道产品销售量的增加有效弥补了零售渠道销售量的降低，因此供应链产品销售量总是增加。

命题 2：制造商产品再制造情形下，电商平台开通平台卖场有助于降低产品的批发价格，即 $w^{M^*} < w^{S^*}$。

证明：对两种模式下制造商产品批发价格做差：

$$w^{M^*} - w^{S^*} = \frac{2k(1-c)(2-2\alpha-\beta)f_2(k)}{\left(4(2\alpha+\beta^2-2)k+\Delta^2(1-\alpha)(3-2\alpha-2\beta)\right)\left(\Delta^2-8k\right)} \tag{7}$$

其中，$f_2(k) = -8\beta\alpha k + \Delta^2((2+\beta)\alpha+\beta-2)$，式（7）的大小关系取决于函数 $f_2(k)$，易知函数 $f_2(k)$ 是 k 的减函数，方程 $f_2(k)=0$ 的根为 $k_2 = \Delta^2((\beta+2)\alpha+\beta-2)/8\beta\alpha$，且 $k_2<0$，因此在约束条件下，有 $f_2(k)<0$，即 $w^{M^*} < w^{S^*}$。

命题 2 表明，制造商产品再制造情形下，电商平台开通平台卖场总是有助于降低产品批发价格，也印证了 Abhishek 等[6]的研究结论。一方面，这是因为电商平台开通平台卖场，导致渠道间竞争加剧，制造商为了弱化对零售渠道的侵蚀，降低产品批发价格；另一方面，电商平台开通平台卖场提升了产品的总需求量，产品销售量的增加，有效地摊薄了制造商回收旧产品以再制造的成本，单位产品的平均成本降低，同样有助于降低产品的批发价格。因此，电商平台开通平台渠道有助于降低产品批发价格。

命题 3：制造商产品再制造情形下，电商平台开通平台卖场总是有助于提升制造商的利润，即 $\Pi_m^{M^*} > \Pi_m^{S^*}$。

证明：对两种模式下制造商的利润做差，得

$$\Pi_m^{M^*} - \Pi_m^{S^*} = \frac{4k^2(1-c)^2(2-2\alpha-\beta)^2}{\left(4(2\alpha+\beta^2-2)k+\Delta^2(1-\alpha)(3-2\alpha-2\beta)\right)\left(\Delta^2-8k\right)} \tag{8}$$

易得式（8）结果为正，即 $\Pi_m^{M^*} > \Pi_m^{S^*}$。

命题 3 表明，制造商产品再制造情形下，制造商入驻平台卖场总是增加其利润。Yan 等[1]研究发现，当电商平台对制造商收取的佣金比例较高时，制造商入驻平台卖场降低其利润。但在制造商产品再制造情形下，制造商入驻平台卖场总是增加其利润，即制造商总是有动机入驻平台卖场。这是因为制造商入驻平台卖场，其利润（$\Pi_m^{M^*}$）包括零售渠道中的利润（$\Pi_m^{MR^*}$）和平台渠道中的利润（$\Pi_m^{MD^*}$）两部分。在未考虑制造商回收旧产品以再制造的情形下，当电商平台对制造商收取的佣金比较高时，尽管制造商入驻平台卖场能够获取销售利润，但是平台渠道对零售渠道的侵蚀所减少的利润无法被平台渠道所增加

的销售利润弥补，故制造商没有动机入驻平台卖场。但在制造商回收旧产品以再制造情形下，制造商入驻平台卖场，虽然导致了渠道竞争，降低了制造商零售利润（$\Pi_m^{MR*} < \Pi_m^{S*}$），但入驻平台卖场能够增加产品需求量，有效摊薄了制造商回收旧产品以再制造的成本，弱化了零售渠道中双重边际效应，减轻了平台渠道对零售渠道的侵蚀。因此，制造商入驻平台卖场所增加的销售收入（Π_m^{MD*}）总是高于其在零售渠道中所减少的利润（$\Pi_m^{S*} - \Pi_m^{MR*}$），即制造商总是有动机入驻平台卖场，如图 3 所示。

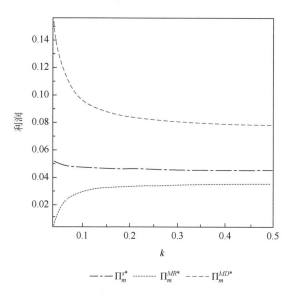

$$---\ \Pi_m^{S*} \qquad \cdots\cdots\ \Pi_m^{MR*} \qquad ----\ \Pi_m^{MD*}$$

图 3　产品再制造情形下制造商零售渠道和平台渠道利润比较（$\beta = 0.2, \alpha = 0.1, \Delta = 0.2, c = 0.4$）

命题 4：制造商产品再制造情形下，电商平台利润分析：

（1）当电商平台收取的佣金比例较低时，即 $0 < \alpha < \bar{\alpha}$，电商平台开通平台卖场降低其利润，即 $\Pi_r^{M*} < \Pi_r^{S*}$；

（2）当电商平台佣金比例适中时，即 $\bar{\alpha} < \alpha < \alpha_3$，若产品再制造效率较高，即 $k_0 < k \leqslant k_3$，电商开通平台卖场增加其利润，即 $\Pi_r^{M*} \geqslant \Pi_r^{S*}$；若产品再制造效率较低，即 $k > k_3$，电商平台开通平台卖场降低其利润，即 $\Pi_r^{M*} < \Pi_r^{S*}$；

（3）当电商平台佣金比例较高时，即 $\alpha_3 < \alpha < \alpha_0$，电商平台开通平台卖场增加其利润，即 $\Pi_r^{M*} > \Pi_r^{S*}$。

证明：对两种模式下电商平台利润做差，得

$$\Pi_r^{M*} - \Pi_r^{S*} = \frac{4k^2(1-c)^2(2-2\alpha-\beta)(A_3 k^2 + B_3 k + C_3)}{\left(4(2\alpha+\beta^2-2)k + \Delta^2(1-\alpha)(3-2\alpha-2\beta)\right)^2 \left(\Delta^2 - 8k\right)^2} \qquad (9)$$

其中，

$$\begin{cases} A_3 = -128\alpha^2 + 32(4+4\beta-5\beta^2)\alpha - 16\beta(4-2\beta-\beta^2) \\ B_3 = 8\Delta^2(1-3\alpha)(2-2\alpha+\beta-2\beta^2) \\ C_3 = \Delta^4\left(2\alpha^3 + (3\beta-10)\alpha^2 + (12-5\beta-2\beta^2)\alpha + 3\beta - 4\right) \end{cases}$$

式（9）中，其大小关系取决于函数 $f_3(k) = A_3 k^2 + B_3 k + C_3$，$f_3(k)$ 是变量 k 的二次函数，易得其判别式 $\Delta_1 > 0$，因此方程 $f_3(k) = 0$ 有两个根 k_3 和 k_3'，且 $k_3 > k_3'$，分别为

$$\begin{cases} k_3 = \dfrac{8\varDelta^2(1-3\alpha)(2-2\alpha+\beta-2\beta^2)+\sqrt{\varDelta_1}}{32\left(8\alpha^2-2(4+4\beta-5\beta^2)\alpha+\beta(4-2\beta-\beta^2)\right)} \\[4mm] k_3' = \dfrac{8\varDelta^2(1-3\alpha)(2-2\alpha+\beta-2\beta^2)-\sqrt{\varDelta_1}}{32\left(8\alpha^2-2(4+4\beta-5\beta^2)\alpha+\beta(4-2\beta-\beta^2)\right)} \end{cases}$$

其中，$\varDelta_1 = 64\varDelta^4(2-2\alpha-\beta)^2\left(4\alpha^3-(7+2\beta-5\beta^2)\alpha^2+(2+4\beta-7\beta^2+2\beta^3)\alpha+(1-\beta)^2\right)$。下面分析函数 $f_3(k)$ 的曲线开口方向，可知 A_3 是 α 的二次函数，其判别式 $\varDelta_2>0$，函数 A_3 的曲线开口向下，方程 $A_3=0$ 有两个正根 α_3 和 α_3'，且 $\alpha_3<\alpha_0<\alpha_3'$，分别为

$$\alpha_3 = \frac{32(4+4\beta-5\beta^2)-\sqrt{\varDelta_2}}{256} \text{ 和 } \alpha_3' = \frac{32(4+4\beta-5\beta^2)+\sqrt{\varDelta_2}}{256}$$

其中，$\varDelta_2 = 1024(16-8\beta^2-32\beta^3+25\beta^4)$。因此，若 $0<\alpha<\alpha_3$，则 $A_3<0$，$f_3(k)$ 曲线开口向下，若 $\alpha_3<\alpha<\alpha_0$，则 $A_3>0$，可知 $f_3(k)$ 曲线开口向上。接下来，将约束条件 $k_0=\varDelta^2$ 代入函数 $f_3(k)$，可得

$$f_3(k_0) = \varDelta^4\left(2\alpha^3-3(30-\beta)\alpha^2+(76+99\beta-114\beta^2)\alpha+(1-4\beta)(12-5\beta-4\beta^2)\right) \quad (10)$$

易得式（10）在 $\alpha\in(0,1)$ 区间上存在唯一值 $\bar\alpha$，使得当 $0<\alpha<\bar\alpha$ 时，$f_3(k_0)<0$，当 $\bar\alpha<\alpha<\alpha_0$ 时，$f_3(k_0)>0$，且有 $\bar\alpha<\alpha_3$。其中，$f_3(k_0)$ 与 A_3 大小关系比较如图4所示。

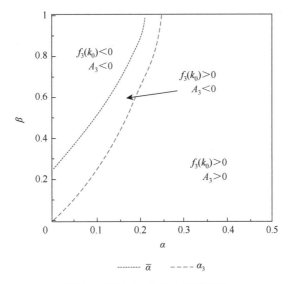

图4　$f_3(k_0)$ 与 A_3 大小关系比较

综上所述，若 $0<\alpha<\bar\alpha$，可知 $A_3<0$，则 $f_3(k)$ 曲线开口向下，又因 $f_3(k_0)<0$，则 $k_0>k_3$，在约束条件下，$f_3(k)<0$，即 $\Pi_r^{M*}<\Pi_r^{S*}$；若 $\bar\alpha<\alpha<\alpha_3$，可知 $A_3<0$，$f_3(k)$ 曲线开口向下，而 $f_3(k_0)>0$，所以 $k_3'<k_0<k_3$，因此当 $k_0<k\leqslant k_3$ 时，$f_3(k)\geqslant0$，即 $\Pi_r^{M*}\geqslant\Pi_r^{S*}$，当 $k>k_3$ 时，$f_3(k)<0$，即 $\Pi_r^{M*}<\Pi_r^{S*}$；若 $\alpha_3<\alpha<\alpha_0$，可知 $A_3>0$，$f_3(k)$ 开口向上，$f_3(k_0)>0$，则 $k_0>k_3$，在约束条件下，$f_3(k)>0$，即 $\Pi_r^{M*}>\Pi_r^{S*}$。命题得证。

命题4表明，制造商产品再制造情形下，电商平台是否开通平台卖场取决于所收取的佣金比例和制造商产品再制造的效率。具体而言，若电商平台收取的佣金比例较低，开通平台卖场降低电商利润，即电商平台没有动机开通平台卖场；若电商平台收取的佣金比例适中且制造商回收旧产品以再制造的效率

较高时，电商平台开通平台卖场增加其利润，反之，当制造商回收旧产品以再制造的效率较低时，电商开通平台卖场会降低其利润，电商没有动机开通平台卖场。此外，若电商平台收取的佣金比例较高，电商开通平台卖场增加其利润。命题 4 说明电商平台收取适当高比例的佣金，以及佣金比例适中且制造商产品再制造效率较高的情形下，电商平台和制造商能够取得共赢。

电商平台开通平台卖场，允许制造商通过平台渠道直接向消费者销售其产品，平台渠道可能侵蚀零售渠道，进而侵蚀电商平台的零售利润。例如，Yan 等[1]研究发现，未考虑制造商产品再制造情形下，当电商对制造商收取的佣金比例较低或过高时，电商平台利润因开通平台卖场而减少。在考虑制造商产品再制造的情形下，电商平台的利润并非总是因开通平台卖场而减少，究其原因，电商平台的利润（Π_r^{M*}）包括其零售渠道中的利润（Π_r^{MR*}）和平台渠道中的佣金收入（Π_r^{MD*}）两部分，开通平台卖场导致了渠道间竞争，可能对零售渠道销售量造成侵蚀，进而侵蚀零售渠道利润；但电商平台开通平台卖场，提升了产品销售总量，摊薄了制造商回收旧产品以再制造的成本，也避免了平台渠道中的双重边际效应，制造商通过平台卖场直接向消费者销售其产品，电商平台也能够获取佣金收入。因此，若电商平台收取的佣金比例较低，电商平台从平台渠道中获取的佣金收益较小，无法弥补其零售渠道的损失，对电商平台而言，侵蚀效应占优于收入效应，开通平台卖场降低了电商平台利润，如图 5 区域 A。相反，若电商平台收取的佣金比例较高，电商平台从平台渠道中获取的佣金收益较大，随着产品销售量的增加，电商平台从平台渠道获取的佣金收入有效弥补了其零售渠道的损失，收入效应占优于侵蚀效应，电商平台开通平台卖场增加了其利润，如图 5 区域 B。

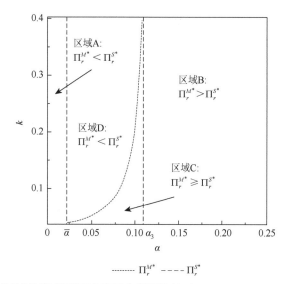

图 5　产品再制造情形下电商平台利润比较（$\beta = 0.2, \varDelta = 0.2, c \in (0,1)$）

当电商平台收取的佣金比例适中时，开通平台卖场是否对零售渠道利润造成侵蚀取决于制造商产品再制造效率，如图 6 所示。当产品再制造效率较高时，即 k 小于某一值 k'，开通平台卖场提升电商的零售渠道利润（$\Pi_r^{MR*} > \Pi_r^{S*}$）；随着产品再制造效率的降低，若 $k' < k < k_3$，虽然开通平台卖场侵蚀了电商的零售渠道利润（$\Pi_r^{MR*} < \Pi_r^{S*}$)，但电商平台的佣金收益有效弥补了其零售渠道利润的损失（$\Pi_r^{MD*} > \Pi_r^{S*} - \Pi_r^{MR*}$）；若 $k > k_3$，电商平台的佣金收益不能有效弥补其零售渠道利润的损失（$\Pi_r^{MD*} < \Pi_r^{S*} - \Pi_r^{MR*}$）。因此，当产品再制造效率较高时，收入效应占优于侵蚀效应，开通平台卖场提升电商利润，如图 5 区域 C，当产品再制造效率较低时，侵蚀效应占优于收入效应，开通平台卖场降低电商利润，如图 5 区域 D。

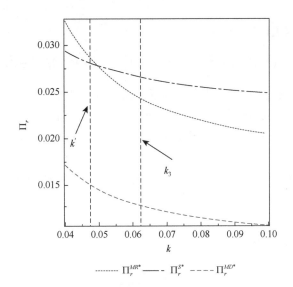

图 6　产品再制造情形下电商平台零售渠道利润比较（$\beta=0.2,\alpha=0.1,\varDelta=0.2,c=0.4$）

命题 5： 制造商产品再制造情形下，电商平台开通平台卖场总是提升供应链利润，即 $\Pi_s^{M^*}>\Pi_s^{S^*}$。

证明： 对两种模式下供应链利润做差，可得

$$\begin{cases} \Pi_s^{M^*}-\Pi_s^{S^*}=\dfrac{4k^2(1-c)^2(2-2\alpha-\beta)(A_4k^2+B_4k+C_4)}{\left(4(2\alpha+\beta^2-2)k+\varDelta^2(1-\alpha)(3-2\alpha-2\beta)\right)^2(\varDelta^2-8k)^2} \\ \Pi_s^{M^*}=\Pi_m^{M^*}+\Pi_r^{M^*},\Pi_s^{S^*}=\Pi_m^{S^*}+\Pi_r^{S^*} \end{cases} \tag{11}$$

其中，

$$\begin{cases} A_4=-16\left(2(3\beta^2-6\beta+4)\alpha-(3\beta^3-2\beta^2-8\beta+8)\right) \\ B_4=4\varDelta^2\left(8\alpha^3+4(3\beta-5)\alpha^2+2(7\beta^2-17\beta+12)\alpha-\beta^3-6\beta^2+18\beta-12\right) \\ C_4=-\varDelta^4\left(2\alpha^3+(3\beta-4)\alpha^2+2(1-\beta)^2(2\alpha-1)\right) \end{cases}$$

式（11）中，其大小关系取决于函数 $f_4(k)=A_4k^2+B_4k+C_4$，可知 $f_4(k)$ 是变量 k 的二次函数，且 $A_4>0$，$B_4<0$ 以及 $C_4>0$，易得其判别式 $\varDelta_3>0$，曲线开口向上，因此方程 $f_6(k)=0$ 有两个正根 k_4 和 k_4'，且 $k_4>k_4'$，分别为

$$\begin{cases} k_4=\dfrac{4\varDelta^2\left(8\alpha^3+4(3\beta-5)\alpha^2+2(7\beta^2-17\beta+12)\alpha-\beta^3-6\beta^2+18\beta-12\right)+\sqrt{\varDelta_3}}{32\left(2(3\beta^2-6\beta+4)\alpha-(3\beta^3-2\beta^2-8\beta+8)\right)} \\ k_4'=\dfrac{4\varDelta^2\left(8\alpha^3+4(3\beta-5)\alpha^2+2(7\beta^2-17\beta+12)\alpha-\beta^3-6\beta^2+18\beta-12\right)-\sqrt{\varDelta_3}}{32\left(2(3\beta^2-6\beta+4)\alpha-(3\beta^3-2\beta^2-8\beta+8)\right)} \end{cases}$$

上式中 $\varDelta_3=16\varDelta^4(2-2\alpha-\beta)^2(16\alpha^4+16(2\beta-3)\alpha^3+H_1\alpha^2+H_2\alpha+H_3)$，其中：

$$\begin{cases} H_1=4(11\beta^2-26\beta+17) \\ H_2=4(4\beta^3-19\beta^2+28\beta-14) \\ H_3=\beta^4-8\beta^3+28\beta^2-40\beta+20 \end{cases}$$

将约束条件 $k_0 = \Delta^2$ 代入函数 $f_4(k)$，可得

$$f_4(k_0) = \Delta^4 \left(30\alpha^3 + (45\beta - 76)\alpha^2 - 4(11\beta^2 - 16\beta + 9)\alpha + 2(22\beta^3 - 27\beta^2 - 30\beta + 41)\right) \tag{12}$$

可知 $f_4(k_0) > 0$，且 $k_0 > k_4 > k_4'$，因此在约束条件下 $f_4(k) > 0$，即 $\Pi_s^{M*} > \Pi_s^{S*}$，命题得证。

　　命题 5 表明，制造商产品再制造情形下，电商平台开通平台卖场总是提升供应链的整体利润。这是因为供应链利润包括制造商和电商平台两部分利润，电商平台开通平台卖场的情形下，制造商利润总是得到提升；虽然电商平台的利润并不总是增加，即当电商平台佣金比例较低，或佣金比例大小适中但产品再制造效率较低时，电商平台开通平台卖场降低其利润，导致了渠道竞争，但提升了产品销售总量，对供应链而言，制造商增加的利润有效弥补了电商平台利润的损失，因此供应链利润总是得到提升。

5　算例分析

　　该部分借助算例分析，对前文的结论进行拓展。在电商平台从平台渠道产品销售利润中收取一定比例佣金的情形下，文中命题 3 和命题 4 分析了开通平台卖场对电商平台以及制造商利润的影响。下面考虑电商平台从平台渠道产品销售价格中收取相应比例佣金的情形，在电商平台开通平台卖场的情况下，制造商和电商平台的目标函数分别为

$$\begin{cases} \underset{w,q_m,\tau}{\text{Max}} \Pi_m^M = \left(w - (c - \Delta\tau)\right)q_r + \left((1-\alpha)p_m - (c - \Delta\tau)\right)q_m - k\tau^2 \\ \underset{q_r}{\text{Max}} \Pi_r^M = (p_r - w)q_r + \alpha p_m q_m \end{cases} \tag{13}$$

　　结合前文的最优决策结论，可得两种模式下制造商的利润比较，如图 7 所示。

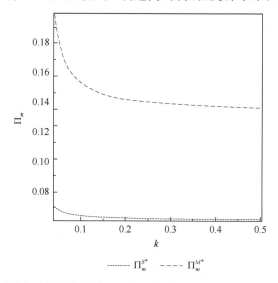

图 7　在直销价格上收取相应比例佣金情形下制造商利润比较（$\Delta = 0.2, \beta = 0.3, c = 0.3, \alpha = 0.1$）

　　由图 7 可知，制造商入驻平台卖场的利润总是高于未入驻时的情形，即 $\Pi_m^{M*} > \Pi_m^{S*}$，文中命题 3 依然成立。接下来分析两种模式下电商平台的利润比较，如图 8 所示。

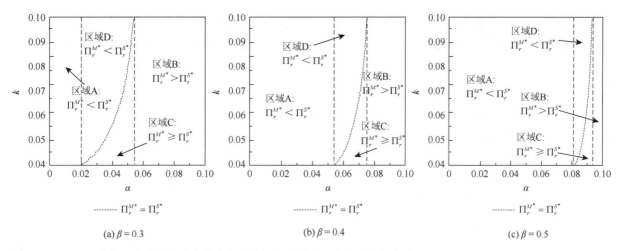

图 8　在直销价格上收取相应比例佣金情形下电商平台利润比较（$\Delta = 0.2, c = 0.3$）

由图 8 可知，若佣金比例 α 较小，电商平台开通平台卖场获取的佣金收益不能有效弥补其零售渠道利润的损失，开通平台卖场降低其利润，如图 8 区域 A。若佣金比例 α 较大，电商平台开通平台卖场获取的佣金收益有效弥补了其零售渠道利润的损失，引入平台卖场有助于增加其利润，如图 8 区域 B。若佣金比例 α 适中，电商平台利润取决于制造商回收旧产品以再制造效率，当制造商产品再制造效率较高时，电商平台开通平台卖场获取的佣金收益有效弥补了其零售渠道利润的损失，收入效应占优于侵蚀效应，开通平台卖场增加电商利润，如图 8 区域 C；当制造商产品再制造效率较低时，电商平台开通平台卖场获取的佣金收益不能弥补其零售渠道利润的损失，侵蚀效应占优于收入效应，电商平台开通平台卖场降低其利润，如图 8 区域 D，这与前文结论一致，验证了文章结论的稳健性。

从渠道竞争强度看，随着竞争强度的增大，电商平台利润增加的区域（区域 B 及区域 C）明显减小，如图 8（a）、（b）和（c）所示。这是因为竞争强度的增加，零售渠道产品销售量减少，平台渠道对零售渠道的侵蚀加剧，电商平台为了能够获取更多利润，不断提高佣金比例，进一步加剧了平台渠道制造商和电商平台间的竞争，降低了电商平台佣金收益的增加程度，因此电商平台利润增加的区间减少，表明差异化运营对电商平台更有利。

6　结束语

6.1　管理启示

已有研究表明，电商平台引入平台卖场加剧了渠道竞争，有可能对零售渠道造成侵蚀，降低电商平台的利润，制造商入驻平台卖场也会减少其利润。与已有研究结论不同，本文研究表明，在制造商产品再制造情形下，电商平台引入平台卖场，不仅能够提升电商平台的利润，而且总是增加制造商和供应链利润，实现多方共赢（win-win-win）。

从电商平台角度看，是否开通平台卖场取决于其收取的佣金比例和制造商产品再制造的效率，当佣金比例较低时，电商平台开通平台卖场降低其利润，电商平台没有引入平台卖场的动机。当佣金比例较高时，电商平台开通平台卖场能够增加其利润，电商平台倾向于引入平台卖场。当佣金比例较适中时，若产品再制造效率较高，电商平台引入平台卖场增加其利润，电商平台倾向于开通平台卖场；若产品再制造效率较低，电商平台开通平台卖场降低其利润，电商平台失去开通平台卖场的动机；对制造商而言，选择入驻平台卖场有助于提升其利润；对供应链而言，电商平台引入平台卖场对供应链总是有利。

6.2　结论

关于电商平台运营决策问题的研究已经非常广泛，但已有的研究中，分析电商平台渠道选择策略方面的文献均未考虑制造商回收旧产品以再制造的情况；同时，在探究制造商回收旧产品以再制造情形下渠道运营决策的文章中，又均未分析电商平台的运营决策。鉴于此，本文考虑制造商回收旧产品以再制造的情形，研究了电商平台渠道运营决策问题，通过消费者逆需求函数推导电商平台是否开通平台卖场两种模式下的需求，借助博弈论，构建了制造商和电商平台间的 Stackelberg 博弈模型，通过逆向归纳法，得到电商平台是否开通平台卖场两种情形下的最优决策。研究发现：①电商平台利润的变化与佣金比例和制造商产品再制造效率密切相关，具体而言，当佣金比例较高，以及佣金比例较适中且产品再制造效率较高时，电商平台开通平台卖场增加其利润，反之，电商平台开通平台卖场降低其利润；②制造商入驻平台卖场总是增加其利润；③此外，电商平台开通平台卖场总是提升整个供应链的利润。

由制造商和电商平台构成的两级闭环供应链中，本文分析了制造商、电商平台及供应链的最优决策及利润，并得到了一些有趣的结论，初步探讨了制造商回收旧产品以再制造情形下电商平台的运营决策问题。尚有许多可扩展研究的方面：①随着电子商务的不断发展，制造商也纷纷开通了官方商城等形式的直销渠道，在多种运营策略并存的情况下，制造商和电商平台的运营决策问题值得关注；②鉴于人们对低碳产品、销售渠道等因素的关注，在考虑新产品和再制造产品差异性的情形下，电商平台的运营决策也是进一步研究的方向；③另外，文中只考虑了单一供应链模型，针对链与链竞争下制造商纵向整合的情形，电商平台如何选择运营策略仍需进一步研究。

参 考 文 献

[1] Yan Y C，Zhao R Q，Liu Z B. Strategic introduction of the marketplace channel under spillovers from online to offline sales[J]. European Journal of Operational Research，2018，267（1）：65-77.

[2] Ha A Y，Tian Q，Tong S. Information sharing in competing supply chains with production cost reduction[J]. Manufacturing & Service Operations Management，2017，19（2）：246-262.

[3] Tian L，Vakharia A J，Tan Y R，et al. Marketplace，reseller，or hybrid：strategic analysis of an emerging E-commerce model[J]. Production and Operations Management，2018，27（8）：1595-1610.

[4] Ha A Y，Tong S L，Wang Y J. Channel structures of online retail platforms[J]. Manufacturing & Service Operations Management，2022，24（3）：1547-1561.

[5] Hagiu A，Wright J. Marketplace or reseller?[J]. Management Science，2015，61（1）：184-203.

[6] Abhishek V，Jerath K，Zhang Z. Agency selling or reselling? Channel structures in electronic retailing[J]. Management Science，2016，62（8）：2259-2280.

[7] 赖雪梅，聂佳佳. 风险规避对制造商电商平台销售模式选择的影响[J]. 管理工程学报，2022，36（4）：240-248.

[8] Liu Z，Zhang D，Zhang F. Information sharing on retail platforms[J]. Manufacturing & Service Operations Management，2021，23（3）：606-619.

[9] 文悦，王勇，段玉兰，等. 基于渠道接受差异和权力结构差异的电商平台自营影响研究[J]. 管理学报，2019，（4）：603-614.

[10] Heese H S，Cattani K，Ferrer G，et al. Competitive advantage through take-back of used products[J]. European Journal of Operational Research，2005，164（1）：143-157.

[11] Govindan K，Soleimani H. A review of reverse logistics and closed-loop supply chains：a journal of cleaner production focus[J]. Journal of Cleaner Production，2017，142：371-384.

[12] Atasu A，Guide Jr V D R，van Wassenhove L N. So what if remanufacturing cannibalizes my new product sales?[J]. California Management Review，2010，52（2）：56-76.

[13] Huang Y T，Wang Z J. Information sharing in a closed-loop supply chain with technology licensing[J]. International Journal of Production Economics，2017，191：113-127.

[14] 马祖军，胡书，代颖. 政府规制下混合渠道销售/回收的电器电子产品闭环供应链决策[J]. 中国管理科学，2016，24（1）：82-90.

[15] Wu X L，Zhou Y. Does the entry of third-party remanufacturers always hurt original equipment manufacturers?[J]. Decision Sciences，2016，47（4）：762-780.

[16] Saha S，Sarmah S P，Moon I. Dual channel closed-loop supply chain coordination with a reward-driven remanufacturing policy[J]. International Journal of Production Research，2016，54（5）：1503-1517.

[17] 聂佳佳，王拓，赵映雪，等. 碳排放约束下再制造闭环供应链回收策略[J]. 管理工程学报，2015，29（3）：249-256.

[18] Ferrer G，Swaminathan J M. Managing new and remanufactured products[J]. Management Science，2006，52（1）：15-26.

[19] Savaskan R C，Bhattacharya S，van Wassenhove L N. Closed-loop supply chain models with product remanufacturing[J]. Management Science，2004，50（2）：239-252.

[20] 黄宗盛，聂佳佳，赵映雪. 再制造闭环供应链产品回收合作模式研究[J]. 管理工程学报，2019，33（3）：147-152.

[21] 李晓静，艾兴政，唐小我. 竞争性供应链下再制造产品的回收渠道研究[J]. 管理工程学报，2016，30（3）：90-98.

[22] 郑本荣，杨超，杨珺，等. 产品再制造、渠道竞争和制造商渠道入侵[J]. 管理科学学报，2018，21（8）：98-111.

[23] 石纯来，崔春晖，胡培，等. 政府奖惩机制对闭环供应链造商合作策略影响[J]. 管理评论，2021，33（7）：282-289.

[24] 石纯来，聂佳佳，王桐远. 规模不经济对闭环供应链中制造商合作策略选择影响[J]. 管理工程学报，2019，33（4）：184-192.

[25] 石纯来，聂佳佳. 规模不经济下奖惩机制对闭环供应链制造商合作策略影响[J]. 中国管理科学，2019，27（3）：85-95.

[26] 袁开福，吴光强，何波，等. 碳交易下考虑质量升级的再制造供应链定价[J]. 计算机集成制造系统，2022，28（5）：1586-1602.

[27] Arya A，Mittendorf B，Sappington D E M. The bright side of supplier encroachment[J]. Marketing Science，2007，26（5）：651-659.

[28] Zha Y，Li Q，Huang T，et al. Strategic information sharing of online platforms as resellers or marketplaces[J]. Marketing Science，2023，42（4）：659-678.

The Impact of Manufacturer Product Remanufacturing on E-commerce Platform Operation Strategy

JIANG Tanfei，SHI Chunlai，HAO Na，XIE Yongping

（School of Economics and Management，Xidian University，Xi'an 710126，China）

Abstract With the development of the platform economy, e-commerce platform has introduced marketplace, allowing manufacturers to directly sell products to consumers and thereby earning commission revenue. This development intensifies competition with retail channels and potentially erodes the retail profits of e-commerce platform. In the case of manufacturer remanufacturing, manufacturers can dilute the cost of remanufacturing, helping to mitigate the double-marginalization in retail channel. Based on this, this study investigates the impact of manufacturers reclaiming used products for remanufacturing on the operation strategy of e-commerce platform. The study finds that：（1）when the commission fee is low，the platform's profit is lower when introducing the marketplace，the platform has no willingness to introduce the marketplace；（2）when the commission fee is high，when profit is higher when introducing the marketplace，the platform trends to introduce the marketplace；（3）when the commission fee is in an intermediate range，whether e-commerce platform introduces a platform marketplace depends on the efficiency of manufacturers reclaiming used products for remanufacturing. To be specific：introducing the marketplace increases e-commerce platforms'profits if the product remanufacturing efficiency is high. Conversely，introducing the marketplace reduces e-commerce platforms'profits if the product remanufacturing efficiency is low. Furthermore，the study demonstrates that manufacturers introducing the marketplaces not only increase their profits but also enhance the overall supply chain profitability.

Key words　Remanufacturing，Channel competition，Income effect，Encroachment effect，Marketplace

作者简介

蒋昙飞（1983—），男，西安电子科技大学经济与管理学院博士研究生，研究方向为供应链管理，E-mail：11515121@qq.com。

石纯来（1988—），男，西安电子科技大学经济与管理学院副教授，研究方向为绿色供应链，平台经济及信息不对称供应链管理，E-mail：S_Chunlai@163.com。

郝娜（2002—），女，西安电子科技大学经济与管理学院本科生，E-mail：1169170899@qq.com。

谢永平（1972—），男，西安电子科技大学经济与管理学院教授，研究方向为技术创新网络与战略管理，E-mail：xieyop@163.com。

审 稿 专 家

按姓氏音序排列：

安利平（南开大学）　　　　　　安小米（中国人民大学）

曹慕昆（厦门大学）　　　　　　常新功（山西财经大学）

陈福集（福州大学）　　　　　　陈华平（中国科学技术大学）

陈荣（清华大学）　　　　　　　陈文波（武汉大学）

陈晓红（中南大学）　　　　　　陈禹（中国人民大学）

陈智高（华东理工大学）　　　　程絮森（中国人民大学）

池毛毛（中国地质大学）　　　　崔巍（北京信息科技大学）

党延忠（大连理工大学）　　　　邓朝华（华中科技大学）

丁学君（东北财经大学）　　　　董小英（北京大学）

董毅明（昆明理工大学）　　　　窦永香（西安电子科技大学）

杜荣（西安电子科技大学）　　　方佳明（电子科技大学）

冯海洋（天津大学）　　　　　　冯玉强（哈尔滨工业大学）

甘仞初（北京理工大学）　　　　高慧颖（北京理工大学）

高学东（北京科技大学）　　　　高艺（清华大学）

葛世伦（江苏科技大学）　　　　谷美霖（清华大学）

顾东晓（合肥工业大学）　　　　顾睿（对外经济贸易大学）

管悦（中国传媒大学）　　　　　郭伏（东北大学）

郭熙铜（哈尔滨工业大学）　　　郝辽钢（西南交通大学）

胡安安（复旦大学）　　　　　　胡立斌（西安交通大学）

胡祥培（大连理工大学）　　　　黄京华（清华大学）

黄鹂强（浙江大学）　　　　　　黄丽华（复旦大学）

黄奇（南京大学）　　　　　　　黄伟（西安交通大学）

贾琳（北京理工大学）　　　　　姜锦虎（西安交通大学）

姜元春（合肥工业大学）　　　　蒋国瑞（北京工业大学）

蒋玉石（西南交通大学）　　　　金悦（对外经济贸易大学）

康乐乐（南京大学）　　　　　　孔祥维（大连理工大学）

赖茂生（北京大学）　　　　　　　　　　　　黎波（清华大学）

李东（北京大学）　　　　　　　　　　　　　李红（北京航空航天大学）

李慧芳（中国科学技术大学）　　　　　　　　李亮（对外经济贸易大学）

李敏强（天津大学）　　　　　　　　　　　　李明志（清华大学）

李倩（中国人民大学）　　　　　　　　　　　李文立（大连理工大学）

李文文（复旦大学）　　　　　　　　　　　　李希熙（清华大学）

李一军（哈尔滨工业大学）　　　　　　　　　李勇建（南开大学）

李增禄（河南大学）　　　　　　　　　　　　梁昌勇（合肥工业大学）

廖列法（江西理工大学）　　　　　　　　　　廖貅武（西安交通大学）

林杰（同济大学）　　　　　　　　　　　　　林丽慧（清华大学）

林志杰（清华大学）　　　　　　　　　　　　刘春（西南交通大学）

刘登攀（清华大学）　　　　　　　　　　　　刘盾（西南交通大学）

刘冠男（北京航空航天大学）　　　　　　　　刘和福（中国科学技术大学）

刘红岩（清华大学）　　　　　　　　　　　　刘建国（上海财经大学）

刘鲁（北京航空航天大学）　　　　　　　　　刘鲁川（山东财经大学）

刘汕（西安交通大学）　　　　　　　　　　　刘位龙（山东财经大学）

刘璇（华东理工大学）　　　　　　　　　　　刘洋（西安交通大学）

刘烨（清华大学）　　　　　　　　　　　　　刘咏梅（中南大学）

刘震宇（厦门大学）　　　　　　　　　　　　刘仲英（同济大学）

卢涛（大连理工大学）　　　　　　　　　　　卢向华（复旦大学）

鲁耀斌（华中科技大学）　　　　　　　　　　陆本江（南京大学）

陆文星（合肥工业大学）　　　　　　　　　　罗城（天津大学）

罗念龙（清华大学）　　　　　　　　　　　　罗裕梅（云南大学）

马宝君（上海外国语大学）　　　　　　　　　马费成（武汉大学）

马良（山东财经大学）　　　　　　　　　　　马卫民（同济大学）

毛基业（中国人民大学）　　　　　　　　　　梅姝娥（东南大学）

苗苗（西南交通大学）　　　　　　　　　　　闫庆飞（大连理工大学）

牛东来（首都经济贸易大学）　　　　　　　　欧国立（北京交通大学）

潘煜（上海外国语大学）　　　　　　　　　　戚桂杰（山东大学）

齐佳音（上海对外经贸大学）　　　　　　　　秦春秀（西安电子科技大学）

邱凌云（北京大学）　　　　　　　　　　　　裘江南（大连理工大学）

姚忠（北京航空航天大学）　　　　叶强（哈尔滨工业大学）

叶青（清华大学）　　　　叶琼伟（云南财经大学）

易成（清华大学）　　　　殷国鹏（对外经济贸易大学）

尹秋菊（北京理工大学）　　　　于娟（福州大学）

于笑丰（南京大学）　　　　余力（中国人民大学）

余艳（中国人民大学）　　　　袁华（电子科技大学）

曾庆丰（上海财经大学）　　　　张诚（复旦大学）

张红宇（中南大学）　　　　张佳源（清华大学）

张金隆（华中科技大学）　　　　张瑾（中国人民大学）

张明月（上海外国语大学）　　　　张楠（清华大学）

张朋柱（上海交通大学）　　　　张文平（中国人民大学）

张新（山东财经大学）　　　　张雄（北京交通大学）

张紫琼（哈尔滨工业大学）　　　　章骏（武汉大学）

赵建良（香港城市大学）　　　　赵昆（云南财经大学）

赵捧未（西安电子科技大学）　　　　赵英（四川大学）

仲秋雁（大连理工大学）　　　　仲伟俊（东南大学）

周军杰（汕头大学）　　　　周涛（杭州电子科技大学）

周荫强（香港大学）　　　　周中允（同济大学）

朱庆华（南京大学）　　　　朱润格（中央财经大学）

左美云（中国人民大学）　　　　左文明（华南理工大学）